EXTENSION DU DOMAINE DE LA GUERRE

DU MÊME AUTEUR

Von Manstein, le stratège du IIIe Reich, Perrin, « Maîtres de guerre », 2012.
Le Complexe de l'autruche. Pour en finir avec les défaites françaises. 1870, 1914, 1940, Perrin, 2011.
Les Guerres modernes racontées aux civils... et aux militaires, Buchet-Chastel, 2009. Prix d'Estienne d'Orves 2011.
La Trahison des médias, François Bourin, 2007.
L'Europe de Yalta à Maastricht, avec Patrick Eveno, Le Monde Éditions, 1994.
Le Travail parlementaire sous la Ve République, avec Jean-Pierre Camby, Montchrestien, 1993.
Le Mythe Pétain. Verdun ou les tranchées de la mémoire, Payot, 1992 ; CNRS, 2015.
La Force de convaincre, entretiens avec Philippe Séguin, Payot, 1990.
Œdipe à Matignon ou le Complexe du Premier ministre, Balland, 1988.

Ouvrages collectifs

Le Siècle de sang : 1914-2014, en codirection avec Emmanuel Hecht, Perrin, 2013.
« Pétain-de Gaulle », in *Les Grands Duels qui ont fait la France*, Perrin, 2014.
Quelle politique de défense pour la France ?, L'Harmattan, 2007.
Vauban : la guerre, la gloire. 1707-2007, Cahiers d'études et de recherches du musée de l'Armée (CERMA), 2007.

PIERRE SERVENT

EXTENSION DU DOMAINE DE LA GUERRE

Robert
Laffont

ISBN 978-2-221-19122-4

L'âme résiste aux maux auxquels elle est préparée.

Sénèque, *De la colère.*

Ô communauté islamique, le monde est divisé en deux camps, en deux tranchées, [...] *le camp de l'islam et de la Foi, le camp de la mécréance et de l'hypocrisie* [...]. *Un jour viendra où le musulman sera le maître, noble, respecté en tous lieux. Il lèvera la tête et son honneur sera préservé. Personne n'osera s'attaquer à lui sans être châtié, et toute main qui s'approchera de lui sera coupée. Que le monde sache qu'aujourd'hui est le début d'une nouvelle ère* [...]. *Alors écoute, ô communauté islamique, écoute et comprends. Lève-toi et réveille-toi. Le temps est venu de se libérer des chaînes de la faiblesse et de se soulever contre la tyrannie, devant les gouverneurs qui ont trahi, les agents des croisés, des athées et les protecteurs des juifs.*

Abou Bakr al-Baghdadi,
calife autoproclamé de l'État islamique,
Inspire (e-magazine islamiste), mai 2014.

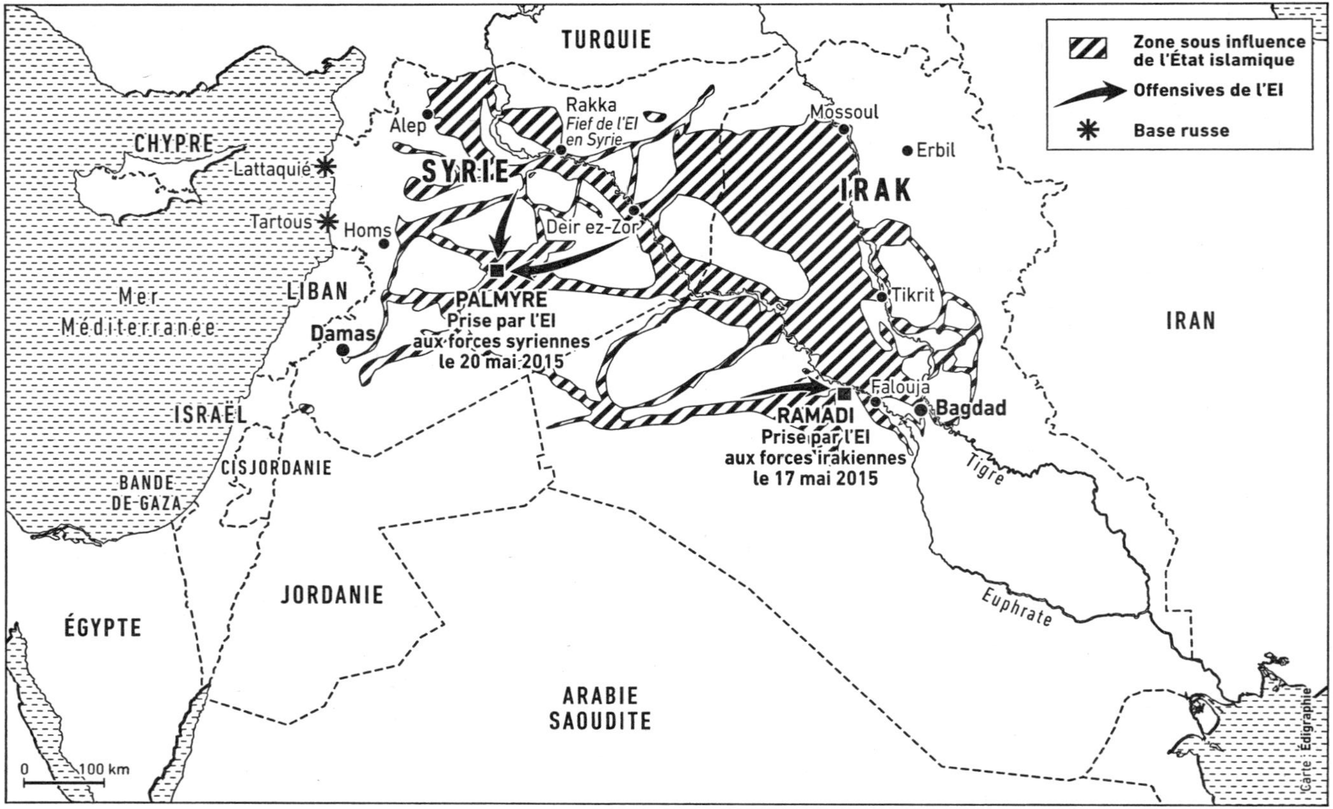

L'avancée de l'État islamique en Irak et en Syrie

Avant-propos

Cela fait maintenant plusieurs décennies que les guerres n'en font qu'à leur tête. Elles n'obéissent plus aux partitions classiques d'hier : État contre État, armée contre armée, étendard contre étendard. Elles sont baroques, dodécaphoniques et en perpétuelle transformation. On ne sait même plus comment les nommer… Dans ce brouillard, un constat s'impose : le domaine de la guerre est en pleine extension. Ce cancer s'en prend aux parties « molles » de notre monde, comme le font les « crabes » les plus virulents. Il provoque bien moins de morts que les grands modèles du XXe siècle mais il est terrifiant par son caractère mutant et invasif. Les guerres nouvelles touchent avec prédilection les civils, ici, chez nous, et au plus loin. Elles vont durer bien plus longtemps que la Première et la Seconde Guerre mondiale réunies.

Ce « phénomène guerre » concerne désormais, à travers le terrorisme, cinq des six continents. Il se déploie aussi bien sur le terrain militaire que sur la Toile, enrôle dans le même camp des fous de Dieu et des laïcs, mobilise des familles entières qui partent faire le djihad, transforme de « gentils garçons » en tueurs fanatiques et des jeunes filles au sourire angélique en kamikazes ou en épouses soumises à leur moudjahidin de mari. Les repères vacillent : des bandes armées se dotent des pouvoirs régaliens d'un État – l'État islamique (EI) en Mésopotamie ; un membre permanent du Conseil de sécurité de l'ONU – la Russie – soutient des bandes armées en Ukraine. Fondamentalisme religieux et ultranationalisme se conjuguent pour donner naissance à des « messianiques » qui entendent faire l'histoire à leur façon... c'est-à-dire sans nous.

Ne détournons pas la tête de dégoût, d'horreur ou d'effroi. L'histoire est de retour ! Nous sommes désormais tous concernés par ses grimaces. « Elle s'écrit devant nous, en direct », soulignait, avant les attentats du 13 novembre 2015, le général Pierre de Villiers, chef d'état-major des armées[1]. Il estimait que le niveau de menace auquel la France était confrontée était « inédit » et qu'il était impossible de savoir « de quoi demain sera fait ». « Il faut prévoir l'impensable, l'improbable... », disait-il encore. Didier Le Bret, coordonnateur national du renseignement à la présidence de la République, renchérissait : « Nous sommes dans un monde dont l'instabilité est la seule chose prévisible[2] » !

*

Face à des événements terrifiants, en l'occurrence l'extension du domaine de la guerre, il y a deux attitudes

1. Entretien avec l'auteur en juillet 2015.
2. Université d'été de la Défense, Strasbourg, 15 septembre 2015.

possibles : mettre la tête dans le sable ou regarder les faits en face pour dompter sa peur, « changer son logiciel » et se faire stratège. L'objet de ce livre est de renforcer la seconde. Quand l'autruche est surprise la tête dans le sable, son comportement s'avère incohérent sous l'effet du stress. Cette attitude la met encore plus en danger. La question qui se pose est de savoir si nous voulons être les « autruches » du XXIe siècle. Cela concerne le décideur comme le citoyen. Ils ont tous deux un rôle à jouer pour défendre un certain regard sur l'homme et la civilisation. Il n'y a pas de fatalité dans les menaces qui grondent et qui frappent. Face à elles, il ne faut pas laisser la peur s'immiscer. Comme le disait le président Franklin Delano Roosevelt : « La seule chose dont il faut avoir peur… c'est de la peur elle-même. » Or nos sociétés adolescentes, individualistes, adeptes du lacrymal, du compassionnel et de l'émotionnel sont fragiles.

Le souvenir douloureux des massacres du 13 novembre 2015 est là pour nous le rappeler : il faut être fort psychologiquement pour éviter l'état de tremblement et de stupeur qu'ont connu les Américains après le 11-Septembre. Ils se croyaient intouchables. Après que le pays fut frappé, la peur et la culpabilité ont conduit l'administration américaine à prendre des options intérieures – lois d'exceptions, détentions arbitraires, tortures légales – et extérieures – invasion de l'Irak – qui resteront dans l'histoire contemporaine comme des modèles d'erreurs stratégiques. Nous en payons collectivement le prix. L'État islamique en Irak et en Syrie, plus connu sous son acronyme arabe

Daech[1], est l'enfant naturel de Bush fils, de son équipe de faucons obscurantistes et de leur désastreuse politique en Mésopotamie. Ils ont ouvert avec inconscience la boîte de Pandore[2]. Maintenant, il faut assumer et lutter contre un cancer à propagation rapide qui finirait presque par faire passer al-Qaida pour une maladie bénigne… ce qui n'est pas le cas.

Soyons honnêtes, si nous ne sommes pas responsables au premier chef de cette catastrophe entre Tigre et Euphrate, nous y avons une part dans l'essor du virus djihadiste à domicile : nous avons laissé tant de corps « mous » à la dérive dans notre république-gruyère – c'est-à-dire non irrigués par la citoyenneté, l'estime de la France, l'amour de ses valeurs, de ses engagements et de son histoire monarchique et républicaine – que ce nouveau fanatisme insidieux y a trouvé un terreau fertile pour son invasion barbare. Matérialisme, virtualisation des relations et absence de transcendance complètent ce tableau en creux. Il conduit de jeunes Occidentaux de tradition musulmane, ou convertis de fraîche date, à rechercher une aventure romantique et héroïque, fût-elle mortifère. Ils vont jusqu'au bout de la tentation adolescente classique du comportement à risque.

1. Acronyme de l'arabe *Dawla islamiyya fi al-'Iraq wa al-Cham* (État islamique en Irak et au Levant). En juin 2014, son chef, Abu Bakr al-Baghdadi, a annoncé la création du « califat » islamique. Il est alors devenu le « calife Ibrahim » et prétend descendre de Hussein, le petit-fils du Prophète.

2. En 2013, le Congrès a estimé à 750 milliards de dollars le coût de dix ans de guerre en Irak. 4 500 soldats américains ont péri en Mésopotamie et 40 000 en sont revenus handicapés. Le nombre des blessés psychiques est impossible à évaluer tant il est important. En 2025, le coût total des remboursements d'emprunts de guerre et des pensions d'invalidité s'élèvera à 6 500 milliards de dollars.

Ce même phénomène, sur lequel se penchent sociologues, philosophes, psychologues, ethnopsychiatres, etc., touche l'Europe, l'Australie, le Canada, les États-Unis, l'Arabie saoudite, le Sahel. La Belgique fournit le premier contingent de combattants européens en Irak et en Syrie, rapporté à sa population. Le chef du commando qui a semé la terreur à Paris et à Saint-Denis, Abdelhamid Abaaoud, était belge. Et ce pays ami est désormais connu de tous les Français comme l'une des plaques tournantes du terrorisme européen. Au Maghreb, la Tunisie, pays éduqué qui a réussi sa transition démocratique, est également, proportionnellement, l'un des plus gros contributeurs de combattants étrangers ralliés aux hordes de Daech.En 2015, elle a été frappée trois fois par des attentats meurtriers.

En France, le problème ne se limite pas aux quatre mille individus[1] suspects de radicalisation islamique et aux mille trente ayant déjà séjourné en Syrie[2]. La population sensible aux thèses coraniques frelatées est plus vaste. Le rapport courageux du député (PS) Malek Boutih[3] publié en juillet 2015 et intitulé « Génération radicale » l'illustre à l'envi. Une toute petite partie de la jeunesse française de religion musulmane, issue de l'immigration ou convertie, est saisie d'une soif irrépressible

1. Personnes ayant fait l'objet d'une fiche « S » au cours des deux dernières années. La DGSI établit ces fiches concernant des personnes susceptibles de menacer la sécurité de l'État.

2. En septembre 2015, devant la représentation nationale, le Premier ministre, Manuel Valls, a indiqué que 491 ressortissants français étaient encore en Syrie ; 300 seraient revenus en France ; 133 Français ou résidants français ont été tués sur place. Il en manque environ 200 à l'appel.

3. Commandé par le Premier ministre, Manuel Valls, avant les attentats de janvier 2015.

de croyances irrationnelles, de préceptes stricts – manichéisme licite-illicite –, de codes fondamentalistes sur fond de détestation républicaine. De jeunes pousses à l'école, sous influence salafiste – sunnisme intégriste qui place la loi religieuse au-dessus de la loi laïque –, sont déjà gangrenées par le complotisme et le relativisme. Ces adolescents pensent ainsi que le 11-Septembre est une invention américano-israélienne, les « printemps arabes » une manipulation de Washington, les attentats contre *Charlie Hebdo* une action orchestrée par les services secrets français... Et ils considèrent la mise à mort brutale d'un être humain désarmé comme recevable si ses idées ont pu heurter les croyances du bourreau improvisé. Un certain nombre de réactions après les attentats du début 2015 avait laissé pantois ceux qui se refusaient depuis des années, au nom de la lutte contre l'islamophobie, à mesurer la prégnance des dérives salafistes dans notre pays.

Un salafiste n'est pas *de facto* un terroriste. Mais il a un objectif politique de suprématie religieuse et il est une cible de choix pour les groupes djihadistes qui cherchent les combattants qui leur manquent pour porter le feu au cœur des démocraties. Depuis le déploiement de l'opération *Sentinelle* – sept mille hommes – dans les villes de France, les soldats en faction font « régulièrement[1] » l'objet de provocations. Des voitures ralentissent devant les sentinelles au cri de « *Allahou akbar* » – « Dieu est le plus grand » ; les jeunes musulmans qui sont à l'intérieur, fenêtres ouvertes, miment avec le

1. Adverbe utilisé par un haut responsable de la défense lors d'un échange avec l'auteur.

pouce un égorgement ou font mine de tirer un coup de feu avec leur main pointée, pouce en l'air.

Certains voudront mettre ces dérives intégristes sur le compte de la jeunesse et de sa légendaire fragilité. C'est oublier que l'arme massive de la cyberpropagande djihadiste a plus d'un tour dans son sac pour consolider ce terrain déjà dangereusement miné. Le dire permet de prendre la mesure du problème, pas de regarder de travers nos compatriotes de religion musulmane. Ils sont pour le plus grand nombre en première ligne dans le combat contre ce nouveau totalitarisme qui prend racine dans une certaine lecture du Coran et des hadiths[1] de Mahomet. Par ailleurs, si on élargit l'horizon, force est de constater qu'à travers le monde, numériquement parlant, ce sont les musulmans qui payent le prix fort de ce nouveau totalitarisme islamiste. En nombre de morts chrétiens, juifs, yézidis, Kurdes, athées, etc. arrivent loin derrière eux.

Comme les autres grands totalitarismes du XXe siècle – communisme et nazisme –, le « califat » salafo-fasciste sera vaincu. Il faut « juste », avant d'y parvenir, gravir un chemin escarpé bien loin de l'angélisme et du principe de précaution qui minent nos sociétés policées. Et quand l'hydre sera militairement vaincue, le combat ne sera pas terminé pour autant. Il faudra assécher son terreau chez nous et aider Syriens et Irakiens à vivre en paix au sein de nouvelles structures étatiques. Plus largement, il faudra essayer d'aider un monde arabe en pleine déconfiture et de plus en plus contesté par sa jeunesse. En outre, les combattants européens de Daech

1. Paroles et actes du Prophète.

rentreront un jour chez eux… c'est-à-dire chez nous. Il est peu probable qu'ils le fassent tous avec un esprit de concorde et de repentance, leurs rêves de suprématie mondiale et leur État « sacré » ayant été détruits. Et avec eux, leurs aspirations romantiques. Pour prendre la mesure de la durabilité du problème, il faut bien réaliser qu'aujourd'hui des enfants français sont élevés et éduqués par Daech en Syrie…

Face à ces lames de fond, il faut que nos sociétés sophistiquées et empressées réapprennent le temps long. Pour reprendre l'expression imagée du général Didier Castres, sous-chef d'état-major en charge des opérations : « Il faut abandonner les chronomètres et revenir aux calendriers décennaux[1]. » Le chercheur de la Fondation pour la recherche stratégique (FRS) Camille Grand, esprit éclairé, parle d'une « guerre de trente ans » à propos du djihado-terrorisme. Prudent, il précise qu'il ne sait pas si elle a commencé en 2003 – avec l'invasion-libération de l'Irak par les Américains –, ou en 2011 – avec le début des printemps arabes. L'ancien patron de la CIA, le général Michael Hayden, ne dit pas autre chose en constatant que le Moyen-Orient « va rester en état d'instabilité pour les vingt, trente prochaines années ». « Je ne sais pas où nous allons[2] », avoue-t-il.

En conséquence, il va nous falloir retrouver un type de souffle, celui du coureur de fond, auquel nous ne sommes plus habitués. Il est frappant de voir avec quelle rapidité le mot « enlisement » apparaît, comme

1. Entretien avec l'auteur.
2. *Le Figaro*, 6 juillet 2015.

par réflexe, dans la bouche de nombre de journalistes ou d'observateurs si un conflit ou une opération militaire ne se règlent pas en « vingt-quatre heures chrono ». La jeune génération, notamment, accro à l'instantané et au zapping, veut des happy ends rapides et véritablement définitifs. Difficile de la satisfaire avec le brouillard particulièrement épais de ces étranges guerres contemporaines. Nous avons les montres high-tech, les djihado-terroristes ont le temps pour eux.

Que ce soit en Mésopotamie, en Asie centrale, en Afrique ou en Europe de l'Est, ces conflits étranges se moquent comme d'une guigne du rythme des séries américaines. Le seul emprunt aux séries anglo-saxonnes est celui pratiqué par les équipes de tournage et de réalisation de Daech. Elles pourraient sans peine se recycler demain à Hollywood, après un long séjour à Guantanamo, tant elles maîtrisent parfaitement les codes du septième art. Comme tous les grands fondamentalistes, les hommes de Raqqa – capitale syrienne de Daech – savent qu'une bonne vidéo de propagande bien gore vaut mieux qu'une opération de combat réussie mais sans images. Comme les nazis, ils aiment donner corps à la « beauté du diable » pour mieux séduire les âmes désœuvrées de nos sociétés sans Père ni repères. Les nazis magnifiaient l'homme nouveau tout de noir vêtu, adorateur du thaumaturge fou Adolf Hitler, mais ils évitaient soigneusement de montrer l'ampleur de leurs crimes abominables. Les sicaires d'al-Baghdadi, calife suprême de Daech, ont adopté la même couleur et ils poursuivent le même but – encenser la figure du pur moudjahidin, martyr ou kamikaze d'Allah –, mais en inversant le processus. Ils montrent à l'envi ce que les nazis cachaient.

En étalant dans des vidéos, sur papier glacé et via les réseaux sociaux les mille et un visages sanglants de leur sauvagerie, ils sèment la terreur dans l'esprit de leurs adversaires et proposent aux esprits faibles une transgression de toutes les règles de l'humanité. Ils font en marche arrière le chemin qui sépare la civilisation de la barbarie. Et ils couvrent ce mouvement du sceau approbateur d'un Dieu défiguré et captif. Ainsi cette nouvelle secte mondialisée offre-t-elle à ceux qui le veulent la possibilité d'exister par défaut avec l'illusion de faire œuvre pieuse en détruisant une partie de l'humanité et de sa mémoire. Décapiter, c'est ôter à l'autre sa figure, son visage, son identité, son humanité. C'est tenter de tuer l'altérité, de tuer Dieu lui-même. Ce faisant, dans la mise en scène, ils sont plus près du modèle sans fard bolchevique que de la propagande nazie qui dissimulait soigneusement ses crimes. Dans les années 1918-1919, dans les combats en Baltique, les troupes soviétiques avaient mis au point une technique de terreur : tortures très imaginatives, exécutions de masse – y compris pratiquées par des femmes –, mises en scène spectaculaire de la mort, etc. Cela leur permettait souvent de terrasser leurs adversaires avant même de les avoir combattus.

*

Le mot *guerre* fait peur. On peut le comprendre, dans un pays qui en a connu la morsure tant de fois. Avant le 13 novembre 2015, employer ce terme traduisait un manque de savoir-vivre évident. Il était inconvenant, parfaitement déplacé dans une société qui ne voulait pas souffrir, encore moins mourir. La société civile transformait même les morts au combat en victimes d'accidents du travail inacceptables. Expliquer, comme l'auteur le faisait depuis 2009, que l'on était en guerre, *nolens volens*, vous condamnait à prendre place au rang des ringards, des archéos, des belliqueux, de ceux qui ne comprennaient pas que seules la politique et la diplomatie réglaient les problèmes du monde. Il est vrai que la France n'était pas juridiquement en guerre car elle ne l'avait déclarée à personne – ce qui posait des problèmes de droit dans l'engagement du feu sur le territoire national. Mais d'autres, en revanche, avaient déclaré la guerre à tous ceux qui ne leur ressemblaient pas. Il a fallu que cent trente personnes perdent la vie à Paris et à Saint-Denis pour que, enfin, les choses soient dites : nous sommes en guerre !

Certes, la guerre n'est pas une fin en soi. On ne trouve d'ailleurs personne de sérieux dans le monde occidental pour dire le contraire. Mais que fait-on avec ceux qui, dans le Donbass, en Afrique, au Levant n'ont pas bien saisi cette nuance ? Pour le sanglant « califat », tuer au nom d'Allah est une fin en soi, une sanctification absolue, un creuset d'où sortira une race prométhéenne qui dominera la planète avant de partir à la conquête de la galaxie. Il nous faut donc, à la fois, faire la guerre et faire de la politique pour assécher son terreau pestilentiel. Mais penser que la diplomatie est seule à même de tout régler est une douce illusion. Le Mali est l'exemple vertueux par excellence. Il a fallu faire la guerre d'abord pour pouvoir ensuite engager un processus politique (élection, reconstruction, réconciliation), fédérer toutes les bonnes volontés tout en poursuivant inlassablement le combat contre les nouvelles infiltrations d'AQMI (al-Qaida au Maghreb islamique). Il faut peser en permanence diplomatiquement pour que le processus politique ne s'ensable pas. Si la coalition conduite par les Américains n'avait pas frappé Daech à partir de l'été 2015, les villes d'Erbil, de Kirkouk et sans doute de Bagdad[1] seraient tombées. Le mouvement d'expansion djihadiste aurait été irrépressible. Or, en Orient comme en Afrique, la puissance va à la puissance. Le vainqueur draine vers lui des flots de laissés-pour-compte, de jeunes diplômés sans travail, de frustrés, de revanchards, d'illuminés et de mafieux.

Dans ce monde où les logiques d'antan sont mises en déroute, la guerre n'est plus la prolongation de la politique par d'autres moyens. C'est la politique qui est devenue la prolongation de la guerre par d'autres moyens...

Ces guerres modernes sont d'autant plus stressantes pour l'homme de la rue qu'elles lui sont étrangères et très éloignées des grands modèles classiques qu'il a en tête. Le professeur de relations internationales Ghassan Salamé souligne cette déconstruction du modèle classique de la guerre, pensé jadis « comme une tragédie grecque, avec une unité de lieu, de temps et d'action[2] ». Il y a désormais une « resocialisation de la guerre qui est devenue une pathologie sociale », renchérit son collègue de Science po, le politologue Bertrand Badie. Elle

1. À tout le moins se trouverait-on dans la capitale avec une situation insurrectionnelle dans la plupart des quartiers.

2. *Le Figaro*, 17 mars 2014.

pose un énorme problème, car on peut détruire une armée ennemie, mais comment détruire une société, des familles entières, des jeunes filles en fleurs qui soutiennent le terrorisme et en deviennent des actrices centrales, jusqu'à se faire kamikazes ?

Militaires et diplomates occidentaux ont beaucoup de mal à répondre à cette question. S'ils peuvent apporter un soutien actif lors d'un conflit, le règlement du problème de fond ne peut venir que de la société elle-même, du moins de la partie qui n'est pas gangrenée. Or le fondamentalisme musulman (d'origine saoudienne) a fortement pollué l'espace mental de millions de personnes partout dans le monde depuis des décennies, y compris chez nous. « Ce que met en œuvre l'État islamique en Mésopotamie, ce n'est ni plus ni moins que ce qu'il y a dans l'air du temps, dans les manuels scolaires et les prêches dans le monde arabe depuis cinquante ans[1] », souligne le journaliste franco-algérien Mohamed Sifaoui.

*

L'œil du grand public a du mal à percevoir cette réalité car il y a extension mais également émiettement du domaine de la guerre. Pour prendre une image qu'affectionnent les militaires, nous devons faire face à des « guerres-mercure » : quand la boule de mercure tombe au sol, elle explose en une myriade de gouttelettes insaisissables. Or, le mercure tue, tout particulièrement les civils qui font les frais de ces guerres asymétriques. Ces affrontements « en morceaux », pour

1. Entretien avec l'auteur.

reprendre l'expression du pape François, lors d'un voyage en Bosnie-Herzégovine, en 2015, sont difficiles à éteindre et exigent de nombreux pompiers. Le souverain pontife s'est inquiété, à plusieurs reprises, du « climat de guerre » qui s'étend à travers le monde et de cette « Troisième Guerre mondiale » qui se fragmente en plusieurs points de la planète. Comme le soulignait jadis Joseph Staline, le Vatican n'a pas de divisions blindées, mais il dispose d'une représentation diplomatique mondiale qui en fait un très bon observateur du cours du monde.

Cette hypothèse d'une Troisième Guerre mondiale, évoquée par le Saint-Père, ne peut plus être complètement écartée. La Syrie est devenue le théâtre diabolique d'une confrontation internationale qui mobilise deux axes qui veulent en découdre : celui des sunnites, emmenés par l'Arabie saoudite, et celui des chiites, conduits par l'Iran. Ces deux pays, qui se font déjà la guerre indirectement au Yémen, ont l'appui des Occidentaux d'un côté et des Russes de l'autre. Même si Washington et Moscou ne veulent pas de confrontation ouverte entre eux, à force d'accumuler des matériels sophistiqués en un espace restreint et de frapper à tout va – les premiers Daech, les seconds les « rebelles » à Damas –, le risque d'une étincelle régionale entre ces deux anciens ennemis de la guerre froide n'est plus nul. Elle pourrait avoir des répercussions incalculables. L'Arabie saoudite et l'Iran pourraient estimer devoir… aider leurs grands alliés en s'affrontant directement. La pression sur l'est de l'Ukraine, et éventuellement sur les pays Baltes et la Pologne, serait alors l'une des ripostes probables du Kremlin à un « incident grave » syrien avec les Américains. Si entre-temps des missiles sol-air turcs avaient abattu un avion de combat russe violant son espace aérien[1] – ils ont déjà abattu un drone –, c'est l'OTAN, en tant qu'alliance de vingt-huit pays, qui serait directement concernée par les deux dossiers : celui du Levant (Turquie) et celui de l'Est européen (Pologne, pays Baltes). C'est un scénario catastrophe dont la probabilité de réalisation augmente un peu plus chaque jour dans la fournaise syrienne…

Le reste du paysage international n'est guère plus rassurant : sur les cent quatre-vingt-treize pays représentés à l'ONU, vingt-six sont des États en faillite et cent vingt autres sont en alerte rouge… Tout ceci a donné en 2014 une hausse impressionnante du nombre de victimes d'attentats terroristes dans le monde. Le département d'État américain décomptait 13 463 attaques ayant entraîné la mort de 32 727 personnes, soit une hausse de 81 % par rapport à 2013. L'essentiel des attentats s'est déroulé en Irak, au Pakistan, en Afghanistan, en Inde et au Nigéria. La Syrie n'apparaît pas car il est très difficile de distinguer les morts par attentat de ceux qui tombent dans les combats. Comment quantifier le nombre de civils tués par les barils de TNT largués des hélicoptères de Damas ou par le chimique bas de gamme que l'État islamique utiliserait ? Au moment de la rédaction de ce livre, les dernières statistiques 2015 n'étaient pas disponibles. Gageons que le bilan ne s'est sans doute pas adouci…

1. Le 25 novembre 2015, deux avions de combat F-16 de l'armée de l'air turque on abattu un SU-24 qui avait violé son espace aérien. La Turquie a saisi l'OTAN de ce grave incident.

Cette expansion du domaine guerrier est une réalité qui s'impose. Que nous l'aimions ou non. Quant à la nébuleuse djihado-terroriste – al-Qaida hier, l'État islamique aujourd'hui –, elle a décidé de détruire par tous les moyens possibles le grand Satan américain, les juifs, les croisés, les mécréants et les apostats (les chiites) ; bref la terre entière, exception faite de la petite frange sunnite intégriste (salafiste) engagée dans un djihad planétaire. Affublée du titre de « petit Satan », la France a depuis longtemps une place de choix dans la longue liste des détestations de ce nouveau fanatisme à turban. Cette haine de ce que nous sommes, de nos valeurs, de notre démocratie, de notre laïcité, de nos relations hommes-femmes, de notre civilisation judéo-chrétienne n'a fait que croître au fil des ans avec l'émergence du cancer fulgurant de l'État islamique. Ce qui a été visé délibérément dans la sauvage équipée des terroristes qui ont semé la mort dans les rues de la capitale et au Bataclan fin 2015, c'est tout un art de vivre, une façon d'être et de partager, de rire, de chanter et finalement d'aimer. Avec celui de Français, le sang de dix-neuf autres nationalités a rougi l'asphalte. Tout un symbole : celui d'une ville ouverte sur le monde. Pour les tueurs, c'était une réalité insupportable. Autant d'harmonie, dans les dernières douceurs surprenantes de novembre, méritait la mort. Sous la bannière noire, des bataillons impavides et drogués attendent de pouvoir s'engager dans la même voie sanglante. Ils sont légion au sein du « califat » et de ses comptoirs, enfants perdus du genre humain.

Leur parrain, Daech, pousse désormais ses métastases au loin, au Nigeria, en Libye, en Algérie, en Égypte, à

Gaza, en Australie, en Asie centrale, en Amérique du Nord, en Europe, en France, à Paris, à Lunel[1], à Saint-Quentin-Fallavier… Après l'attentat de l'été 2015 en Isère, où un chef d'entreprise a été décapité et sa tête exhibée aux grilles d'une usine de gaz par un apprenti djihadiste, un témoignage d'une habitante de la région en dit long sur notre méconnaissance de ce qui s'approche : en substance, elle exprimait son effroi et son incompréhension… car elle pensait que le terrorisme était réservé aux grandes villes.

Quelques mois plus tôt, le 9 janvier 2015, la prison de Fresnes avait été secouée par des salves de « *Allahou akbar !* » vibrants. Plusieurs centaines de prisonniers s'étaient massés aux fenêtres pour crier leur soutien aux frères Kouachi qui venaient d'être abattus par le GIGN à Dammartin-en-Goële. C'est en prison qu'Amedy Coulibaly, le tueur de Montrouge et de l'Hyper Cacher, a rencontré Chérif Kouachi, l'un des tueurs de *Charlie Hebdo*. La population carcérale comprendrait trente mille musulmans. Il n'est pas question d'en faire autant de djihadistes, mais il n'y a que deux cents imams en prison pour les accompagner. Est-ce suffisant quand on voit la progression du salafisme ?

*

Il n'est pas certain que nous ayons encore les moyens de nos ambitions d'action et de protection, même si la France, contrairement à nombre de ses voisins européens, a su préserver l'essentiel de sa défense. Les

1. Une vingtaine de jeunes locaux s'en sont envolés pour faire le djihad en Syrie.

chiffres parlent d'eux-mêmes. En janvier 2015, pour venir à bout de seulement trois terroristes – dix-sept morts à leur actif –, il a fallu mettre en ligne trois cents soldats d'élite de la gendarmerie (GIGN) et de la police (Raid, BRI), et plus d'un millier d'hommes et de femmes en appui – cabinets, états-majors, gendarmerie départementale, pompiers, sécurité civile, etc. C'est l'équivalent de deux régiments actuels... Deux régiments pour... trois terroristes non spécialistes du combat urbain. Mohamed Merah, en 2012, a tenu tête à plusieurs dizaines d'hommes du Raid suréquipés. Plusieurs centaines de balles ont été tirées avant qu'il ne tombe... touché par un tireur d'élite. On ose à peine penser à ce qu'il faudra mobiliser sur le territoire national quand plusieurs dizaines de combattants aguerris, de retour de Syrie ou d'Irak – ou tout simplement auto-déclenchés sans jamais être sortis du pays –, auront la mauvaise idée d'inscrire leurs pas dans les traces d'un Merah, d'un Coulibaly ou des frères Kouachi, décrits souvent avant leur bascule comme de « gentils garçons un peu branleurs ». « S'il y a demain dix ou vingt Kouachi dans les rues françaises, on fait comment ? » s'inquiètait un haut cadre de la défense, interrogé avant les massacres du 13 novembre[1].

*

Croire que nous allions passer au travers des gouttes rouge sang de cette confrontation d'un nouveau type fut une erreur grave. Les Français sont des cibles, ils le savent désormais. Plus de quatre-vingts civils ont été

1. Entretien avec l'auteur.

tués ces dernières années hors du territoire national ; cent quarante-neuf ont été abattus sur notre sol, en 2015. Nous touchons du doigt les risques inconsidérés que nous avons pris depuis trois ou quatre décennies en décidant de sacrifier une partie de notre défense nationale à la préservation – sans la réformer suffisamment – de notre protection sociale. Une illustration volontairement caricaturale le montre : dans les projets d'attentat djihado-terroristes déjoués par chance, figurait, en 2015, une action concernant une église de Villejuif et la basilique du Sacré-Cœur. Il y a en France quarante-cinq mille églises, plus que de communes (trente-deux mille). Si on souhaitait mettre en protection deux soldats devant chacune d'entre elles, cela requerrait presque toute l'armée de terre – cent mille hommes à l'issue du dernier train de réductions –, sans possibilité de relève. Il y a aujourd'hui bien plus de fonctionnaires de la SNCF[1] que de militaires de l'armée de terre. En 1997, la France comptait deux cents régiments de l'armée de terre. Ils sont moins de quatre-vingt-dix aujourd'hui. Le citoyen français, le politique ainsi qu'une bonne partie des médias en portent la responsabilité. Cela fait longtemps qu'ils traitent ces questions avec nonchalance et distance.

Loin d'hypothétiques dividendes de la paix à récolter, nous devons d'urgence réinvestir dans notre appareil de sécurité et de défense. Sous la pression des attentats de janvier 2015, cela avait commencé à être fait… mais de façon encore trop modeste au regard des enjeux. Nous n'avions fait que stopper la diminution

1. 140 000 personnes.

vertigineuse des effectifs de l'armée. Le dispositif *Sentinelle*, sept à dix mille soldats dans les rues de France, était à la limite haute de ce qui pouvait être tenable. Quant aux forces de police et de gendarmerie, elles étaient au bord de la rupture. En 2015, des compagnies entières de CRS se faisaient porter pâle après des rotations excessives.

Les attentats du « vendredi noir », le 13 novembre 2015, sont intervenus dans ce contexte sous tension avec pour conséquence un cortège de mesures prises en urgence – comme l'état du même nom – pour tenter de parer à la menace. Le triptyque « police-justice-douane » a été renforcé mais il faudra sans doute attendre trois ans avant que les nouveaux effectifs soient opérationnels. Or la guerre contre ce nouveau totalitarisme demande des « troupes » en nombre. Elles font défaut ici, en France. C'est encore plus criant chez certains de nos partenaires européens qui ont, très tôt et très vite, voulu toucher les dividendes de la paix. Le chef du commando, Abdelhamid Abaaoud, un Belge mythomane, amateur de vidéos gore, était censé être en Syrie. Sa présence finalement surprise en France est la parfaite illustration de l'extrême porosité des frontières et de l'apparition d'un nouveau type de tueur, mobile, entraîné au Levant et parfaitement accoutumé à semer le chaos et l'horreur au sein de populations désarmées. Le mode opératoire kamikaze, utilisé pour la première fois sur le sol français, pose désormais aux services de renseignement et de sécurité un redoutable défi. Il est très difficile de le contrer au sein d'une démocratie ouverte. La voie du sang a été dégagée. D'autres djihadistes s'y engouffreront.

La guerre ne fait que commencer. La prise de conscience est là, désormais, avec bien du retard du côté des Européens et de certains Français, notamment ceux de confession musulmane. La ligne « Cela n'a rien à voir avec le Coran » ne tient plus. Aussi le Conseil français du culte musulman (CFCM) a-t-il décidé de battre le fer contre l'obscurantisme. Il a multiplié les initiatives, notamment en mettant en place un encadrement théologique des futurs imams, afin de lutter dans les mosquées contre les discours obscurantistes et antirépublicains et de battre Daech, enfin, sur le terrain religieux. C'est ainsi que le CFCM a exhumé un texte du VIIe siècle du calife Ali Ibn Abi Talib, l'un des successeurs du prophète Mahomet, qui a été largement diffusé et qui figure désormais sur tous les sites de déradicalisation : « Quand vous verrez des drapeaux noirs, ne bougez pas de votre place, ne déplacez pas vos mains ni vos pieds. Après apparaîtra une communauté d'immatures, à qui on n'accorde aucune importance. Leurs cœurs sont comme des morceaux de métal. Ils se présentent comme les représentants de l'État. Ils n'acceptent ni discussion ni alliance. Ils appellent à la vérité, mais ne sont pas eux-mêmes des gens de vérité [...]. Ils sont proches les uns des autres, jusqu'au moment où naîtront des conflits internes parmi eux. Ensuite Allah donnera la vérité à qui il voudra. » Toute cette mobilisation sera sans doute utile pour bloquer l'expansion salafo-fasciste. L'ennemi est désormais identifié et nommé. Mais après l'avoir contenu, il faudra reconquérir le terrain perdu...

*

Nous sommes menacés et vulnérables. Les Français en ont pris conscience, constatant l'émergence d'un terrorisme domestique – ou issu d'un pays voisin – qui s'enracine aussi bien dans une fidélité à al-Qaida qu'à Daech. Il se nourrit d'une haine de la France, profonde, durable et contagieuse. Les frères Kouachi – filiation Daech – et Amedy Coulibaly – filiation al-Qaida dans la péninsule Arabique – étaient des « enfants » de France, élevés, éduqués, socialisés dans notre pays. Les articles parus après l'équipée sanglante des frères Kouachi montrent à quel point la France a été généreuse envers eux grâce à un système d'accompagnement social comme il en existe peu dans le monde. Ils détaillent le nombre de personnes et d'institutions qui se sont penchées sur leur sort pour les aider et les soutenir. La thèse classique des « victimes d'une République néocoloniale » ne tient pas. Pas plus en France qu'au Danemark, pays sans grand passé colonial, prospère, modèle d'intégration frappé lui aussi par un terrorisme intérieur aveugle.

Un détail vaut d'être relevé. Le Danemark a été touché quelques jours après la France, les 14 et 15 janvier 2015. Un Danois d'origine palestinienne, Omar Abdel Hamid el-Hussein, a attaqué un centre culturel à Copenhague où avait lieu un débat intitulé « Islam et liberté d'expression ». Il ne peut tuer, à l'extérieur, « que » une seule personne, grâce au sang-froid de la sécurité. Il se rabat la nuit même sur une synagogue et tue une autre personne. Il est enfin abattu devant son domicile à la suite d'un échange de coups de feu avec la police. Le lendemain, les caméras du monde entier se précipitent et constatent que l'endroit où est tombé ce terroriste intérieur… est couvert de fleurs. Un journaliste interroge un Danois qui vient de déposer un bouquet. Le journaliste s'en étonne et lui signale qu'il s'est sans doute trompé, pensant que c'est là que les victimes ont été lâchement abattues. Face caméra, cet homme a alors expliqué tranquillement qu'il ne s'était pas trompé – pas plus que tous ceux qui avaient fait comme lui –, et considérait Omar comme un héros. Les réactions de « compréhension », en milieu scolaire, en France, à l'égard des actions des frères Kouachi et de Coulibaly renvoient à la même réalité : des fissures abyssales se sont creusées insidieusement au fil des décennies sur fond de perte de repères et d'absence d'exigence citoyenne.

Avant novembre 2015, certains cherchaient à se rassurer en pensant aux attentats, autrement plus lourds, qui avaient frappé, il y a une dizaine d'années, les Espagnols – cent quatre-vingt-onze morts en 2004 – et les Britanniques – cinquante-deux morts en 2005. Finalement, en comparaison, nous n'avions subi que des piqûres d'épingle, même si elles étaient tragiques. Nous avions, nous-mêmes, connu pire avec des vagues d'attentats d'inspiration iranienne et algérienne dans les années 1980-1990.

Pourquoi est-ce si différent aujourd'hui ? Pour deux raisons essentiellement : parce qu'il y a désormais un proto-État islamo-terroriste qui provoque un puissant appel d'air, et parce qu'en abandonnant depuis des décennies nos valeurs républicaines et patriotiques nous avons creusé dans nos pays européens les meurtrières par lesquelles ce courant d'air frelaté ne demande qu'à s'engouffrer. Il nous faut aujourd'hui combattre sur deux fronts : intérieur et extérieur. Si le front Est – Ukraine, pays Baltes, Pologne – se réveillait, cela en ferait trois.

La guerre est de retour ! Il va falloir s'y habituer, car les mécanismes qui alimentent ce phénomène ne disparaîtront pas rapidement : guerre de religion entre sunnites et chiites, grignotage du monde musulman par le salafisme radical – tremplin potentiel vers le djihadisme –, poussée démographique dans des pays fragiles aux gouvernements corrompus, puissance de la cyberpropagande et de la cyberguerre, besoin d'héroïsation et de transgression chez de jeunes paumés de nos sociétés modernes baignant dans le virtuel, puissants mouvements migratoires, égoïsmes nationaux des pays riches stimulés par la crise, effondrement de l'économie touristique dans des pays du Sud où il est vital. Bienvenue dans le monde réel !

Première partie

Le monde d'hier

Un cocktail de surprises stratégiques

D'un monde incertain, mais décrit comme non vraiment dangereux en 2008[1], nous sommes passés à un monde… dangereux *et* incertain. Que s'est-il passé entre-temps ?

Depuis le 11 septembre 2001, experts et prévisionnistes ne savent plus à quel saint se vouer. Tout va vite, trop vite, et défie l'imagination et les connaissances acquises. Il faut s'habituer à cette incertitude et tenter de naviguer sous contrainte dans une mer d'indétermination et sans assurance tous-risques. Tout ce que nous détestons. Si l'on veut se faire stratège et développer sa capacité d'anticipation, il faut relire et tenter de décrypter les événements qui ont secoué le début de ce XXIe siècle. Ils sont près de nous, et en même temps lointains, déjà couleur sépia dans notre mémoire. Le fil du temps s'est brusquement accéléré et laisse le citoyen-spectateur hagard devant cette succession de surprises stratégiques et tactiques qui défilent à grande vitesse devant ses yeux. Rembobinons le film et procédons à une revue de détail ; une sorte d'inventaire à la Prévert qui n'a rien de très poétique.

1. Livre blanc sur la défense et la sécurité nationale.

Krach

La crise financière puis économique de 2007-2008 a plongé le monde développé dans un profond état d'hébétude. D'autant plus que les économistes estimaient que ces pays vivaient alors dans le cadre d'un « paradoxe de tranquillité ». Aucun nuage n'était décelé à l'horizon. Tout allait très bien dans le meilleur des mondes. Tranquillité, crédibilité… crédulité. Le réveil fut brutal. Rares sont les experts à avoir prévu une telle détonation mondiale due aux dérèglements du système de crédit immobilier hypothécaire américain – j'achète sans avoir d'argent, ni de capacité à rembourser, et je mets ma maison en garantie[1] – et de la transformation de cette dette de particuliers en produits financiers mis sur le marché boursier – titrisation. Pour faire simple, les grandes banques et institutions financières ont inventé la « virtualisation du virtuel ». Un vide spéculatif qui a explosé à la face du monde.

1. Principe des *subprimes*. Aux États-Unis, plus de deux millions de personnes se sont trouvées ruinées faute de pouvoir rembourser leurs prêts.

Citoyens-consommateurs et institutions de crédit s'étaient habitués à vivre dans ce monde fictif.

Lors d'un voyage que nous fîmes aux États-Unis (Californie), après la crise, une directrice d'un magasin de décoration haut de gamme nous confia son étonnement que le système ne se soit pas écroulé plus tôt : « C'était surréaliste, avant la crise. On voyait arriver dans notre magasin des personnes modestes qui achetaient à tour de bras pour meubler leur nouvelle maison, sans se préoccuper du prix. Quand elles passaient à la caisse, elles avaient dans leur portefeuille un nombre incroyable de cartes de crédit multicolores. Elles jouaient littéralement avec ces cartes en les déposant en vrac sur la table pour en trouver une qui fonctionnait encore... Il y en avait toujours au moins une. La question de savoir qui paierait au final ne semblait concerner personne, ni les détenteurs du jeu de cartes, ni les organismes de crédit. Nous étions sur une autre planète. C'était de la folie pure[1] ! »

Ce système avait bien sûr un gros inconvénient, il créait une bulle monstrueuse qu'un seul coup d'épingle suffirait à crever, en trahissant la confiance aveugle dans des lendemains qui ne pouvaient que chanter. La baisse de l'immobilier aux États-Unis, la volonté de certaines banques gavées de subprimes de s'en débarrasser au plus vite ont brisé le cercle de l'illusion magique. La crise financière a engendré une crise économique mondiale dont nous ne sommes pas encore totalement remis. De grandes maisons, aux fondations réputées indestructibles, se sont écroulées avec fracas sur leurs clients et

1. Témoignage recueilli par l'auteur.

leurs salariés, à l'image de Lehman Brothers – la quatrième banque d'affaires de Wall Street notamment. Des États – Royaume-Uni, États-Unis, Belgique – ont dû recourir aux nationalisations et d'autres à des recapitalisations massives de leur système bancaire – France, Allemagne – pour éviter une crise de confiance majeure et l'effondrement du système. Étranglés par leur dette publique, des États ont vacillé – Islande et Irlande. Aux États-Unis, des villes sont devenues des cités fantômes comme après les contrecoups de la ruée vers l'or, quand le mythe de l'argent facile s'était effondré. Certains États américains ont dû libérer leurs prisonniers, faute de pouvoir payer les gardiens et les frais d'entretien des centres carcéraux. La planète a été touchée par une récession foudroyante. Des mouvements politiques extrémistes se sont régalés de cette désolation, voyant leurs scores électoraux grimper un peu partout.

Les pays en voie de développement ont, quant à eux, encaissé ce choc de plein fouet, plongeant encore un peu plus dans le dénuement et la corruption sur fond de démographie galopante. Le terrorisme est en train de les achever, économiquement parlant. Ceux d'entre eux qui avaient misé sur l'éducation ont déversé sur le marché du travail des milliers de jeunes diplômés sans aucun espoir de poste qualifié. Ils sont aujourd'hui autant de proies pour les fondamentalistes de tout poil.

Le spectre de la crise de 1929 a été écarté, a-t-on dit. Est-ce certain ? On ne peut nier qu'en d'autres temps une crise d'une telle ampleur aurait pu créer des affrontements, des émeutes et des guerres. L'Union européenne des vingt-huit et l'euro, si injustement décriés aujourd'hui, ont fait rempart. Les structures de dialogue interétatiques, les institutions financières internationales – le FMI notamment – ont permis d'amortir une partie de la secousse tellurique. En France, c'est le système de protection sociale, un des plus étoffés du monde, qui a servi d'amortisseur. Mais partout dans le monde développé, chômeurs et laissés-pour-compte sont de plus en plus nombreux. La violence affleure. Une inquiétante convergence de vues entre gauche radicale et extrême droite s'est fait jour, par exemple en Grèce. Actuel président du Conseil européen et ancien Premier ministre polonais, Donald Tusk relève : « Juste avant les grandes tragédies de l'histoire européenne, on peut toujours observer le rapprochement tactique des extrêmes[1]. » Il parle également de l'émergence d'un « esprit prérévolutionnaire ». Cet état de crispation, marqué par des peurs sociales, contribue au repli des États sur leur pré carré. L'Europe est aujourd'hui profondément fragilisée, attaquée de toutes parts alors qu'elle reste un rempart indispensable contre les craquements sismiques.

Dans ce paysage ébranlé, certains signes ne manquent pas d'inquiéter et apportent de l'eau au moulin du président du Conseil européen. L'histoire de la construction européenne est tout sauf celle d'un long fleuve tranquille. Bien des crises l'ont traversée. Mais il est un point constant au sein de la famille européenne : on ne s'insulte pas publiquement entre responsables même si l'on a de graves différends. Les règles du jeu des fondateurs imposent un certain type de comportement car cette famille a été voulue pour briser en Europe le cercle

---

1. *Le Monde*, 18 juillet 2015.

tragique de la guerre. S'insulter avec la plus grande violence, c'est commencer à se faire la guerre par le verbe… Ce n'est pas anodin. Or, si la crise de la Grèce, avec ses épisodes à rebondissements de l'été 2015, n'a pas été une surprise stratégique, compte tenu de la dérive ancienne et profonde de ce pays, ce qui est frappant, c'est le langage utilisé non seulement par la rue et les réseaux sociaux[1], qui sont incontrôlables, mais par les dirigeants et les chefs de file de la majorité au pouvoir dirigée par Alexis Tsipras[2]. « Taliban », « criminel », « nazi » sont parmi les mots doux envoyés à la figure des responsables européens et du FMI par l'équipe de tête de la Grèce durant le printemps et l'été 2015. Le ministre des Finances de l'époque, Yanis Varoufakis, avait accusé ses collègues européens de « terrorisme ». On mesure l'inconséquence grave de tels propos de la part d'un ministre européen à un moment où le vrai terrorisme frappait. Il est vrai que ces institutions essayaient de sauver ce pays tout en lui demandant de se réformer. Que l'Europe et le FMI aient manqué de doigté, cela semble certain. Mais rien ne peut justifier cette violence venant d'un pays qui a triché en

1. Les expressions de « génocide social », de « crime contre l'humanité », de « mise en esclavage », de « viol de la démocratie », de « diktat » et de « domination du IVe Reich » ont fleuri sur la Toile grecque après les accords du 13 juillet 2015 qui sauvaient la Grèce de la banqueroute et de la sortie de l'euro.

2. Le Premier ministre grec, Alexis Tsipras, s'appuyait à l'été 2015 sur une majorité gauche radicale-extrême droite. L'équivalent, en France, d'un gouvernement dirigé par Jean-Luc Mélenchon… avec Jean-Marie Le Pen à la Défense. Lors de la constitution de son nouveau gouvernement, en septembre 2015, son secrétaire d'État Dimitris Kammenos (parti de la droite souverainiste) a dû démissionner, quelques heures après son installation, mis en cause pour des propos antisémites et homophobes.

entrant dans la zone euro après avoir truqué ses comptes. Choquée, Christine Lagarde, présidente du FMI, s'est présentée un jour à l'un des ministres grecs, adepte de l'invective, en lui disant : « Bonjour, je suis Christine Lagarde, la chef des criminels… »

Le gouvernement Tsipras issu des élections de septembre 2015 semble avoir accompli une partie de sa mue en matière de Realpolitik. Mais ce dossier est loin d'être refermé. Il comporte des enjeux géostratégiques sensibles. Derrière la Grèce aux limites de l'implosion se pressent des Balkans sérieusement gangrenés par de multiples mafias. Ce sont elles qui jouent les passeurs et qui vendent notamment les armes qui alimentent le djihadisme européen.

Printemps-hiver arabe

À partir de 2010-2011, les printemps arabes ont bouleversé le paysage du Proche et Moyen-Orient. Dans les colloques qui se sont multipliés par la suite pour comprendre l'inimaginable – la chute de chefs autocratiques considérés comme aussi indestructibles que les grandes maisons financières américaines –, les diplomates présents ont le plus souvent reconnu avec humilité n'avoir rien vu venir. L'un d'entre eux – figure ô combien érudite et respectée du Quai d'Orsay – avait avoué avec beaucoup de franchise que si sa femme lui avait demandé la veille de la fuite de Zine el-Abidine Ben Ali en Tunisie ou de la chute du raïs Hosni Moubarak en Égypte si de telles hypothèses étaient crédibles, il aurait répondu par la négative sans l'ombre d'une hésitation. Comment, en effet, imaginer la chute de Ben Ali, celle de Moubarak et la mort du colonel Kadhafi ? Que dire de la dislocation de la Syrie et de l'Irak, de la très grande fragilité de la Jordanie, du Liban qui n'a pas de président, de la Libye qui a deux gouvernements et deux parlements, de la guerre au Yémen, siège de l'affrontement ouvert entre les deux phares de l'islam : l'Iran chiite[1] et l'Arabie saoudite sunnite[2].

Le décalage entre les espoirs des premiers pas printaniers et la réalité d'aujourd'hui est abyssal. Ce qui les inspirait – aspiration à la liberté, à la démocratie et à la fraternité – apparaissait alors comme une double claque magistrale envoyée d'une part aux dictatures et à ses clans népotistes et prévaricateurs, de l'autre à la mouvance djihadiste avec son corset fondamentaliste anti-émancipation. Pour al-Qaida, ce fut un terrible camouflet. Ce qu'elle n'était jamais parvenue à réaliser – faire chuter un régime corrompu dans un pays musulman –, la rue y était parvenue en quelques mois au nom de valeurs en opposition avec son propre corpus idéologique. Dans un premier temps, les chefs d'al-Qaida ont tenté, en vain, de faire de l'entrisme. Et puis ils ont attendu patiemment le retour du balancier. Ils ont eu raison car tout s'est dilué comme par désenchantement.

1. 80 millions d'habitants, 99 % de musulmans à très grande majorité chiites ; 93 % de taux d'alphabétisation.

2. Le budget militaire de l'Arabie saoudite est six fois supérieur à celui de l'Iran. Mais la crainte de Riyad, c'est que les milliards de dollars débloqués par l'accord sur le nucléaire ne permettent aux Perses de remonter leur retard.

Aujourd'hui, l'alliance islamo-djihadiste est encore plus puissante qu'en 2011. En termes de séduction, elle a damé le pion au printemps arabe pour passer bien vite à l'hiver salafiste, shuntant l'automne. Mais finalement, même al-Qaida et ses franchisés se sont fait doubler par l'État islamique qui a cassé les prix de la terreur en promettant toujours plus. Il y avait une mode « al-Qaida » depuis le 11-Septembre. Depuis 2013-2014, la mode hiver-hiver est dictée par l'État islamique.

Au Caire, le maréchal al-Sissi a mis un terme en 2013 au règne des Frères musulmans[1] qui, à travers leur président, Mohammed Morsi – élu démocratiquement en 2012 –, cherchaient à s'emparer progressivement de tous les leviers de pouvoir par un putsch rampant. Le nouveau raïs mène désormais une lutte sans merci contre les Frères et contre les katibas – des unités de combat – affiliées à l'État islamique. La démocratie n'y retrouve pas ses petits. Mais le choix est limité, entre un régime totalitaire et un pouvoir autoritaire dans le pays le plus puissant de la région. Nombre de musulmans ont considéré que l'éviction du président Morsi – condamné à mort depuis – révélait l'inanité de tout processus démocratique. Les plus anciens se sont rappelé que le même phénomène avait frappé le Front islamique du salut (FIS) en Algérie quand il avait commencé à se rapprocher dangereusement du pouvoir – sa victoire dans les urnes en 1995 ayant été annulée. Désormais, pour cette frange, point de salut en dehors d'un islam de combat.

1. Créé en 1928 en Égypte par Hassan al-Banna, ce mouvement prône un retour aux sources de l'islam pour s'opposer aux « diableries » de l'Occident. Il défend une Constitution de république islamique.

Il reste néanmoins un pays ayant survécu aux promesses du printemps arabe : la Tunisie. Après des soubresauts, inévitables quand il faut passer d'une dictature à une démocratie, ce pays coincé entre l'Algérie et la Libye est parvenu à un équilibre démocratique remarquable. La Tunisie est donc devenue une cible de choix pour les radicaux-islamistes. Son économie a été frappée de plein fouet, en 2015, par des attentats terroristes en milieu touristique. Petits moyens pour les djihadistes – quelques vies de « martyrs » et quelques centaines d'euros –, mais terribles effets pour l'économie fragile de ce pays qui, par ailleurs, est le premier contributeur musulman de Daech. Comme d'autres pays – Arabie saoudite, Israël, Hongrie –, la Tunisie a décidé d'ériger un mur à sa frontière est pour tenter d'endiguer le terroriste venu de la fragile Libye. Vingt-cinq ans après la chute du mur de Berlin, les « murs » refleurissent ici et là. La logique des blocs – de béton – gagne du terrain sur celle des fluides. Mais ce monde ne serait pas surprenant si tel était le cas partout. La bande sahélo-saharienne offre l'exemple inverse : tout y est fuyant, flottant et mouvant pour la plus grande joie des groupes de combat terroristes.

Sahel mouvant

Comment comprendre qu'un petit groupe terroriste d'origine algérienne, marginal au début des années 2000, franchisé al-Qaida au Maghreb islamique (AQMI), ait pu en douze ans contrôler la moitié du Mali et partir, en janvier 2013, à la conquête du Sud ? Sans la présence militaire de la France dans la région, il serait aujourd'hui à Bamako, fragilisant encore un peu plus une bande saharo-sahélienne aussi instable qu'une dune. Pendant plusieurs années, la France n'avait pourtant cessé d'alerter la communauté internationale sur ce cancer à propagation rapide dont les métastases ont vu émerger une secte islamo-magique au Nigéria, inconnue alors, du nom de Boko Haram[1]. Cette histoire vaut d'être brièvement rappelée car elle illustre une loi d'airain de la période actuelle : un cancer djihado-terroriste non traité à temps se propage à la vitesse de l'éclair !

Au début de ce siècle, deux à trois cents combattants algériens, étrillés par l'armée d'Alger durant la guerre civile[2], se sont réfugiés au nord du Mali avec armes et bagages. Ils ont fait sécession du Groupe islamique armé (GIA), mais ils ont refusé de rentrer dans le giron algérien de la réconciliation. Leur nom affiche la couleur : Groupe salafiste de prédication et de combat (GSPC). Ce sont des salafistes ultras. Ils prêchent et combattent ceux qui ne partagent pas leur vue étriquée du Coran. « Convertis-toi ou meurs ! » : tel est leur slogan. Pendant une douzaine d'années, ils vont se constituer un trésor de guerre colossal – d'une valeur estimée entre quinze à vingt millions d'euros – en

1. Dont la traduction est « ce qui est occidental est mauvais ». Il avait auparavant reçu l'aide d'AQMI pour la formation de ses guerriers.

2. De 1991 à 2000, l'armée algérienne fait la guerre aux groupes de combat djihadiste, le Groupe islamique armé (GIA) et le Mouvement islamique armé (MIA), après avoir mis un terme à un processus politique qui avait commencé à porter au pouvoir les islamistes du FIS. Cette guerre civile aurait fait entre 70 000 et 150 000 morts, musulmans à 95 %.

pratiquant intensivement le rapt de touristes amoureux du pays dogon ou des charmes du Niger et de la Mauritanie. Très vite, ils feront allégeance à Oussama Ben Laden, figure incontournable du djihad planétaire.

Touristes allemands, autrichiens, italiens ou espagnols ont été leurs cibles préférées. Leurs gouvernements ont la réputation de payer sans trop faire d'histoires. Mais ils ont capturé aussi des Français et des Britanniques. Ils ont même passé des deals avec de gros commerçants locaux en leur demandant d'enlever et de leur vendre des touristes européens qui seraient hors de leur zone d'influence. Un fait divers donne la saveur de pratiques ancestrales dans cette région où rapines, trafics d'êtres humains, de drogue ou d'armes sont monnaie courante depuis la nuit des temps. Un puissant marchant de Tombouctou, doté d'un solide réseau dans toute la région sahélienne, a monté un jour une expédition pour aller capturer en Mauritanie – république islamique – deux touristes espagnols. Les deux malheureux otages ramenés au Mali à la suite d'un raid éclair audacieux de plusieurs centaines de kilomètres ont été vendus à AQMI. Le groupe a payé ces proies sans barguigner, comptant dégager d'importants bénéfices lors de leur revente. Au Sahel tout se vend, rien ne se perd, tout se transforme en argent. Les Mauritaniens, formés, dans une grande discrétion, par les forces spéciales françaises à la lutte contre les terroristes, ont très peu apprécié ce rezzou crapuleux sur leur propre terre. Il ne leur a pas fallu longtemps pour savoir qui avait pratiqué cet enlèvement nocturne. Vexés, ils ont donc tout naturellement organisé un match retour. Ils ont lancé une opération commando au Mali, mais comme il était trop difficile d'aller chercher les deux Espagnols dans le repaire des terroristes, ils sont allés au plus simple : ils ont enlevé le marchand de Tombouctou. Des émissaires mauritaniens ont ensuite expliqué à sa famille que si elle voulait le récupérer entier, il faudrait payer une rançon en hommes… soit deux Espagnols en bonne santé. La famille a dû prestement récupérer auprès d'AQMI les deux otages ibériques puis les échanger contre le commerçant. Les otages espagnols n'ont jamais compris comment les Mauritaniens et l'Espagne étaient parvenus à les faire libérer aussi vite sans payer de rançon. Pour AQMI, ce ne fut qu'un revers financier momentané. Le groupe a poursuivi tranquillement son travail de gangrène dans un corps social malien en pleine déconfiture. Grâce à son argent, il a mis en place un quadrillage de la zone nord du Mali fait de complicités, de dépôts d'armes, de munitions et d'essence. Le petit peuple des Touaregs démunis a été enrôlé comme boys et comme future chair à canon.

De son côté, Alger a joué longtemps avec le feu dans son arrière-cour malienne. Elle a décidé de laisser tranquilles les katibas du GSPC, devenu AQMI, tant qu'elles ne perturbaient pas sa propre sécurité. Les services algériens les avaient certainement infiltrés pour pouvoir jouer, de temps en temps, avec eux et expliquer ensuite aux Occidentaux qu'ils étaient les seuls à pouvoir maîtriser la zone et faire du *containment* antidjihadiste… Quant à Bamako, qui avait abandonné depuis longtemps ses frères ennemis touaregs à la chaleur écrasante du Nord, elle n'avait aucune envie de mener la moindre action coercitive contre ces groupes très mobiles, puissamment armés grâce à l'argent des rançons et de mieux en mieux implantés au sein de la population. Dans une région de grande pauvreté, frappée par une désertification croissante, sans aucun soutien du Sud, le pouvoir d'achat des deux chefs algériens d'AQMI, Abdelhamid Abou Zeid et Mokhtar Belmokhtar, leur a permis de mener grand train, aux standards du désert. Ces chefs de guerre ont pris femme au sein des grandes tribus de Tombouctou – la cité des trois cent trente-trois saints de l'islam –, en payant rubis sur l'ongle les dots demandées. Ils se sont ainsi conformés à l'une des directives anciennes édictées par Oussama Ben Laden : que ses chefs de guerre, étrangers au pays où ils font le djihad, s'accaparent une femme localement pour consolider par les liens du sang ceux, plus fragiles, de l'intérêt marchand ou guerrier.

Conformément à la mission planétaire du djihad, AQMI a poussé ses pions vers le Niger, le Nigéria, la Mauritanie, le Sud libyen, tout en rêvant d'attaquer la France au Sénégal. Localement, au Mali, ils avaient été assez habiles pour faire cause commune avec les Touaregs, musulmans modérés qui dévoilent les femmes et voilent les hommes. Les revendications de ces derniers étaient normalement circonscrites à l'espace nord-malien. Ils voulaient l'indépendance de l'Azawad (nord du Mali) mais pas la charia appliquée par des étrangers. Pourtant le talent des Algériens, joint à la séduction des euros, a fait basculer dans le djihad des groupes touaregs embrassant désormais leur vision radicale.

La machine infernale était en marche à bas bruit. Seule la France, souvent en lien avec les Américains pour le partage du renseignement, a tenté de sensibiliser les pays du pourtour et d'alerter la communauté internationale. Le ministre de la Défense, Jean-Yves Le Drian, a pris plus d'une fois son bâton de pèlerin… sans grand succès, si ce n'est l'adoption de résolutions onusiennes difficiles à mettre en œuvre ou dans des délais tels qu'ils laissaient les mains libres aux groupes terroristes.

En 2012, les katibas algériennes, renforcées par des combattants touaregs, se sont lancées à l'assaut du nord du Mali. Ils en ont fait la conquête éclair non sans quelques massacres[1]. L'année suivante, le 10 janvier 2013, convaincus de leur invulnérabilité et de l'impuissance générale des nations, les terroristes dirigeaient deux colonnes mobiles d'assaut pour s'emparer du sud du Mali. Le lendemain, à la demande de Bamako et de la communauté internationale, la France engageait ses forces spéciales pour bloquer l'assaut. Le premier Français tué fut un pilote du régiment d'hélicoptères de ces forces. Malgré la présence d'otages français dans les zones de combat, et sur ordres très clairs de François Hollande, les Français avec leurs alliés tchadiens sont remontés vers le nord du pays pour conquérir le donjon d'AQMI. En six mois, les djihadistes et leurs alliés étaient écrasés, capturés ou refoulés, notamment dans le Sud libyen. Le noyau cancéreux était détruit. Symbole de la victoire française, les légionnaires, en manque de vitamines, ont mangé avec plaisir les oignons des potagers qu'AQMI avait fait pousser dans le désert et la rocaille de l'Adrar des Ifoghas.

1. Lors de la prise d'Aguelhok, plus d'une centaine de soldats de forces armées maliennes ont été froidement exécutés.

Même si le mal principal a été traité, de nombreuses métastases demeurent dans la région. Après la chirurgie lourde, le traitement de fond conduit sur place depuis par les Français, les Maliens et les forces de l'ONU demande une concentration de tous les instants.

Vladimir imperator

Pour continuer à filer le crin des surprises stratégiques de ce début de siècle, le nom de la Crimée vient spontanément à l'esprit. Qui aurait pu imaginer qu'un pays, de surcroît membre permanent du Conseil de sécurité de l'ONU, aurait pu procéder à l'annexion par la force d'un territoire appartenant à un autre État souverain ? C'est pourtant bien ce qui s'est passé en 2014 avec la Crimée arrachée *manu militari* à l'Ukraine. La question ne peut être abordée sous l'angle des liens historiques entre Moscou et Sébastopol, même s'ils sont réels. À ce compte-là, si chaque pays en Europe commence à vouloir annexer des territoires dont il estime être historiquement le parrain naturel, le continent serait à nouveau à feu et à sang. D'autant plus que l'empire tsariste, puis soviétique, a occupé tellement de territoires depuis des siècles que Vladimir Poutine pourrait revendiquer « légitimement » une bonne partie de l'Europe, de l'Asie centrale et du Moyen-Orient (Perse). La Russie est née historiquement à Kiev[1], pourquoi ne pas estimer qu'elle a des

1. On parle ainsi de la « Russie kiévienne » qui a perduré du IXe jusqu'au XIIIe siècle.

droits naturels sur toute l'Ukraine dont Kiev est la capitale ?

La réalité est que Moscou a planté une écharde profonde dans le cœur du système de sécurité européen. Les accords d'Helsinki, signés pourtant sous l'ère soviétique (1975), ont volé en éclats et avec eux le principe intangible de la stabilité des frontières européennes. Un principe consolidé après la chute du mur de Berlin. Le chercheur de l'IFRI, spécialiste de la Russie, Thomas Gomart estime que « la Russie ne conçoit sa politique étrangère qu'en termes de force et de transgression[1] ». Pour faire bonne mesure, elle s'est retirée du traité sur les forces conventionnelles et elle menace de le faire pour ses forces nucléaires à moyenne portée.

Le maître de la Russie veut-il la guerre ? Ce n'est certainement pas son intention, mais son acte a créé un climat de guerre dans un paysage global déjà très tendu. Lors de la crise de Crimée, les services secrets occidentaux ont intercepté des conversations de dignitaires russes évoquant le possible emploi de l'arme nucléaire en cas de velléité d'opposition de l'OTAN à cette annexion. Il ne fait pas de doute que les services russes ont fait le nécessaire pour que ces échanges soient interceptés… Une opération d'intoxication pour faire peur en exhibant l'arme absolue, face notamment à un président américain que les Russes jugent velléitaire et structurellement pacifiste depuis sa non-intervention en Syrie – en dépit de l'utilisation de l'arme

1. *Le Figaro*, 22 septembre 2014.

chimique par Damas à l'été 2013[1]. Quant à l'Europe, le président russe estime qu'en dehors de la France et de la Grande-Bretagne, elle est incapable de faire la guerre. Vladimir Poutine, lui, ne craint pas le bruit des armes : il a fait la guerre en Géorgie, en 2008, et il la mène par procuration en Ukraine. À plusieurs reprises, il a joué avec la peur nucléaire, évoquant la modernisation de son arsenal ou son possible emploi[2]. L'opposant russe Alexeï Navalny estime qu'il « a brisé un tabou » : « Même au temps de l'URSS, les Soviétiques se gardaient bien d'agiter la menace nucléaire[3]. »

Que la Russie ait été maltraitée après la chute du bloc soviétique ne justifie aucunement une attitude agressive et un soutien militaire actif aux forces paramilitaires ukrainiennes qui veulent le rattachement de l'Est de l'Ukraine à la mère Russie. Et même certaines maladresses européennes dans le processus éventuel d'entrée en Europe de l'Ukraine ne peuvent justifier la mort de plusieurs milliers de personnes et l'entretien d'un foyer qui ne demande qu'à se développer. Kiev ne peut, de son côté, se parer des plumes de la vertu. Sa volonté, rapidement mise au panier, d'interdire la langue russe a été d'une grave maladresse. Elle doit également gérer ses extrémistes, parfois néonazis, qui

1. Le président américain avait prévenu que l'emploi de cette arme de terreur interdite par la communauté internationale constituerait une « ligne rouge » à ne pas franchir.

2. En 2012, Vladimir Poutine a annoncé la dotation de ses forces nucléaires, d'ici 2020, de 409 nouveaux missiles balistiques intercontinentaux SS27. Les États-Unis ont lancé un plan de modernisation de 320 milliards d'euros, qui correspond à dix fois le budget militaire annuel de la France.

3. *Le Monde*, 18 mars 2015.

jettent régulièrement de l'huile sur le feu. Rien de sérieux n'empêche un dialogue constructif des deux côtés, si ce n'est la volonté russe de dominer son « étranger proche » par tous les moyens. Pour Vladimir Poutine, personnage intelligent et manipulateur, ex-officier du KGB, la guerre est la poursuite de la politique par d'autres moyens. Il maintient la pression, soufflant le chaud et le froid.

S'agissant du chaud, il a annoncé le déploiement de missiles Iskander à Kaliningrad[1]. Cette ancienne terre allemande de Prusse orientale est aujourd'hui une enclave russe totalement isolée, entre Pologne et Lituanie. Installer des missiles de ce type, de cinquante à cinq cents kilomètres de portée et susceptibles d'emporter des charges conventionnelles mais également nucléaires, est une posture particulièrement belliqueuse pour des pays qui ont subi le joug russe puis soviétique. Pour le froid, il tient rênes courtes ses chiens de guerre en Ukraine quand il s'agit de faire respecter les accords de Minsk. Il le fait pour pouvoir endosser ses habits de « Monsieur Paix » lors de la présentation de ses propositions sur le dossier syrien – ainsi qu'on peut le constater à la lecture de son discours devant l'ONU en septembre 2015.

Moscou répond aux critiques en renvoyant la balle à l'OTAN. Elle aurait une attitude particulièrement déplacée en prépositionnant de l'armement lourd en Pologne et dans les pays Baltes, et en envoyant des conseillers à Kiev. Dans la mesure où l'annexion de

1. L'ancienne Königsberg.

force de la Crimée[1] est un non-évènement pour la Russie, elle ne comprend pas d'où vient cette soudaine agressivité otanienne commanditée à ses yeux par les Américains. La formation d'officier du KGB de Poutine est un sérieux viatique pour ce type de gesticulation oratoire. Ou comment le pyromane accuse les pompiers d'être trop voyants auprès de l'incendie qu'il a allumé…

Le conflit larvé dans l'est de l'Ukraine, entretenu savamment par Moscou, n'a pas fini d'exprimer son suc destructeur. Le président François Hollande, en évoquant la pertinence de la dissuasion nucléaire française, en 2015, avait souligné que « la guerre est encore possible en Europe ». Le maître de Moscou ne la souhaite pas et les services de renseignement français n'ont jamais relevé le moindre préparatif d'invasion russe de l'Ukraine. Le général Christophe Gomard, directeur du renseignement militaire, est catégorique sur ce point[2]. Les forces armées russes n'ont jamais été mises en alerte pour conduire une offensive… contrairement à ce que Poutine a dit lui-même dans la presse russe pour terroriser l'Ouest. Mais en maintenant la pression, la Russie entrave le développement de son voisin, de ses liens avec l'Europe, et reste, en partie, maître du jeu. En fragilisant la situation, il rend encore plus difficile la tâche du président Petro Porochenko de modernisation d'un pays historiquement malade de corruption et de déficience démocratique. Habilement, le président Poutine laisse également planer le doute sur la nucléarisation

1. Un référendum local encadré a entériné l'annexion militaire.
2. Entretien avec l'auteur.

de la Crimée. Comme le titrait *Le Monde* à propos du nucléaire, c'est aujourd'hui « moins d'armes mais plus de menaces[1] ».

Cette posture belliciste entretient une crainte qui n'a rien de feinte chez les Polonais ou les Baltes, qui ont connu jadis la botte soviétique. Ceux-ci ont découvert, en 2015, une des dernières facéties de leur inquiétant voisin. Un tribunal russe planchait sur la régularité juridique de leur accession à l'indépendance en 1991... Tout est bon pour inquiéter et déstabiliser, un peu comme dans ces films d'horreur américains où un voisin de plus en plus paranoïaque va progressivement semer la terreur dans la copropriété avec une imagination fertile. On peut penser que Moscou a un autre scénario en soute s'il veut accroître la pression sur l'Ouest via son « étranger proche » : il pourrait chercher à manipuler une partie des 25 % de russophones – dont beaucoup d'anciens de l'armée et des services secrets soviétiques – qui vivent dans les pays Baltes. Il suffirait d'y produire un remake du film ukrainien en protestant contre les discriminations dont les russophones seraient victimes. Ces derniers appelleraient alors au secours la mère patrie. La suite est connue...

Moscou ne veut pas d'une confrontation militaire directe avec l'Ouest. Elle n'en a pas les moyens. Son armée est encore convalescente, avec de nombreux matériels obsolètes et des soldats pas toujours très motivés. En outre, la chute du cours du pétrole plombe son colossal plan de réarmement. Poutine a besoin d'un baril à cent dollars pour remonter la pente militaire alors

1. *Le Monde*, 24 juillet 2015.

qu'il est à quarante, et que certains experts parient sur un baril à vingt dollars à moyen terme. Reste l'intimidation. Les Russes jouent régulièrement avec le feu, notamment en flirtant avec les limites des espaces aériens des pays membres de l'OTAN ou en allant titiller ses sous-marins comme au plus beau temps de la guerre froide. En 2014, la chasse de l'OTAN a dû procéder à quatre cents interceptions d'avions russes, soit le double de l'année précédente. Les Russes ciblent les pays qui leur sont hostiles ou en pointe sur le chapitre des sanctions. Leurs avions restent toujours à la limite des frontières aériennes mais suffisamment près pour provoquer une réponse adverse. Souvent le pilote russe débranche son transpondeur[1], empêchant son identification, ce qui est contraire aux usages depuis la fin de la Seconde Guerre mondiale. « Ce comportement russe est risqué et injustifié », proteste régulièrement Jens Stoltenberg, secrétaire général de l'OTAN. Au printemps 2015, des avions de combat britanniques se sont envolés pour encadrer un avion russe qui volait à proximité de l'espace aérien britannique. Au même moment, trois navires russes entraient dans la Manche. Un phénomène récurrent, les Russes affichant leur pavillon haut et fort. La marine française relève également, depuis plusieurs années, un accroissement très significatif de leur présence en Méditerranée. « Nous n'y avons jamais vu autant de bâtiments russes. Ils marquent leur présence fortement et protègent leur base de Tartous (Syrie) avec des forces spéciales », confiait en 2014 l'amiral Stéphane Verwaerde, major général de la

1. *Le Figaro*, 14 avril 2015.

marine[1]. À l'été 2015, en appui de son offensive diplomatique, Poutine a encore accru sa présence navale en Méditerranée pour avoir une solide défense antiaérienne sur zone.

Ces gesticulations pourraient bien un jour déraper et créer un incident grave avec l'OTAN, qui a renforcé sa présence à l'est pour rassurer ses alliés inquiets de voir sortir l'ours russe de son hibernation. À la fin 2014, les autorités suédoises ont élevé une forte protestation : un avion russe ayant débranché son transpondeur a failli percuter un avion de ligne de la compagnie Cimber décollant de Copenhague pour la Pologne. La même année, c'est un Airbus A-319 d'Air France-KLM qui a failli être percuté dans le ciel russe par un bombardier lourd russe Tupolev TU-95. Saisie d'une plainte, la direction de l'aviation civile russe a estimé qu'il n'y avait eu aucun problème. Le bombardier, qui était en descente, est passé à cent mètres[2] de l'avion de ligne qui montait pour prendre son altitude. Une commission d'enquête a été toutefois nommée. Ses conclusions ne sont pas connues. Comme à l'époque soviétique, les Russes récusent en bloc ces accusations et reprochent à l'OTAN d'avoir multiplié ses vols agressifs à proximité de ses frontières.

Tranquillement installés dans un avion de ligne, près de trois cents civils sont morts à l'été 2014 dans le ciel ukrainien. Plus d'un an et demi après ce drame, aucune sanction n'est venue frapper les responsables de ce massacre aérien. La Russie crie haut et fort qu'elle ne

1. Entretien avec l'auteur.
2. La distance de sécurité requise est du triple.

souhaite que la vérité. Elle accuse la chasse ukrainienne d'avoir délibérément descendu l'avion de ligne. L'hypothèse paraît peu vraisemblable. D'autant que les premiers éléments de l'enquête évoquent le polycriblage du cockpit de l'avion – c'est-à-dire un missile sol-air se positionnant devant le fuselage de l'avion avant d'exploser – et non la destruction par impacts à l'arrière ou sur les côtés, ce qui serait l'indication d'une frappe par un missile tiré par un avion de combat. On passe sur le peu de vraisemblance d'une volonté de Kiev, qui bénéficie de la confiance des Européens et des Américains, d'abattre un avion de ligne international… même pour faire porter le chapeau à Moscou. La responsabilité des séparatistes est totalement engagée dans cette affaire, même si, à l'évidence, il s'agit d'une « erreur de tir ». Les forces hostiles à Kiev avaient déjà abattu plusieurs de ses avions militaires dans les semaines précédentes. L'un de leurs chefs s'est vanté un peu trop vite d'avoir détruit un avion militaire ukrainien au-dessus de la zone du crash de la Malaysian Airlines, avant de retirer rapidement l'information du réseau social Vkontakte. Seul du matériel russe – batteries sol-air de type Buk –, sans doute servi par du personnel russe qualifié – ou des mercenaires russes –, a pu abattre un avion de ligne à une altitude de plus de dix mille mètres. La mise en œuvre de ce type de matériel, avec radar d'acquisition, ne peut être faite que par des professionnels. L'ambassadeur de Russie à Paris, Alexandre Orlov, crie au scandale, expliquant que tout désigne Kiev… Il ne peut convaincre que les aficionados de Moscou. En 2015, la Russie s'est opposée à une résolution de l'ONU créant un tribunal spécial pour faire toute la lumière sur ce dossier. Que dire de toutes les autres victimes, plus de cinq mille, qui ont subi le même sort au sol, prises en tenaille entre séparatistes et loyalistes ? La guerre n'a pas fini de suppurer à l'Est car les accords de Minsk 2, censés stabiliser le front entre loyalistes et sécessionnistes, sont d'une grande fragilité.

Si on tente de percer les desseins futurs du maître de Moscou, il faut regarder la carte. Après l'annexion de la Crimée, la mainmise sur certaines provinces de l'Est – autour de Donetsk et de Louhansk – par les forces séparatistes qu'elle contrôle, la Russie veut pousser vers la ville de Marioupol qui est un verrou à faire sauter pour pouvoir continuer à glisser vers les passages qui conduisent à la Crimée, à trois cents kilomètres de là. La ville de Marioupol a déjà résisté à plusieurs assauts. Si les séparatistes armés et conseillés par Moscou parviennent à la prendre et à poursuivre leur conquête de la zone côtière, la mer d'Azov deviendra une mer russe. Elle n'a pas de fonction stratégique vitale mais cela créerait pour la Russie un continuum territorial, entre son propre territoire et les zones contrôlées par ses affidés en Ukraine. Ce serait une amputation supplémentaire de la souveraineté de Kiev. La seule chose qui pourrait freiner Vladimir Poutine en Ukraine serait d'être au centre du processus diplomatique qui se dessine en Syrie. Quand on progresse sur un tableau, on peut bien marquer le pas sur un autre… jusqu'au prochain coup.

Le Léviathan du Levant

Au terme de cette rétro-revue, comment ne pas évoquer le Léviathan[1] du Levant. Il a spectaculairement pris son essor en 2013-2014, sous son acronyme arabe de Daech. L'extension de son domaine de prédation a été fulgurante. Qui aurait pu imaginer l'alliance contre-nature de cadres militaires du parti laïc Baas de Saddam Hussein et d'islamo-djihadistes fanatisés ? Comment concevoir que ce conglomérat se retrouverait en une vingtaine de mois à la tête d'un proto-État couvrant 30 % de l'Irak[2] et 50 % de la Syrie[3] ? L'État islamique campe désormais aux portes de Damas et espère prendre pied dans les faubourgs de Bagdad. « Personne à ma connaissance – et moi pas plus qu'un autre – n'a vu venir l'irruption de Daech comme acteur majeur sur la scène moyen-orientale en l'espace de trois mois [en 2014] », reconnaît avec honnêteté le géostratège François Heisbourg[4]. La communauté des spécialistes de la zone a fait preuve d'une cécité complète sur l'émergence de ce nouvel acteur prépondérant. Les services secrets américains sont eux aussi passés complètement à côté du phénomène, ce qui a conduit le président Obama, on le verra plus loin, à de curieuses déclarations sur le sujet. Mais il n'est pas impossible

1. Selon les Phéniciens, c'est l'hydre née du chaos primitif.
2. Province d'Al-Anbar, de Ninive et de Salahaddin.
3. Une zone certes peu peuplée. Le régime contrôle encore les deux tiers de la population sur un tiers du territoire.
4. Conseiller spécial de l'Institut international d'études stratégiques de Londres (*Politique internationale* n° 147, printemps 2015).

que Daech lui-même ait été surpris par un succès aussi rapide. Sa stratégie et son mode opératoire tactique se sont révélés en tout cas payants. Ils lui ont permis de glaner en Syrie, puis en Irak, des fruits mûrs.

Bien qu'irakien de souche, le Léviathan salafiste a tout d'abord jeté son dévolu sur la Syrie en pleine décomposition. Très vite, il a rallié par la violence, l'argent ou la séduction des myriades de petits groupes qui luttaient contre Damas à leur compte. Il a notamment siphonné une partie des effectifs de Jabhat al-Nosra (al-Qaida) ou de milices islamiques de différentes obédiences – financées par des fonds privés saoudiens et qataris –, qui étaient alors en pointe contre l'armée fidèle à Bachar. Al-Nosra a eu son heure de gloire dans les premières années de la guerre. Disciplinés, bien équipés, mourant allégrement au combat, ils avaient les faveurs de la population hostile à Damas. Ils avaient eux-mêmes rallié à leur bannière nombre de groupes de combat éclatés (notamment affiliés aux Frères musulmans), y compris certains n'appartenant pas à la mouvance islamique et pouvant être qualifiés de « modérés ». Al-Nosra, le premier, a pratiqué des vagues d'assassinats de petits chefs islamistes qui refusaient de passer sous sa bannière. Privés de leurs leaders, les troupes ont rejoint ses rangs naturellement.

Pour s'imposer, l'État islamique au Levant et en Irak s'est inspiré de ces méthodes. Mais il a passé la vitesse supérieure. Il a fait la guerre non seulement aux soldats de Damas mais également aux autres groupes non ralliés. Cette détermination au combat, assortie de violences extrêmes – décapitation, crucifixion, viol, mise en esclavage sexuel –, a drainé vers Daech nombre de combattants locaux et étrangers. Souvent jeunes, voire très jeunes. Sur les trente-cinq mille à soixante-dix mille soldats de Daech, plus du tiers seraient des *foreign fighters* – « combattants étrangers » –, selon la terminologie des services secrets[1]. Daech a su créer de toutes pièces une capitale en Syrie (Raqqa) pour asseoir son pouvoir et en faire la vitrine d'une révolution salafiste territorialisée. L'autre idée maîtresse a été de prendre d'assaut un poste frontière entre la Syrie et l'Irak, de le détruire et de hisser le drapeau noir du djihad sous l'œil des caméras. Une façon de fouler au pied l'ordre ancien issu de la volonté occidentale colonialiste et d'unir symboliquement ces deux terres comme un avant-goût du grand califat planétaire offert à la totalité de l'*ouma*, c'est-à-dire la communauté des croyants.

En Afghanistan, Ben Laden avait joué les coucous, hôte des talibans et du mollah Omar[2]. Mais il n'était jamais parvenu à se constituer son propre « califat ». Phare de la nouvelle foi intégriste, Daech joue désormais le rôle de pompe aspirante et refoulante des apprentis

1. On dénombrait en 2015 (vivants, rentrés ou morts) : 3 000 Tunisiens, 2 500 Saoudiens, 2 080 Jordaniens, 2 000 Tchétchènes/Russes, 2 000 Turcs, 1 500 Marocains, 1 100 Français, 890 Libanais, 556 Libyens, 400 Britanniques, 358 Égyptiens, 270 Allemands (d'autres chiffres en donnent 700), 250 Australiens, 250 Belges, 90 Américains. Ces chiffres sont incomplets car il y a plus de 60 autres nationalités représentées (Georgiens, Afghans, Pakistanais, Algériens, Yéménites, Qataris, etc.). D'autre part, la fourchette du simple au double (35 000-70 000) montre bien que les services secrets n'arrivent pas à savoir quel est le volume de forces réel de Daech. Pour les services français, Daech, c'est 30 000 hommes dont 12 000 étrangers, mais le décompte par nationalité fait exploser ce chiffre… *Le Monde* (30 septembre 2015) évoquait le chiffre de 100 000 à 150 000 combattants djihadistes (dont 15 000 étrangers).

2. Décédé en 2013, il a été remplacé par son second (pachtoun), le mollah Akhar Mansour avec Sirajuddin Haqqani comme bras droit.

djihadistes du monde entier qui viennent servir le calife : les premiers combattent sur le sol du « califat », les autres repartent pour porter le feu dans les pays de la région et sur d'autres continents. Partout ailleurs, l'État islamique bouscule les anciens alliés d'al-Qaida, leur imposant le ralliement ou la mort. C'est le cas avec AQMI, en Algérie et au Sahel, et avec les talibans d'Afghanistan[1]. Ces derniers sont partagés entre ceux qui veulent poursuivre le djihad mondial en se rapprochant de l'État islamique et ceux qui ont engagé un dialogue national de réconciliation avec les autorités de Kaboul.

La guerre au sein même de la mouvance djihado-sunnite est peu visible mais très meurtrière. C'est un des points de faiblesse de Daech. Il doit combattre des adversaires à visage multiple, notamment les groupes ralliés historiquement à al-Qaida. Pour l'ethnopsychiatre Tobie Nathan, cette surenchère entre les deux frères siamois du djihadisme est intrinsèque à la pensée islamo-radicale : « Si vous êtes religieux, vous êtes supérieur à celui qui l'est moins que vous, et personne n'osera vous critiquer, puisque vous êtes exemplaire. Vous critiquer reviendrait à critiquer Dieu lui-même. Cette surenchère éclaire l'actualité la plus brûlante : chaque fois qu'un groupe atteint l'extrême, un autre groupe doit aller encore plus loin pour se légitimer. "*Allahou akbar*", dit-on, ce qui signifie "Dieu est le plus grand", pas seulement grand… "Le plus" est un concept

1. Depuis 2015, l'État islamique tente notamment de nouer des contacts avec les trafiquants de drogue en Afghanistan.

inhérent à la pensée islamique. Un degré supplémentaire chaque fois : c'est une mécanique redoutable[1]. »

L'horreur que sème sur sa route ce monstre baroque et vidéophile ferait presque passer al-Qaida pour une œuvre de bienfaisance un peu bigote. En perte de vitesse, les héritiers de Ben Laden n'ont pas dit leur dernier mot face à la concurrence du grand frère : entre la grande surface d'al-Baghdadi et les petits commerces franchisés d'al-Qaida, la bataille est rude. Chacun défend bec et ongles son bout de trottoir. Mais avec ces deux dealers, le peuple des « snifeurs » d'un Coran frelaté a de quoi largement s'approvisionner en coke spirituelle. L'overdose d'Allah ne leur fait pas peur. Mourir est un must, le djihad un trust qui étend son business sordide sur fond de concurrence féroce. On ne peut même pas se féliciter de leur capacité à s'entretuer. « Au-delà des choix doctrinaux, al-Qaida centrale et l'État islamique correspondent aujourd'hui à deux modèles irréconciliables du jihadisme, dont les différences sont peut-être plus importantes que les points communs, explique Philippe Migaux[2]. Ainsi la disparition de l'un n'entraînerait sans doute pas le ralliement à l'autre de l'ensemble de ses partisans, mais sans doute la création de nouvelles entités. La discorde, élément moteur de premier plan dans la formation de la mouvance jihadiste, est désormais bien présente en son sein. Et la nouvelle compétition intra-jihadiste correspond évidemment aussi à un conflit

1. *L'Express*, 9-15 septembre 2015.

2. David Bénichou, Farhad Khosrokhavar et Philippe Migaux, *Le Jihadisme. Le comprendre pour mieux le combattre*, Plon, 2015. Un livre très complet sur le sujet mariant trois regards aigus.

générationnel. Al-Qaida centrale peut revendiquer son rôle fondateur [...] mais elle apparaît comme un modèle obsolète, voire désuet, pour la nouvelle génération de moudjahidin. Le choix massif des jeunes militants en faveur de l'État islamique s'explique d'abord par la puissance d'attraction de sa propagande, la démarche concrète d'un combat territorialisé au sein du berceau de l'Islam, la facilité d'accès à ses champs de combat et l'enthousiasme d'appartenir à un mouvement vainqueur [...]. En considérant que l'État islamique s'est engagé dans un combat durable mais perdu d'avance, on peut estimer que, dans un avenir à moyen terme, ces combattants cosmopolites du XXIe siècle apparaîtront non comme des "Brigades internationales" comparables à celles de la guerre d'Espagne, mais comme une version moderne des "grandes compagnies", qui avaient entre le XIIe et le XIVe ruiné l'Europe et terrorisé ses populations, quand elles ne servaient pas de troupes mercenaires lors des conflits entre les royaumes. »

Ici encore, il faut prendre conscience de la vitesse de l'extension du domaine du mal. L'État islamique prend sa source au cœur des combats contre les Américains en Irak (2003-2011). En 2013, c'est encore une PME peu connue, un ancien rameau d'al-Qaida en Irak qui a choisi le théâtre syrien pour se faire les dents. Le chaos y est plus intense. Cette petite entreprise terroriste se signale très vite par sa barbarie extrême. Elle pratique à haute dose ce que le chef jordanien d'al-Qaida en Irak, Abou Moussab al-Zarkaoui, avait inauguré en s'inspirant des techniques tchétchènes : la décapitation filmée de ses otages. Pendant un temps, les puissances du Golfe n'y ont vu qu'un groupe nouveau, très actif à faire chuter les apostats alaouites[1] de Damas. Ils les ont donc aidés par différents canaux financiers privés, comme ils le faisaient pour la branche locale d'al-Qaida (Jabhat al-Nosra). Puis, très vite la radicalité de Daech a séduit de nouveaux djihadistes et elle a mordu sur les autres groupes radicaux. Forts de cette dynamique, ils ont créé très vite une capitale (Raqqa) et consolidé leur base arrière syrienne pour mieux revenir vers leur terre d'origine : l'Irak.

Au début de l'année 2014, ils se sont lancés dans la conquête du nord de l'Irak. À la surprise générale, les troupes de Daech, bien commandées, ont conduit sur Mossoul (1,5 million d'habitants) une offensive de grand style avec le matériel pris en Syrie : déferlement de blindés, appui d'artillerie, déploiement de l'infanterie. Il ne manquait que l'aviation pour ressembler à l'attaque conventionnelle d'un État classique. En prenant Mossoul, non sans avoir noué préalablement des complicités à l'intérieur dans le camp sunnite[2], ils ont mis la main sur cinq cent millions en devises et en or à la banque centrale et sur un matériel militaire américain flambant neuf. Les attendaient, rutilants dans leurs caisses et dans des hangars, trois mille 4 × 4 Hummer, soixante mille armes individuelles, cinquante chars lourds et cent cinquante blindés légers. Plus des munitions en grande quantité[3]. La perte financière pour le gouvernement irakien a été évaluée à plus d'un milliard

1. Branche du chiisme.

2. Les chiites sont très majoritaires en Irak (55 %). Ils entendaient prendre leur revanche sur les sunnites (25 %), dominants sous le règne de Saddam Hussein.

3. Sources : ministère français de la Défense.

de dollars. Les tueurs au drapeau noir ont été à la fête. Ils utilisent depuis les Hummer comme voiture-bélier kamikaze.

La PME au drapeau noir est donc devenue très vite une holding régionale à cheval sur deux pays. Déjà dotée d'une solide emprise en Syrie, elle réalisait ainsi dans le pays voisin une fusion-acquisition à la hussarde. Désormais tout le monde regarde vers le calife al-Baghdadi, avec espoir ou terreur, connu à présent sous le nom de « calife Ibrahim ». Fin politique, il entend consolider son empire en développant des comptoirs étrangers qui deviendront autant de nouvelles bases de départ d'une expansion territoriale destinée à constituer un vaste espace salafiste de stricte obédience. L'histoire renoue avec celle de la construction des grands empires. Il s'agit de conquérir des têtes de pont, de consolider, d'administrer, de pérenniser, de terroriser, de recruter et de se nourrir en permanence de ses succès pour attaquer la phase suivante de déploiement. Internet permet, en outre, au calife une ubiquité que n'avaient pas ses lointains prédécesseurs.

Pour le « califat », l'Algérie comme le Maroc – plus solide, semble-t-il, car le roi est « commandeurs des croyants » – sont des cibles de choix. La carte parle d'elle-même : faire imploser l'Algérie permettrait aux djihado-terroristes d'espérer un continuum territorial – certes encore en forme de gruyère – allant de ce pays à la Libye, où ils sont présents dans le golfe de Syrte riche en pétrole, en passant par la Tunisie. Le Sahel, terrain de chasse d'AQMI, attire les regards de l'EI dans sa politique concurrentielle avec l'ancienne filiale de Ben Laden.

L'Égypte du maréchal Abdel Fattah al-Sissi est également un objectif prioritaire. L'État islamique y a multiplié les attaques contre les forces armées tout en assassinant de hauts représentants de la justice[1]. Depuis que le nouveau raïs a chassé les Frères musulmans du pouvoir – avec l'arrestation du président Mohamed Morsi –, le nord du Sinaï fait l'objet d'attentats et d'attaques meurtriers. En 2014, la principale milice djihadiste de la région, Ansar Beit al-Maqdis, a fait allégeance à l'État islamique après avoir flirté avec al-Qaida, lui offrant ainsi un nouveau comptoir. Le chercheur Romain Caillet, basé au Liban, estime qu'il s'agit de l'allégeance la plus importante en dehors des territoires irakien et syrien : « C'est la première fois qu'un groupe d'envergure rallie le califat. Ce que les djihadistes en tireront : du prestige. Le Sinaï devient une province du califat. Ils gagneront aussi en recrutement, en légitimité et en moyens financiers[2]. »

Depuis, ce groupe aguerri exporte la terreur dans tout le pays, y compris dans la vallée du Nil. En 2014, il est parvenu à abattre un hélicoptère de l'armée et à tuer plus d'une trentaine de soldats dans une embuscade. Un an plus tard, il tirait avec succès un missile contre une frégate de la marine égyptienne, signe de la montée en gamme de son armement. Il s'en est pris également aux représentations diplomatiques. Ainsi le consulat d'Italie a-t-il été visé en 2015 par un attentat à la voiture piégée. Le tourisme égyptien, comme tunisien, est touché au cœur. À l'automne 2015, c'est un avion de ligne transportant plus

1. Notamment le procureur général d'Égypte au Caire.
2. *Le Figaro*, 12 novembre 2014.

de deux cents touristes russes qui est détruit dans le ciel du Sinaï par une bombe introduite par la filiale locale de Daech. Désormais, Raqqa donne régulièrement ce groupe égyptien en exemple dans ses communiqués. Il incite ses comptoirs étrangers, notamment à Gaza, en Tunisie et en Libye, à s'inspirer du professionnalisme de cette succursale prometteuse.

*

On pourrait poursuivre encore longtemps la relecture d'événements en cascade qui ont parfois donné le tournis en faisant bouger des lignes que l'on croyait solidement établies. En 2013, l'Algérie a donné son feu vert à la France pour survoler son espace aérien afin d'aller frapper les colonnes d'AQMI. Inimaginable ! Citons encore ce qui s'est passé en août 2013. Le régime de Damas utilise l'arme chimique contre sa population[1]. Ce n'est pas complètement une surprise venant de ce régime qui pratique à haut niveau l'art de massacrer sa population. Mais ce qui l'est bien plus, c'est que le président de la plus grande puissance militaire du monde décide alors de renier sa parole… En cas de franchissement de la « ligne rouge » constituée par l'usage des armes chimiques, le président Barack Obama avait prévenu Bachar al-Assad : la réponse à une telle transgression du droit international serait de nature militaire. Deux pays se liguent avec les États-Unis pour permettre

1. Le 21 août 2013, des frappes chimiques venant des forces fidèles au régime s'abattent dans la nuit sur la banlieue de Damas (la Ghoutas). Couchés, femmes, enfants et vieillards fourniront le gros des pertes : les chiffres évoluent entre 1 000 et 1 500 morts.

au président américain de tenir leur promesse : la France et le Royaume-Uni. Trois des cinq membres permanents du Conseil de sécurité : cela avait du poids, même sans résolution onusienne en bonne et due forme. Se déjugeant, le Prix Nobel de la paix américain a tenté de refiler le mistigri d'une décision de guerre au Congrès, tandis que le Premier ministre britannique se prenait les pieds dans le tapis de la Chambre des députés, refusant l'engagement des avions britanniques. Finalement, seule la France est restée en lice avec ses avions prêts à frapper. Faute de partenaires, elle a remisé ses plans d'attaque.

L'angélisme et la pusillanimité ne sont pas nécessairement les bonnes sources d'inspiration quand le domaine de la guerre est en pleine expansion. Chaque fois que l'on recule, ils avancent. Dans les plans de frappe arrêtés par les trois pays (avant le recul américain et britannique), il était prévu de bombarder non seulement les positions de Damas liées à l'arme chimique mais également celles des djihadistes. Daech n'était alors qu'embryonnaire. Les frappes visaient surtout Jabhat al-Nosra. Une telle action aurait redonné de l'air à la rébellion (Armée syrienne libre) et affaibli le prestige des djihadistes sur le terrain. Cela aurait pu entraver l'expansion de Daech. Ce tournant a été raté. Ce fut de la part de nos alliés anglo-saxons une sorte de Munich oriental, aidé par les Russes, dont nous n'avons pas fini de payer le prix… comme en 1938.

On peut également soutenir l'idée que cet aveu de faiblesse américain a inspiré une autre personne : Vladimir Poutine. Le nouveau tsar a compris que les États-Unis, traumatisés par l'Irak et l'Afghanistan, étaient devenus un tigre de papier dirigé par un Prix Nobel de la paix pusillanime. En convainquant Damas de détruire son arsenal chimique, les Russes ont magistralement joué en offrant à Barack Obama les outils diplomatiques de sa propre perte de crédibilité internationale. Moscou s'est d'autant plus senti les coudées franches en Ukraine. Que pouvaient valoir les protestations et les gesticulations américaines, en soutien de Kiev, après leur déculottée symbolique en Syrie ?

En septembre-octobre 2015, Vladimir Poutine a créé en l'espace de quelques semaines trois surprises supplémentaires qui ont complètement pris de court l'administration américaine comme la communauté internationale : il a puissamment renforcé sa présence militaire en Syrie – hommes, matériels, avions, hélicoptères, forces spéciales –, il a commencé à frapper les ennemis terroristes de Damas par air et par mer – missiles de croisière tirés à partir de la mer Caspienne – et il a créé *ex nihilo* à Bagdad – normalement allié des États-Unis – une antenne de renseignement regroupant les services irakiens, syriens et iraniens… Une sorte d'axe orthodoxo-chiite. Ces mutations consacrent l'internationalisation de ce conflit qui n'en finit pas de rebondir d'horreur en horreur et de complexité en complexité. D'autres surprises stratégiques nous attendent. Le foyer guerrier au Levant est à ce point chaud et chaotique que la perspective d'un conflit majeur n'est plus à exclure. Dire : « C'est impossible ! » quand on évoque certaines hypothèses, parce que cela nous fait peur, n'est plus de saison quand on a visionné la bande d'actualités de cette dernière décennie.

Deuxième partie

Le monde d'aujourd'hui
Expansion des fondamentalismes

Il en va de la guerre comme du froid : il y a la réalité du thermomètre et celle du « ressenti ». Le froid ressenti est souvent plus élevé que ce qu'indique la réalité scientifique. Il en est de même pour le « phénomène guerre » d'aujourd'hui. Les conflits sont moins nombreux et moins meurtriers que ceux du XXe siècle. Avec ses cinquante millions de morts, la Seconde Guerre mondiale écrase tout. On a décompté 2 991 morts – de 79 nationalités différentes – avec les attentats du 11-Septembre aux États-Unis en 2001, 291 tués en Espagne en 2004, 59 en Grande-Bretagne en 2005, 149 en France en 2015 – au moment où nous écrivons. Mais le ressenti dépasse la réalité strictement chiffrée. Sans doute parce que chacun se sent potentiellement dans le collimateur au regard des attentats réussis de ces derniers mois ainsi que de la variété du profil des victimes. Il y a moins de morts, certes, mais les victimes sont majoritairement des civils, et elles nous ressemblent terriblement. La guerre sort du cadre, mute, se dilate et pollue de plus en plus d'espaces. L'extension du domaine de la guerre est géographique avec, notamment, plus de quatre-vingts nationalités mobilisées au sein des troupes de Daech et plus de quarante pays coalisés contre lui. Cette expansion se manifeste également par l'apparition de nouveaux acteurs radicalisés : des familles entières, des jeunes femmes, de jeunes loups solitaires et néanmoins connectés partent faire le djihad ou le pratiquent à domicile.

Au demeurant, l'extension géographique du domaine de la guerre n'est pas une vue de l'esprit. Cinq des six continents sont touchés par la lèpre Daech. Aux points chauds plus ou moins connus – Sahel, Irak, Syrie, Libye, Israël-Palestine, Ukraine, Somalie, Nigéria, Thaïlande, Corée du Nord, etc. – s'en sont ajoutés d'autres : Bahreïn, le Yémen, la Centrafrique, le Soudan du Sud[1], et, *mezza voce*, le Burundi sur fond de contestation de la réélection du président sortant et le Burkina Faso après le coup d'État de l'automne 2015. Le continent africain va connaître dans les prochains mois une vingtaine d'élections importantes… ce n'est pas toujours un signe avant-coureur de paix et de concorde nationales. La liste des points de friction des plaques molles de la planète justifie le « ressenti de guerre » et la montée des peurs si mauvaises conseillères : attaques terroristes contre la France, le Liban, la Russie, l'Égypte, la Turquie, l'Algérie, la Tunisie ; extrême fragilité de la Jordanie et du Liban. Le pays du Cèdre devrait être l'une des prochaines cibles de l'État islamique, à cause de son état de décomposition politique, de la présence

1. Un accord précaire a été noué en août 2015 entre rebelles et autorité légale.

de très nombreux réfugiés, de celle du Hezbollah chiite que les milices combattent directement en Syrie et parce que le « petit Satan » français s'y trouve avec ses Casques bleus de la FINUL.

Les Saoudiens sont désormais frappés par la créature monstrueuse qu'ils ont, en partie, nourrie. Frankenstein en turban, l'EI entend bien leur ravir le statut de gardien des lieux saints – La Mecque et Médine. Depuis plusieurs mois, la Turquie est entrée en lice contre l'État islamique et renoue avec la guerre intérieure contre les Kurdes du Parti des travailleurs du Kurdistan (PKK) sur fond d'attentats meurtriers. L'Europe doit faire face au renouveau terroriste, tout comme le continent nord-américain et l'Australie. En mer de Chine méridionale, Pékin teste sa toute nouvelle doctrine militaire, hérissant les Américains et inquiétant ses voisins par sa volonté de contrôle de l'espace maritime, tandis que la zone Afpak (Afghanistan-Pakistan) reste toujours fragile sous le regard suspicieux de l'Inde, puissance nucléaire comme son voisin pakistanais. Quant à la Corée du Nord, elle fait de temps en temps éclater un pétard nucléaire dans le fin fond de ses montagnes, histoire de se rappeler au bon souvenir du monde.

Il n'est pas simple de comprendre les racines de tous ces soubresauts, encore moins de se projeter dans l'avenir – ce qui fera l'objet de la troisième partie de cet ouvrage. L'accélération des mutations fait qu'entre le moment où l'on saisit une pièce chaude du puzzle international pour tenter d'en expliquer les contours et le sens et celui où on tente de la décrypter, elle a déjà changé de forme. Pire, l'alvéole d'où on l'a extraite a également changé de configuration… Quand on veut remettre la pièce à sa place, elle n'y entre plus. Le cadre général du puzzle s'est métamorphosé. L'analyste géostratégique et militaire se doit donc d'être aussi un spécialiste de la tectonique des plaques chaudes et inconstantes. La maîtrise de la « dynamique des fluides » est aussi de quelque utilité pour saisir ces drôles de guerres. Comme le dit très justement le général Didier Castres : « Une crise est un organisme vivant. On ne peut pas plaquer de mécanique sur du vivant. Une pensée stratégique doit se modeler sur les événements[1]. »

Bref, pour tenter d'y voir clair, il faut se tenir en position d'équilibriste aux confins de plusieurs disciplines : la géostratégie, l'art de la guerre, la cybernétique, l'histoire, la diplomatie, la psychologie, l'ethnopsychiatrie, sans oublier la vulcanologie… Malgré la difficulté de l'entreprise, prenons ensemble le risque d'extraire un certain nombre de pièces du puzzle. Tentons de décrypter un paysage qui fait penser tantôt à un tableau de Bruegel l'Ancien, par son côté apocalyptique, tantôt à une œuvre de Magritte pour sa touche surréaliste ou à une peinture de Dali avec ses montres molles, symboles d'un univers temporel disloqué.

---

1. Entretien avec l'auteur.

Le retour des messianistes

Les époques troublées se caractérisent par le retour en force des messianistes autoproclamés, imprécateurs et distributeurs d'anathèmes. Ils s'estiment porteurs d'une mission divine, ou quasi divine, pour leur pays ou pour leur cause. Ils sont les instruments d'une volonté supérieure. Certains signes de cette dérive ne trompent pas. Le messianiste s'enferme dans une bulle de convictions et surtout de croyances. L'autre, le différent, celui qui ne partage pas la même « foi », devient très vite un ennemi, parfois mortel. L'altérité est une menace car elle vient remettre en question le magistère suprême de la vision « totalitaire ».

Dans les relations internationales, l'irruption de l'irrationnel brouille les lignes et déstabilise les diplomates dont la vocation est de trouver par la force de la raison et la puissance du compromis une voie d'équilibre entre plusieurs parties, souvent pour éviter la guerre. C'est pour cela que les diplomates français et britanniques ont été complètement déstabilisés par un

Adolf Hitler thaumaturge messianique à la fin des années trente. Ils se sont fait rouler dans la farine à Munich (1938) en pensant que « Monsieur Hitler » pouvait être finalement un personnage « raisonnable ». Les messianistes ne sont pas gens raisonnables. La période actuelle est donc douloureuse pour la diplomatie, même si l'accord sur le nucléaire iranien et le rétablissement des relations diplomatiques avec Cuba ont mis en valeur la pertinence de sa mission.

L'entrée en scène du messianisme dans le paysage de ce début de siècle pose un problème de taille. Dans les pays où une opposition existe encore, il a tendance à considérer l'expression de points de vue divergents comme une « trahison », voire de la « haute trahison » punissable par la loi. Le cadre législatif sera renforcé si nécessaire pour effacer ces contestations incongrues qui font figurent d'insulte intolérable au dogme d'infaillibilité du nouveau pontife. Certains opposants trop turbulents seront embastillés, muselés ou tout simplement assassinés. Les difficultés internes seront systémiquement mises sur le compte d'un « complot de l'étranger ». La vision messianique étant un tout inaliénable et inaltérable, les difficultés provenant du « réel » ne peuvent qu'être le fruit du travail de sape de ceux qui veulent la mort de la vision et du visionnaire et non celui de la faiblesse intrinsèque de tout rêve fondamentaliste.

Le messianiste développe souvent une vision impériale fondée sur des réminiscences historiques remises au goût du jour pour étayer son projet. La grandeur perdue d'hier lui impose d'ailleurs de se maintenir au pouvoir coûte que coûte pour faire revivre un passé en forme d'« âge d'or ». Il se vit à la fois comme un héritier et un fondateur. La profusion de ce type de « héros » marque le retour de l'histoire par son versant tragique. Une leçon pour tous ceux qui avaient imaginé qu'elle était derrière eux, dépassée.

Il y a bien sûr une gradation dans la prégnance et la folie de la vision messianique : on ne peut pas mettre sur un même pied un al-Baghdadi incontrôlable et criminel cynique au nom de Dieu, et un Georges W. Bush aveuglé par son idéologie néochrétienne mais ayant des comptes à rendre à son pays. Il n'y a pas de commune mesure entre un dictateur sanguinaire se disant envoyé du Très-Haut et un chef d'État d'une nation démocratique, même fondamentaliste à sa façon. Le premier n'a aucun contre-pouvoir, le second, heureusement, en a. Mais ils appartiennent néanmoins à la même catégorie mentale. La nature est la même, le degré est différent. Ces nouveaux messianistes hystérisent volontiers le débat, clivent l'univers avec leur vision manichéenne ami-ennemi. Ils font la guerre, réellement par les armes, ou symboliquement par les mots. Souvent les deux. Ils contribuent à l'expansion du domaine de la guerre sous diverses formes. En voici une galerie de portraits.

Le fou de Dieu

On passera rapidement sur un des messianistes les plus fanatiques de ce début de siècle car nous en avons déjà beaucoup parlé : le « calife » al-Baghdadi. Convaincu d'être porteur d'une mission divine, son message est un défi aux civilisations, qu'elles soient arabo-musulmane ou judéo-chrétienne. Ce qui fait le long combat de l'homme pour quitter les rives de la barbarie vers celles de la civilisation, c'est fondamentalement le fait de reconnaître l'autre, le différent, comme son frère. La différence n'est plus vue comme potentiellement mortelle pour la tribu, elle est une richesse pour la communauté. C'est le principe de l'altérité qui crée du dialogue, du respect et du compromis au-delà des antagonismes et des divergences naturelles dans toute société. La démocratie est un beau modèle car elle organise la confrontation pacifique des contraires et évite les captations de pouvoir... normalement – Hitler est arrivé au pouvoir par les élections. C'est pour cela que l'Union européenne à vingt-huit pays est si précieuse malgré ses faiblesses actuelles.

En Mésopotamie, nous sommes à des années-lumière de cet équilibre subtil. Dans sa vision messianique mondialiste, le « calife » inverse le système civilisationnel et restaure la barbarie des temps primitifs. Le différent est fondamentalement un ennemi, étranger à la cause. Il n'a pas droit de cité. Son visage, non conforme au dogme, est insupportable. Il faut l'effacer. L'horreur pour le faire disparaître de la surface de la terre n'a pas de limite car le messianiste fou se veut le bras armé impavide de Dieu. Il a fait le Très-Haut à son image. Il s'arroge naturellement la toute-puissance divine en s'appuyant sur une exégèse particulière du Coran. Rien n'étant impossible à Dieu, tout lui est donc permis. Cette construction psychologique et mentale, renforcée par des années de guerre, ne laisse aucune place à la négociation ou au compromis. Les approches diplomatiques sont vomies par le « calife » comme étant celles des « tièdes en Dieu ». En dehors du ralliement ou de la conversion, point de salut !

Le born again

Dans un registre moins pathologique se situe l'ex-président Bush. Il a sa place dans ce chapitre même s'il est obsolète. Ce qui se passe aujourd'hui en Mésopotamie lui doit beaucoup. Les diplomates et les journalistes français qui rencontraient régulièrement ses conseillers à Washington, début 2003[1], en revenaient consternés. L'idée d'envahir l'Irak apparaissait déjà à l'époque comme la plus absurde qui soit. Quel que soit le caractère odieux du régime de Saddam Hussein, il n'avait aucune implication dans les attentats du 11 septembre 2001, et il n'avait pas d'armes de destruction massive susceptibles de menacer la planète dans les quarante-huit heures comme Américains et Britanniques tentaient de le faire croire en multipliant les faux[2]. D'un point de vue rationnel, il n'était pas très compliqué de démontrer à l'administration Bush que cette affaire ne pouvait s'achever que par un fiasco monumental. Nombreux sont ceux à l'avoir dit et répété sur les plateaux de télévision avant l'entrée en guerre en mars 2003. Bush père, en 1991, avait soigneusement évité d'aller jusqu'à Bagdad pour ne pas ouvrir la boîte de Pandore mésopotamienne. Un mauvais argument, sans doute, pour un jeune président sous influence des

1. Avant l'invasion de l'Irak.

2. L'embargo très dur qui frappait alors l'Irak rendait impossible tout développement d'armes de guerre sophistiquées. Par ailleurs, les inspections internationales n'avaient rien révélé de suspect, au grand dam des Américains. Ceux-ci ont tout fait pour déconsidérer ce travail rigoureux et scientifique conduit par le Suédois Hans Blix. Pas question pour eux que la science s'oppose à leur croyance.

néoconservateurs (qui n'avaient pas, jadis, emporté la conviction du père) et n'ayant peut-être pas réglé son œdipe… mais ceci est une autre histoire.

La surprise des interlocuteurs des faucons de l'équipe Bush était abyssale quand ils s'entendaient répondre, en substance, la chose suivante[1] – dite avec la plus grande pénétration et reflétant la pensée profonde du chef : « Il y a, dans le monde, deux États messianiques, Israël et les États-Unis. Israël n'a jamais oublié cette vocation, et l'État hébreu n'a jamais été frappé au cœur. Nous, nous l'avons oublié et nous avons été punis [sous-entendu par Dieu]. Maintenant, il faut nous reprendre, retrouver notre vocation de pays qui incarne le Bien et redevenir les champions mondiaux des valeurs démocratiques. Il faut les porter au plus haut, partout dans le monde, et en premier lieu dans un pays menaçant entre tous par ses armes de destruction massive : l'Irak. De plus, en y créant un modèle démocratique, nous désenclaverons politiquement Israël, qui est la seule vraie démocratie dans la région. »

Comment répondre à ce prêche ? Les diplomates français, dépêchés par Jacques Chirac pour convaincre son allié de renoncer à sa folie, revenaient de Washington abattus et pessimistes, conscients de ne pas avoir les bons outils pour contrer une architecture de croyance aussi irrationnelle. Les plus hétérodoxes se demandaient s'ils ne devaient pas se faire accompagner la prochaine fois par un marabout pour désenvoûter leurs amis américains. Traumatisés par le 11-Septembre, ils se

1. Rapporté à l'auteur à l'époque par deux sources, l'une diplomatique, l'autre journalistique.

sont enfermés dans leur bulle messianique. Bush fils, un *born again*[1], était convaincu de sa mission spirituelle, d'autant plus qu'il avait failli gravement en ne protégeant pas son pays malgré les renseignements fournis[2] avant le 11-Septembre par des services secrets amis… notamment français. Le président Bush et ses conseillers thaumaturges ont mis leur démocratie en péril – lois d'exception, autorisation d'une forme de « torture légale », emprisonnements arbitraires, etc. Ils ont semé profond les graines du chaos dans toute la région. Elles ont aujourd'hui germé.

Le messianiste ne peut avoir tort. Pour avoir contesté la vision du président Bush, et s'y être opposé fermement à l'ONU, les Français ont été pilonnés par l'administration américaine et ses relais d'une façon inégalée dans l'histoire des relations entre ces deux pays amis et alliés de longue date. Les « maudits mangeurs de frites » sont devenus des traîtres et des couards. Le même procès a été intenté aux Américains qui ne suivaient pas le mouvement, y compris quand ils appartenaient à la CIA. L'administration américaine n'a pas craint de commettre un « crime » – au sens de la loi américaine – en faisant fuiter le nom de l'une de ses

1. Un chrétien revenu à la foi jadis abandonnée, avec la vigueur des convertis.

2. Avant le 11-Septembre, des cloisons étanches séparaient les services de police et de renseignement. Par exemple la CIA (équivalent de la DGSE) ou le contre-espionnage (équivalent de la DGSI) ne pouvaient pas transmettre directement au FBI (police judicaire) de renseignements acquis à partir d'écoutes. Les Américains disposaient des éléments nécessaires à la compréhension de ce qui allait se passer le 11-Septembre, mais toutes les pièces du puzzle étaient dispersées dans des unités différentes ne communiquant pas.

agents qui refusait de jouer le jeu en se faisant le relais aveugle des bidonnages sur la menace imminente qui pèserait sur le monde libre. En Afghanistan, où soldats français et américains combattaient ensemble, il fallut, au plus fort de la crise, séparer de force des militaires des deux pays qui voulaient en venir aux mains. La situation s'est ensuite assez rapidement rétablie grâce à la fraternité d'armes et le sang versé au combat.

Une fois la victoire acquise en Irak, l'administration a concentré ses forces pour trouver en Irak les fameuses armes de destruction massive. En vain. Pendant ce temps-là, ce pays a sombré dans le chaos et l'administration d'État baasiste s'est volatilisée. Le ministre des Affaires étrangères, le général Colin Powell, jugé trop tiède par les faucons du président, a été rapidement marginalisé ainsi que ses équipes pourtant aptes à gérer une sortie de guerre. Le premier proconsul, le général du cadre de réserve Jay Gartner, subit le même sort : trop intelligent et pas assez brutal, il s'était opposé aux ordres de limogeage de l'armée de Saddam Hussein. Le doigt sur la couture du pantalon, son successeur, Paul Bremer, a obtempéré aux ordres du commandant en chef Bush. Quelques années plus tard, il reconnaîtra que cette décision fut catastrophique, jetant dans les bras d'al-Qaida des masses de soldats et d'officiers avec tout leur équipement militaire. Ce fut le début d'une des cente aux enfers.

Mais les faits ne pouvaient entraver la vision messianique. Quand le réel a commencé à se venger de l'idéologie, quand le chaos est venu balayer les rêves de démocratie spontanée, les Américains ont fait comme tous les idéologues : ils ont continué à mentir et à marginaliser les réalistes, notamment les généraux, à l'image de David Pétraeus, qui expliquait que l'approche et la méthode de contre-insurrection étaient complètement erronées.

Puis, en 2007, un rapport parlementaire démocrate-républicain a prouvé que le roi Bush était nu, et qu'il avait beaucoup triché, y compris en faisant réaliser de faux reportages de presse pour cacher l'ampleur d'un désastre annoncé. C'est la force de la démocratie américaine que d'être capable de siffler à chaud la fin de la « récréation » à partir d'un certain niveau de turpitudes et de mensonges. Bush junior est parti tranquillement à la fin de son mandat. Mais il a laissé derrière lui les racines du chaos mésopotamien.

Le tsar

L'homme qui veut restaurer la puissance de la grande Russie par l'influence et la déstabilisation plus que par la conquête militaire directe – c'est du moins ce qu'il faut espérer[1]… – est un messianiste de la première eau. Il se veut à la fois le défenseur des valeurs de la chrétienté malmenées par les sociétés occidentales athées et perdues de vice, et le viaduc naturel entre Europe et Asie. Le livre de Michel Eltchaninoff[2] éclaire remarquablement les recoins de la psyché de Poutine. Le nouveau tsar cumule à l'envi un certain nombre de traits évoqués en tête de chapitre. Il considère notamment sa

1. Il a qualifié de « folie » l'idée d'une attaque militaire contre l'OTAN, sans vraiment rassurer les pays Baltes et la Pologne.
2. *Dans la tête de Vladimir Poutine*, Solin/Actes Sud, 2015.

présence au pouvoir comme à ce point naturelle que par un système de bascule entre le poste de président de la Fédération de Russie et de chef de gouvernement, il est aux affaires de façon continue depuis… 1999. Selon toute vraisemblance, il pourrait se maintenir au pouvoir jusqu'en 2024[1], une majorité de Russes soutenant sa politique identitaire « grand Russe » malgré le naufrage de l'économie. La conquête de la Crimée fut un des points d'orgue de sa stratégie de tension avec l'Ouest. L'opposant Alexeï Navalny souligne le fait que « personne ne pensait […] qu'un jour quelqu'un oserait s'en prendre à l'Ukraine qui faisait partie de l'ancien empire, mais Vladimir Poutine l'a fait. On a créé un pays ennemi à côté. Pour soutenir sa cote de popularité, il doit tout le temps augmenter les tensions. C'est sa stratégie depuis trois ans, et il faut l'entretenir[2] ».

Sa propension grandissante à déclarer comme « traîtresses à la nation » les activités de l'opposition ou celles des associations étrangères agissant en Russie ne fait qu'aggraver ces symptômes d'enfermement absolutiste. Les actions des ONG étrangères sont aujourd'hui strictement encadrées par la loi. Elles doivent s'enregistrer préalablement auprès de l'administration russe sous la rubrique « agents de l'étranger ». Le terme n'est pas neutre puisque c'est celui qui, dans le langage des services secrets, désigne… les espions. On se situe ici en plein dans le délire complotiste de certains États qui vire au fondamentalisme.

1. Réélu, en 2012, président pour un mandat de six ans, il pourra se représenter une fois en 2018. Il aura alors 72 ans.
2. *Le Monde*, 18 mars 2015.

Pour dissuader ces ONG de venir en Russie, l'administration puise dans les trésors d'inertie hérités de la bureaucratie soviétique afin de ralentir le processus d'habilitation. En 2015, le pays a franchi un nouveau cap dans cette politique d'éradication de la « menace intérieure ». C'est ainsi que depuis cette date les associations, comme les entreprises étrangères, peuvent être déclarées *persona non grata* sur une simple décision du parquet. Des lois aux actes, il n'y a qu'un pas. Une ONG américaine, National Endowment for Democraty, a été déclarée indésirable en 2015. Il lui a été reproché d'avoir soutenu des associations russes ayant contesté des résultats électoraux ou ayant porté atteinte au crédit de l'armée. Le choix de cette ONG, dans un État où la justice est aux ordres, ne doit rien au hasard. Elle reçoit en effet des fonds… du Congrès américain et elle aide en Russie une foule d'associations qui travaillent dans le domaine des droits de l'homme, de l'écologie, du renforcement de la démocratie, etc. Moscou a fait d'une pierre deux coups : en bloquant l'action de citoyens hostiles à la dérive autocratique poutinienne et en envoyant aux États-Unis un message en forme de claque. Le quotidien *La Croix*, qui suit de près le dossier, note : « En classant une centaine d'organisations sur la liste des "agents de l'étranger", les autorités russes ont considérablement affaibli l'activité des défenseurs des droits de l'homme, harcelés par les tribunaux et débordés de tâches administratives[1]. » Le procédé est parfaitement efficace et vicieux car nombre de Russes hésitent désormais à se confier à ces

1. *La Croix*, 30 juillet 2015.

associations de peur d'être classés comme « ennemis » de la sainte patrie.

Vis-à-vis de son opinion publique, Poutine ne rechigne pas à hystériser le débat en ressuscitant la grande menace fasciste de la Seconde Guerre mondiale. Les autorités de Kiev sont très souvent comparées aux nazis. Une bonne partie des médias russes lui ont emboîté le pas pour remettre au goût du jour ce sentiment de citadelle assiégée par les nouveaux fascistes, Américains en tête. Plus la Russie s'enfonce dans la crise économique[1], plus son discours nationaliste est vigoureux. Il n'est pas près de s'arrêter. L'histoire des sanctions internationales montre que dans un premier temps, elles ont pour effet de souder encore un peu plus le peuple autour de son leader charismatique. Saisi d'hubris, ce dernier est toujours disposé à sacrifier un point de croissance sur l'autel de ses rêves fous. Ceux qui vont devoir payer ce point en moins sont les mêmes qui soutiennent bec et ongles le pouvoir... pour encore un certain temps. Ce n'est que bien plus tard que le poids considérable du boycott finit toujours par retourner la population étranglée contre ses dirigeants. Mais, en attendant le réveil, la dérive du système autocratique russe se poursuit.

Jusqu'où cette fuite en avant conduira-t-elle ce pays qui a fait, par ailleurs, de la reconstruction de son outil militaire une priorité ? Loin, sans doute, trop loin car les nuages s'accumulent dans le ciel poutinien. Plus le maître de Moscou affirme que « la crise est derrière »,

1. La stagnation de l'investissement date de 2013, donc d'avant l'époque du train de sanctions européennes et américaines.

plus le rouble se déprécie – jusqu'à moins 20 % en trois mois, en 2015[1] – et l'économie, peu diversifiée, montre des signes inquiétants d'essoufflement. L'effondrement de la bourse chinoise au deuxième trimestre 2015 a affecté directement la valeur du rouble. La dette étrangère des entreprises russes – soixante-quinze milliards de dollars remboursés fin 2015 – a plombé encore un peu plus les comptes. Dès le début des sanctions internationales en 2014, quatre-vingt-dix milliards de dollars de capitaux s'étaient évadés de Russie. Or, Vladimir Poutine ne peut en aucune façon perdre l'électorat populaire et les classes moyennes indispensables à ses réélections. Ce sont pourtant elles qui subissent de plein fouet les contrecoups du fléchissement économique. L'inflation est passée à 8 % cette année, alors que la banque centrale russe tablait sur 6,5 %. Le spectre de la récession est là. Il taraude un pays qui porte à bout de bras le réarmement, la guerre en Ukraine, le soutien militaire à la Syrie et les coûts inhérents à la prise en charge de la Crimée.

Les choix politiques russes sont d'une grande clarté : il s'agit de prendre le risque de sacrifier le long terme pour ménager dans l'immédiat cet électorat précieux. L'histoire du géant Rosneft est à cet égard révélatrice[2]. Contrôlé par l'État à hauteur de 70 %, ce groupe pétrolier qui tient le haut du pavé russe avait absolument besoin de passer un accord de partenariat avec Exxon-Mobil. L'Américain lui était indispensable pour

1. En 2014, le rouble avait perdu un tiers de sa valeur en six semaines.
2. Rapportée par Fabrice Nodé-Langlois, *Le Figaro*, 11 novembre 2014.

pouvoir poursuivre et amplifier ses recherches dans le domaine du pétrole de schiste et dans l'exploitation des gisements de l'Arctique. L'invasion de la Crimée a mis un terme à cette perspective nécessaire pour compenser l'épuisement des champs pétrolifères russes. Rosneft s'est donc logiquement tourné vers le fonds stratégique d'État pour trouver les cinquante milliards de dollars assurant ses investissements de long terme. Cet argent lui a été refusé. Le fonds russe a préféré le diriger vers... les retraites – quatre-vingts milliards au total en 2014. Rosneft est une entreprise d'État qui ne vote pas contrairement aux millions de retraités russes conservateurs. Ceci expliquant cela, Rosneft a pu néanmoins relancer ses projets d'avenir grâce à son partenaire chinois, la China National Petroleum Corporation.

La Chine est, en effet, devenue pour la Russie une alternative indispensable à l'ancien partenaire européen. En 2014, Moscou a signé une série de contrats gaziers et pétroliers qui devraient lui permettre d'augmenter ses exportations vers son nouveau meilleur ami. Les deux pays ont conclu plus d'une trentaine de partenariats stratégiques. Il n'est pas certain qu'ils donnent tous lieu à des réalisations concrètes mais ils traduisent une volonté forte. Vladimir Poutine tente avec le président chinois Xi Jinping de structurer un front antioccidental avec les pays qui voudraient bâtir une architecture économique, monétaire, mais également diplomatique et sécuritaire, qui fasse pièce à l'influence américaine. Il n'est pas certain que Poutine parvienne à établir un pont euro-asiatique à ce compte, mais plus un bloc mou qui pourrait séduire d'anciens satellites de l'Union soviétique, tout comme l'Inde, le Pakistan, l'Afrique du Sud et le Brésil. Ces derniers pays n'ont, pour l'instant, jamais manifesté de velléité de s'intéresser aux grands problèmes du monde autrement que par leur lunette strictement nationale.

La surenchère verbale dans la dénonciation du complot étranger a de beaux jours devant elle. Vladimir Poutine est le « grand restaurateur ». Il ne peut donc pas être le responsable des malheurs de son pays. La conquête de la Crimée participe de cette image savamment entretenue de sauveur. Elle est un indéniable motif de fierté patriotique pour un très grand nombre de Russes qui ont très mal vécu l'effondrement sans réaction du bloc soviétique. Ceux qui, au contraire, se sont opposés ouvertement à l'annexion de la Crimée ont pris des risques. Ils peuvent se retrouver un beau matin gisant sur le macadam, une balle dans la tête. C'est ce qui est arrivé à l'opposant Boris Nemtsov, tué en 2015. Il n'est bien sûr pas question de soupçonner *a priori* le Kremlin, mais de souligner la fragilité d'une démocratie dans laquelle de telles pratiques violentes ont cours sans que la justice arrive jamais vraiment à trouver les commanditaires – on pense également à l'assassinat, en 2006, de l'intellectuelle critique Anna Politkoskaïa. Seuls quelques lampistes font de la figuration dans les tribunaux russes.

Pour sa part, l'opposant russe Alexeï Navalny juge évidente l'implication, passive ou active, du Kremlin dans la mort de son ami Nemtsov : « J'exclus tout à fait que cet assassinat ait été possible sans autorisation du pouvoir. Je peux vous confirmer qu'ayant été moi-même sous contrôle du FSB [services de sécurité et de renseignement russes], comme l'était Boris Nemtsov, il est impossible qu'ils n'aient pas vu les tueurs et ce qui se préparait. Soit ils ont agi ensemble, soit ils ont laissé faire. […] Je ne crois pas à un ordre direct du Kremlin, mais plutôt à une déclaration informelle de Poutine et des dirigeants disant à Ramzan Kadyrov [président de la République de Tchétchénie, fidèle du président russe] : “On espère votre aide contre la 5e colonne.” Et Kadyrov a bien compris cet appel[1]. » Les assassins présumés de l'opposant russe qui ont été mis sous les verrous en 2015 sont… tchétchènes.

Dans l'évolution du messianiste, il y a un signe révélateur : l'évocation répétée de la grandeur passée. L'élu s'inscrit dans une filiation sacralisée. C'est ainsi qu'à partir de 2004 Vladimir Poutine fait de plus en plus souvent référence à la sainte Russie. En 2015, les avions de combat russes sont bénis par les popes orthodoxes avant leur décollage pour la Syrie. Comme le souligne Michel Eltchaninoff, le président russe s'est rapproché du patriarcat orthodoxe de Moscou et insiste désormais sur l'importance de l'éducation religieuse et morale de la population. La thématique de la « forteresse assiégée » et de l'Europe décadente oublieuse de ses racines chrétiennes fait florès. « Poutine ambitionne donc d'assigner à son pays un rôle historique de “sauveur conservateur” de l'Europe », note M. Eltchaninoff[2]. Le philosophe pointe dans son livre l'évolution des citations littéraires et philosophiques utilisées par Poutine. Elles sont très révélatrices de sa pensée intérieure. Elles tendent toutes vers un retour à une vision conservatrice et religieuse. Vladimir Poutine s'est pris

1. *Le Monde*, 18 mars 2015.
2. *Le Figaro Magazine*, 13 mars 2015.

de passion notamment pour Ilyine, porte-parole dans les années 1920 des Russes blancs les plus conservateurs. Celui-ci dessinait ainsi le profil du chef inspiré : « Le Guide sert au lieu de faire carrière ; combat au lieu de faire de la figuration ; frappe l'ennemi au lieu de prononcer des mots vides ; dirige au lieu de se vendre aux étrangers. » Pour Eltchaninoff on « retrouve là tout le programme poutinien, avec le modèle de la verticale du pouvoir, de la démocratie souveraine, et de l'hostilité aux puissances étrangères – point commun avec le soviétisme – qui en découle. Dans la mesure où, parallèlement, Poutine investit les lieux de mémoire de l'orthodoxie russe et interprète le christianisme dans le sens d'une identité nationale spécifique appelée à jouer un rôle dans le monde, il fait référence à la philosophie de la religion qu'il juge essentielle dès lors qu'elle peut remplacer l'idéologie communiste de jadis. D'où cette idée chère au publiciste d'extrême droite contemporain, Alexandre Prokhanov, qui m'a parlé d'une vision théocentriste russe, messianique et conquérante, s'opposant à l'anthropocentrisme occidental ».

Ce programme philosophique de Poutine fascine les extrêmes : que ce soit le président hongrois Viktor Orban (droite conservatrice) ou le Premier ministre grec Alexis Tsipras (gauche radicale), mais, également, en France, Marine Le Pen (extrême droite) et Jean-Luc Mélenchon (extrême gauche). Le parti de la première chante les louanges du maître du Kremlin et est financé par une banque russe, quant au second, il n'a pas craint d'affirmer que la première victime politique de l'assassinat de l'opposant Nemtsov était… le président russe. Il fallait y penser… Malgré cette dérive préoccupante, et les bruits de bottes à l'Est qu'elle fait entendre, le dialogue avec Moscou est une ardente obligation. Il faut tout tenter pour ramener psychologiquement Poutine dans le camp de la raison et du droit. En le respectant mais en ayant toujours en tête que le rapport de force est chez cet ancien du KBG une seconde nature. L'Occident a besoin de lui sur les dossiers syrien et ukrainien, sur le nucléaire iranien – application de l'accord et implication de Moscou dans le volet civil –, et, plus globalement, sur celui de la lutte contre le djihadisme international. Ce dernier point est l'une des obsessions majeures du président Poutine, notamment depuis l'allégeance de groupes islamistes caucasiens à Daech.

Quant à la volonté de rapprochement avec la Chine, elle pourrait faire long feu. L'effondrement de la bourse de Shanghai n'a pas amélioré la santé financière russe. En outre, l'empire du Milieu est comme l'Empire britannique : il n'a pas d'alliés… uniquement des intérêts. Et il a la mémoire longue. Les manuels scolaires chinois présentent toujours la Sibérie orientale – 36 % du territoire russe avec seulement sept millions d'habitants – comme une terre chinoise injustement arrachée à la mère patrie par l'avidité des tsars. Or, on sait que le grand dragon qui sommeille sous la croûte terrestre chinoise se nomme hypernationalisme. Cet Extrême-Orient russe a été fortement investi depuis des années par des travailleurs et des agriculteurs chinois. Ils représentent à eux seuls plus de la moitié de la population locale. Une occupation rampante ?

Il faut espérer que le président russe redécouvre rapidement les charmes du dialogue avec l'Ouest. Quelle que soit la dérive actuelle, il faut parler aux Russes et ne rater aucune occasion de le faire. C'est ainsi que le président français, François Hollande, a commis une erreur en ne se rendant pas en Russie, le 9 mai 2015, pour les spectaculaires célébrations du soixante-dixième anniversaire de la grande victoire sur le nazisme ; d'autant que le président russe était présent en France pour les cérémonies du débarquement du 6 juin 1944. Ce fut d'ailleurs l'occasion d'apartés diplomatiques entre les quatre pays : Russie, États-Unis, Ukraine, France. Cela n'a pas empêché la reprise de la guerre mais il ne faut jamais manquer ce type d'événement, psychologiquement fondamental pour l'âme russe. Moscou vaut bien une grand-messe militaire, fût-elle orthodoxe… En revanche, la décision de François Hollande de refuser la livraison de deux bâtiments de projection et de commandement de type Mistral[1] s'imposait compte tenu de l'attitude belliciste de Moscou. Contrairement, à ce que certains « experts » aveuglément pro-Russes ont pu dire, estimant que cela allait nuire à la crédibilité de la France en matière d'exportation de systèmes d'armes, l'année 2015 a vu les exportations de matériel militaire français s'envoler, notamment avec la vente de Rafale à trois pays : Qatar, Égypte et Inde[2]. C'est une évolution importante pour les finances françaises et pour le budget de la défense.

1. Les Égyptiens s'en sont portés acquéreurs.

2. Au moment où nous écrivons, la France est en passe de détrôner la Russie de sa seconde place avec vingt milliards d'euros d'exportation. Pour la première fois, notre pays a exporté plus d'armes qu'il n'en a acquises. Les États-Unis restent en tête avec une fourchette de soixante à quatre-vingts milliards de dollars de ventes annuelles.

Mais elle n'en traduit pas moins une crispation militaire mondiale évidente.

Le sultan

Ce qui est frappant dans le cas du président turc Recep Tayyip Erdogan, c'est l'isomorphisme avec le cas Poutine. Les politologues turcs parlent d'ailleurs de sa « poutinisation ». Le tsar et le sultan sont tous deux saisis de démesure. L'un veut revenir aux fondamentaux identitaires orthodoxes de la grande Russie, l'autre à ceux d'un islam qui exalterait les mânes de l'ancienne puissance ottomane. D'une certaine façon, ils aspirent chacun secrètement au statut de « commandeur des croyants ». Les deux pays se sont d'ailleurs considérablement rapprochés ces dernières années. Plus de la moitié de l'approvisionnement turc en gaz naturel vient de la Russie. Ils ont mis en place une structure diplomatique de concertation, baptisée « Conseil supérieur de coopération », qui est active. Les échanges commerciaux devraient passer de trente-trois milliards de dollars en 2015 à cent milliards en 2020. Ayant le sentiment d'être boudée par l'Union européenne dans sa volonté d'adhésion, la Turquie s'est tournée vers la Russie, en butte aux sanctions économiques de la même Europe depuis l'annexion de la Crimée. La Turquie l'a accueillie à bras ouverts en lui proposant notamment un accord de transit gazier pour contourner celui qui avait été bloqué par les Européens. Entre messianistes frustrés, la compréhension et la solidarité sont naturelles.

Comme son nouvel allié orthodoxe, la Turquie, en cours de réislamisation, est allée faire les yeux doux à la Chine athée. Elle est devenue adhérente de l'Organisation de coopération de Shanghai parrainée par Pékin et Moscou. Cette structure fédère, en quelque sorte, les non-alignés de ce siècle, notamment les « stan » turcophones anciennement soviétiques : Kazakhstan, Ouzbékistan, Turkménistan, etc.

Tout comme Poutine, Erdogan n'a pas toujours été l'autocrate qu'il est devenu. Son glissement s'est fait progressivement vers un islamo-conservatisme musclé qui veut s'inscrire dans la durée et façonner une Turquie nouvelle plus proche de l'Empire ottoman que de la république laïque kémaliste[1] ; d'où ses velléités de modifier la Constitution turque dans un sens présidentiel. Cela lui assurerait plus de pouvoir et plus de longévité pour permettre cette métamorphose. Las, les élections législatives de juin 2015 avaient battu en brèche ce projet. Le parti présidentiel, l'AKP (Parti de la justice et du développement), avait perdu la majorité absolue au Parlement[2]. Le sultan Erdogan en avait trop fait en tentant de saper hâtivement tous les fondements de la Turquie kémaliste laïque et moderne. Un front du refus l'a contraint à marquer le pas. Mais l'homme n'a pas dit son dernier mot. Sa façon, depuis l'été 2015, de frapper les terroristes de Daech et les membres du PKK, aussi bien en Turquie, en Irak qu'en Syrie, inquiète ses opposants. Ils y ont vu la volonté de se positionner en chef de guerre protecteur du peuple avant les législatives

1. Du nom de Mustafa Kemal Atatürk, premier président de la République de Turquie (1923-1938). Il instaure la laïcité, inscrite dans la Constitution, modernise le pays selon les principes occidentaux, donne le droit de vote aux femmes et rend obligatoire l'usage de l'alphabet latin.

2. À la suite du succès inattendu du parti kurde HDP.

anticipées de novembre 2015. Frapper militairement le PKK et son relais syrien militaire du PYD ont permis d'atteindre politiquement par ricochet le HDP – parti de centre-gauche pro-kurde – qui avait fait entrer quatre-vingts députés au Parlement, en juin 2015. Erdogan a multiplié les opérations d'intimidation contre les organes de presse récalcitrants et le HDP, dont les locaux ont été envahis à plusieurs reprises par des militants islamo-conservateurs. Quant à la guerre civile, elle a repris de plus belle en 2015, grossissant le nombre de tués parmi les forces turques – plus de deux cents – et les miliciens kurdes – plus de deux mille. En novembre 2015, l'AKP a retrouvé sa majorité absolue. La stratégie de tension et de peur a payé, sur fond d'attentats attribués à Daech.

Coûte que coûte, le président turc peut poursuivre son rêve de mise au pas de la société libérale et laïque qui lui résiste encore. Dans sa psychologie, la marche arrière n'est pas prévue. Il a déjà prévenu – menacé ? – que le processus de présidentialisation du pouvoir était inéluctable. On l'a vu, les messianistes ne supportent pas les corps « étrangers » qui prétendent brouiller la bonne réception de leur vision. Il faut donc dissoudre ces parasites dans un flux de discours hypernationalistes. Les Américains ont peut-être conclu un marché de dupes en 2015 en acceptant, contre l'emploi des bases aériennes de la Turquie, de laisser Ankara relancer une guerre civile contre les Kurdes du PKK. Ce dernier, très actif dans le conflit en Syrie contre les islamistes, a déclaré qu'il considérait désormais l'État islamique et le régime d'Ankara comme des ennemis à combattre avec la même détermination.

« La position d'Ankara obéit à une logique nationale-islamiste », relève Alexandre del Valle[1]. La démocratie turque le contraint seulement à changer de braquet. Recep Tayyip Erdogan se veut le sultan d'une Turquie qui aurait renoué avec la puissance de la Sublime Porte. Depuis quatorze ans, il a tourné à fond les manettes de la réislamisation pour conserver son électorat sunnite et surfer sur une vague qui touche tout le monde musulman : celui d'une radicalisation de la pratique religieuse sur fond de crise identitaire – une poussée salafiste dont on reparlera. Les référents religieux ont envahi l'espace public avec la même détermination que celle de la laïcité kémaliste les en avait bannis.

Très concrètement, cela s'est traduit par une politique massive de construction de mosquées à travers tout le pays. Il y en a une pour trois cent cinquante habitants dans toute la Turquie, contre un hôpital pour soixante mille personnes… On prête à Erdogan la volonté de retransformer en mosquée la majestueuse basilique byzantine de Sainte-Sophie, devenue « cathédrale » musulmane après la conquête de Byzance (Istanbul) par les Ottomans en 1453. Or, Sainte-Sophie est aujourd'hui un musée ouvert à tous, symbole de la volonté kémaliste de dépasser le choc des religions pour aller vers l'universel, du culturel plus que du cultuel. Pour l'anniversaire de la prise de Byzance, le président Erdogan et son Premier ministre Ahmet Davutoglu ont mis les bouchées doubles. Plusieurs centaines de milliers de leurs partisans sont venus célébrer ce que les

1. « La vraie nature de M. Erdogan », *Politique internationale*, n° 148, été 2015.

autorités avaient présenté alors comme « la plus grande commémoration dans l'histoire de la Turquie moderne ». Sur des airs conquérants joués par une fanfare militaire, cinq cent soixante-deux soldats ont défilé dans les tenues traditionnelles des troupes ottomanes… Il ne manquait au spectacle pour être complet que les janissaires, ces enfants volés aux familles chrétiennes pour en faire la garde fanatisée de la Sublime Porte.

Le port du voile a été de nouveau autorisé dans les écoles et au Parlement. Les militaires, garants hier de la laïcité kémaliste, ont été renvoyés dans leurs casernes et parfois accusés de complot pour pouvoir être embastillés. Cette dérive islamo-identitaire explique également pourquoi Ankara a eu vis-à-vis de Daech une politique extrêmement ambiguë. Obsédée par sa volonté de faire chuter Damas la chiite, la tortue Ankara a accepté de faire passer sur son dos le scorpion de l'État islamique. On sait ce qu'il est advenu. Pour le reste, on dénote chez le chef de l'État turc la même dérive autoritaire que chez Vladimir Poutine.

En 2013, un « printemps turc » s'est opposé, en vain, aux mesures islamo-conservatrices prises en force par le gouvernement : renforcement du rôle des écoles religieuses, restriction de la vente d'alcool – notamment sur les vols intérieurs –, interdiction du rouge à lèvres pour les hôtesses de Turkish Airlines, mise en avant de l'importance de la virginité des femmes, etc. L'opposition a dénoncé les condamnations qui commençaient à tomber pour « blasphème ». La justice a menacé de fermer les sites ou les comptes Internet qui « insulteraient » l'image du Prophète. Quant au ministère des Finances, il a été mobilisé pour imposer des redressements fiscaux colossaux aux groupes de presse récalcitrants. Ces pratiques sont le décalque parfait de ce qui se passe à Moscou. À croire que l'un copie sur l'autre ! Ainsi, au printemps 2015, un organisme public aux ordres, le Fonds d'assurance et de garantie des dépôts, a tout simplement saisi la banque Asya, fondée par les membres d'une confrérie soufie puissante en Turquie, celle de Fethullah Gülen. Le tort de cette famille qui a une très grande influence en Turquie ? Avoir dénoncé la corruption du premier cercle du pouvoir turc. Depuis, Gülen, ami du pouvoir hier, est devenu un « ennemi interne ». Il s'est exilé aux États-Unis. Dixième banque de Turquie, Asya a été accusée de « menacer la stabilité du système financier ». Cette politique de rétortion d'Ankara permet d'assécher financièrement un adversaire tout en envoyant un signal à tous ceux qui voudraient suivre le même « mauvais » exemple.

Le pouvoir turc n'en finit pas de bâillonner ses opposants. Les médias sont particulièrement visés, notamment quand ils ont des connexions avec la confrérie Gülen. C'est le cas du groupe Koza Ipek – industrie énergétique et médias –, accusé de financer le « groupe terroriste güleniste ». Les locaux des vingt-trois entreprises de ce groupe ont subi des perquisitions en 2015. Cela n'a pas empêché les médias du groupe de publier des informations gênantes sur des fournitures d'armes turques à des combattants islamiques en Syrie. Des journalistes sont poursuivis ou se retrouvent en prison accusés de complicité de « terrorisme » dès qu'ils contestent trop le pouvoir. Cette politique d'intimidation n'a pas de limite : en 2005, deux journalistes britanniques de la chaîne Web Vice News ont été arrêtés avec leur interprète pour avoir rencontré sans autorisation des militants du PKK. Chef d'accusation : « participation à des activités terroristes[1] ». D'autres signaux forts ont achevé de convaincre nombre de Turcs du processus de lévitation messianique d'Erdogan. Alexandre del Valle parle de « folie des grandeurs » et de « dérive absolutiste » en évoquant le palais des *Mille et Une Nuits* bâti par Erdogan. Il s'est fait construire un écrin présidentiel de deux cent mille mètres carrés et mille cent pièces à la mesure de son ego. Tout de marbre blanc, il aurait coûté cinq cents millions d'euros aux finances de l'État. Les fastes de l'Empire ottoman ont été, une nouvelle fois, magnifiés lors de son inauguration par celui qui veut être le nouveau sultan d'une Turquie ottomane musulmane décomplexée… même si elle fait mine de toujours vouloir adhérer à l'Union européenne.

Le bouclier

Pourquoi classer le Premier ministre israélien, Benyamin Netanyahou, dans la catégorie des messianistes ? Parce qu'il en porte nombre de caractéristiques. Le journaliste israélien de *Haaretz* Ari Shavit estime que le gouvernement israélien est aujourd'hui aux mains d'« une bande de zélotes messianiques », incapable de traiter les dossiers lourds du pays[2]. Le chef

1. *Le Monde*, 3 septembre 2015.
2. Ari Shavit, *Ma terre promise. Israël, triomphe et tragédie*, J.-C. Lattès, 2015.

des zélotes, surnommé familièrement Bibi, est convaincu qu'il doit préserver Israël d'un « holocauste nucléaire ». C'est sa mission messianique. Elle est a priori respectable quand on sait ce que les Juifs ont subi en Europe durant la Seconde Guerre mondiale. Mais la question est de savoir si l'État hébreu est réellement menacé d'une vitrification iranienne. Seule puissance régionale à détenir l'arme atomique, Israël a donc quelques arguments pour dissuader un éventuel agresseur[1]. Il faut également noter que la géographie traduit l'extrême difficulté d'emploi d'une telle arme atrocement polluante dans une région où le petit État – par la taille – israélien est imbriqué au milieu de populations arabes, sans compter la présence des Palestiniens à Gaza et en Cisjordanie. On voit mal comment les voisins d'Israël et la population arabe de ce pays ne seraient pas touchés par une éventuelle frappe nucléaire. Mais en réalité le Premier ministre prend la menace iranienne très au sérieux, même après l'accord de 2015 qu'il a qualifié d'« erreur historique ». Son positionnement psychologique obsessionnel sur ce dossier a indéniablement fait perdre à son pays un certain nombre d'atouts extérieurs… mais pas intérieurs.

On ne peut qu'être frappé par la longévité[2] du chef du Likoud (droite dure) : en 2015, après des élections anticipées, que les sondages donnaient perdues pour sa formation, Benjamin Netanyahou a été élu pour un quatrième mandat. Sa martingale ? La peur. Dans un pays

1. L'État hébreu détiendrait cent à deux cents têtes nucléaires.
2. C'est la deuxième plus importante longévité au pouvoir depuis David Ben Gourion, fondateur de l'État d'Israël.

en guerre qui multiplie, sous son mandat, les erreurs stratégiques – augmentation du nombre des colonies qui rendent totalement virtuelle la perspective d'un État palestinien[1], hostilité ouverte au président américain dont le pays est un soutien indéfectible d'Israël –, jouer sur ce ressort s'avère payant… à court terme. En ces jours troublés, l'air du temps est à l'homme fort, messianique, manichéen. Il est censé résoudre les problèmes qui s'accumulent, alors que, le plus souvent, il en est un facteur aggravant. Les slogans de campagne du chef du Likoud sont assez éloquents sur son état psychologique : « Un leader fort pour une nation forte » (1996) ; « Un Premier ministre fort pour un Israël fort » (2013) ; « C'est soit nous, soit eux » (2015). On notera la progression pour arriver à la binarité absolue… Comme on l'a vu, cette manipulation de la peur pour rallier les soutiens populaires est un des marqueurs du messianiste. Pratiquer une certaine dose de « bidonnage » l'est également. Durant la dernière campagne électorale de 2015, des généraux et d'anciens chefs des services secrets ont dénoncé la propension du Premier ministre à présenter des éléments volontairement manipulés pour faire croire à la capacité iranienne de se doter à très court terme de l'arme nucléaire. En ce sens, le Premier ministre israélien est proche du conservateur Bush. Ce n'est pas une surprise.

Selon Omer Benjacob, chroniqueur du *Yediot Aharonot*, cité par le site du Huffington Post, le statut de

1. 400 000 Israéliens sont désormais installés en Cisjordanie et 200 000 dans la partie arabe de Jérusalem.

sauveur de la patrie de Netanyahou est consolidé par une politique de maintien de la peur et du statu quo : « Une politique dangereuse mais qui lui est visiblement très profitable », note-t-il. Tout a été bon pendant la campagne pour entretenir la peur venue de l'Iran, du Hamas, des djihadistes, etc. Pour donner corps à son slogan de campagne, le Premier ministre a affirmé qu'« eux » (les Palestiniens) n'obtiendraient pas d'État indépendant tant qu'il serait au pouvoir. Il est revenu ensuite sur cette affirmation, mais cela lui a sans doute permis de rallier quelques milliers de voix pendant la campagne.

C'est effectivement une politique dangereuse qui affaiblit Israël et que les historiens jugeront sévèrement. Il ne peut y avoir de paix durable pour Israël sans État palestinien viable. La sécurité à long terme de ce pays passe par là. L'instrumentalisation de la peur pour des bénéfices « courtermistes » tue les espoirs d'un futur pacifié. Mais le messianiste se place au-delà de ces considérations et contribue à l'affaiblissement de son pays avec la meilleure bonne conscience du monde. Les messianistes osent tout, c'est d'ailleurs à cela qu'on les reconnaît, aurait dit Audiard. Benyamin Netanyahou, en grande hostilité avec le président Obama depuis son premier mandat, n'a pas craint d'aller l'humilier sur ses terres. En mars 2015, à l'invitation des Républicains, il s'est rendu devant le Congrès américain pour dire tout le mal qu'il pensait du futur accord sur le nucléaire iranien. Affront suprême, il est reparti des États-Unis sans passer par la Maison-Blanche. Israël a donc été tenu complètement à l'écart de la négociation.

Depuis, comme le souligne Piotr Smolar : « Les relations entre les deux leaders sont polaires[1]. » Il ajoute : « Bien entendu, tous deux assurent qu'il ne faut pas personnaliser le différend. Mais nombre de responsables israéliens, diplomates ou militaires, s'inquiètent des conséquences à long terme de cette confrontation. D'autant plus qu'ils jugent l'accord bien moins mauvais que prévu, en privé [...]. Sur l'Iran comme sur le conflit avec les Palestiniens, Israël semble replié sur ses certitudes. Dans une position inquiétante. » Et cela alors que le pays a un besoin vital du cordon ombilical américain : Washington lui fournit une aide militaire annuelle de trois milliards de dollars. L'accord qui lie les deux pays s'achève en 2017 et Israël espère faire passer l'aide à quatre milliards et demi pour augmenter ses capacités balistiques offensives et défensives. Barack Obama aura quitté la Maison-Blanche, mais Benyamin Netanyahou sera encore là, sauf élection anticipée perdue. Les messianistes ont la peau dure.

Très isolé internationalement, le Premier ministre israélien s'en va clamant haut et fort : « Parfois, le monde entier peut avoir tort. » Un signe supplémentaire d'un enfermement mental qui bannit l'altérité. Cette opinion est partagée malheureusement par une bonne partie de la classe politique israélienne qui fait chorus. Le chef des travaillistes, Isaac Herzog, a estimé que l'Iran était « l'empire du mal ». Certes, l'application de l'accord de Vienne demandera une veille de tous les

1. *Le Monde*, 30 juillet 2015.

instants[1]. Les risques d'une possible dérive impériale perse existent. Ils inquiètent notamment le monde sunnite. Mais comment préférer le statu quo à cet accord sur le nucléaire qui met Téhéran sous surveillance et contrôle pour quinze ans ? Si tant est qu'elle ait existé réellement[2] – ce dont nous doutons –, l'épée de Damoclès nucléaire n'est plus suspendue au-dessus de la tête israélienne.

Le Premier ministre ne l'entend évidemment pas ainsi, il en va de son statut de « bouclier » messianique. Aussi Bibi a-t-il fait feu de tout bois pour tenter de faire capoter aux États-Unis l'adoption par le Congrès de l'accord de Vienne sur le nucléaire. Il a donné le *la* en comparant l'Iran au IIIe Reich et le document paraphé par sept pays aux accords de Munich. Les principaux groupes de pression juifs américains ont sorti la très grosse artillerie pour pilonner ce projet. Le plus puissant d'entre eux, l'Aipac, a dépensé des millions de dollars pour tenter de convaincre le Congrès, l'opinion publique et la communauté juive du caractère malfaisant du texte. Un échec sur toute la ligne, la majorité de la communauté juive, les spécialistes des questions géostratégiques, les scientifiques, les Américains de sensibilité démocrate et la majorité du Congrès ayant campé sur leur position favorable. Mais le combat fut rude.

1. L'Iran a accepté la réduction drastique du volume de sa matière fissile et le placement de ses installations sous contrôle international.

2. Une chose est de parvenir à avoir suffisamment de matière fissile pour entrer dans la constitution d'une ogive nucléaire, une autre est d'avoir les vecteurs balistiques susceptibles de l'emporter avec une précision indispensable dans un espace de tir réduit et enclavé. L'Iran n'était pas à maturité sur le premier point, encore moins sur le second.

Lorsque le député de l'État de New York, Jerrold Nadler, a annoncé qu'il voterait pour l'accord de Vienne, sa page Facebook a été submergée d'insultes : « Kapo », « collaborateur de l'holocauste[1] », etc. En adoptant une vision fondamentaliste qui diabolise l'autre, le messianiste israélien n'offre à son pays et à la région aucune voie moyenne de progrès. Il s'est placé tout seul dans une attitude préjudiciable à son pays. Une position isolée qui ne fera que le convaincre un peu plus du complot ourdi contre lui et son peuple. Et le conduira à commettre d'autres erreurs.

Le grand jeu syrien

On le sait peu, mais les chasseurs israéliens bombardent régulièrement… la Syrie ; pour être plus précis les forces du Hezbollah libanais chiite, soutien de Damas, qui a reçu de l'Iran un matériel si sophistiqué – missiles à courte et longue portée – qu'il pourrait constituer une menace pour la sécurité de l'État hébreu. La Syrie cristallise ainsi sur son sol et dans les airs une somme spectaculaire de forces antagonistes. C'est un grand jeu aux combinaisons multiples et aux agendas cachés. Une sorte de guerre caméléon : elle donne la nausée quand on tente d'en fixer les couleurs mouvantes. Autour du tapis vert levantin se côtoient les États les plus puissants comme les forces paramilitaires les plus obscures et les plus obscurantistes. Chacun jette ses mises sur la table en se souciant à peine du voisin.

1. *Le Monde*, 4 septembre 2015.

Même la clé de lecture « chiisme contre sunnisme » ne fonctionne pas complètement : les grands parrains du sunnisme (Arabie saoudite, Qatar, Koweït, Émirats arabes unis et Turquie) combattent Daech (sunnisme-djihadisme fanatique)... tout en soutenant la filiale d'al-Qaida al-Nosra (sunnisme-djihadisme intégriste), qui se bat, avec d'autres groupes rebelles plus ou moins « modérés », à la fois contre Damas (alaouite-chiite) et contre Daech (sunnite)...

Il n'est pas certain que Dieu, pas plus que le lecteur, y reconnaisse les siens. Surtout depuis l'entrée en lice des Russes orthodoxes contre lesquels pleuvent déjà les fatwas et les appels à la guerre sainte, comme à la « belle époque » de l'Afghanistan. En retour, et pour faire bonne mesure, le patriarche de Moscou a également parlé d'une « guerre sainte » menée par Moscou au Levant afin de sauver les chrétiens d'Orient... Si on ajoute que quatorze pays, emmenés par les États-Unis dans le ciel syrien, ménagent Damas et frappent Daech, et que la Turquie bombarde un peu Daech et beaucoup les Kurdes du PKK dans le nord du pays – qui, eux, pourtant se battent contre Daech –, on n'a encore qu'une faible idée de ce qu'est la pétaudière syrienne. Déjà certains estiment que c'est l'Iran chiite, allié des Russes et très en cour à Damas et à Bagdad, qui finalement tirera les marrons du feu. Mais pour beaucoup, les jeux ne sont pas faits. En attendant, le Levant plonge dans le néant.

Après plus de quatre ans de guerre, les forces au sol sont totalement imbriquées. Il y a une myriade de groupes combattants, sans doute plus de deux cents katibas. Ici, c'est un dentiste qui a mis en armes son ancienne patientèle, ailleurs c'est un garagiste qui commande un groupe d'amis et de clients. La Syrie est devenue une sorte de patchwork à dominante rouge sang qui se reconfigure sans cesse. Pour avoir une idée de la confusion qui peut régner – et qui rend difficile une lecture occidentale dans le confort de studios de télévision parisiens –, il faut savoir qu'il n'est pas rare que deux groupes ennemis fassent des trêves. L'un des deux va alors louer à l'autre, pour un temps seulement, ses positions de tir. Elles vont lui permettre d'atteindre plus facilement une troisième force qui ne s'attend pas à être attaquée de ce côté-là… normalement neutre[1]. Puis, une fois le deal achevé, chacun reprendra ses positions initiales pour pouvoir à nouveau s'entretuer. Parfois des unités antagonistes se vendent des pièces de rechange ou même des caisses de munitions. C'est une pratique assez courante du côté des officiers fidèles à Damas quand les soldes n'arrivent pas. Mais leurs acheteurs se plaignent souvent de la mauvaise qualité de ces projectiles ; pas fous, les hommes de Bachar vendent en priorité de vieux stocks plus ou moins défaillants. Les litiges commerciaux se règlent ensuite à l'arme lourde.

Il y a une seule certitude : si les combats continuent encore longtemps, cette terre finira par ressembler à la surface de la lune. Après plus de quatre années de guerre, ce pays de vingt-deux millions d'habitants est exsangue. Plus de deux cent trente mille Syriens sont morts dans les combats – soixante-cinq mille civils dont onze mille enfants[2]. Les forces du président Bachar

1. Témoignage recueilli par l'auteur auprès d'un homme d'affaires d'Alep.
2. Chiffres 2015 de l'Observatoire syrien des droits de l'homme (OSDH).

al-Assad ont perdu, à elles seules, plus de quatre-vingt mille soldats et miliciens. Dix millions de personnes ont été déplacées, dont quatre ont préféré fuir à l'étranger[1]. Cette situation est d'abord le fait du régime alaouite[2]. La brutalité de la réaction du clan Assad au frémissement du printemps arabe syrien, en mars 2011, a amorcé un processus d'implosion. Dès le début, une répression d'une violence inouïe s'est abattue sur des manifestants désarmés. Les forces de sécurité, notamment les snipers, n'ont pas hésité à tirer dans la foule pacifique qui pensait naïvement obtenir la fin de la mise en coupe réglée du pays par une famille toute-puissante, jouant habilement de la protection des autres minorités du pays – chrétiens, Assyriens, ismaéliens, druzes, Kurdes, Turkmènes, Tcherkesses – pour défendre son « trône ». Habile, le pouvoir a libéré de ses geôles des flots d'islamistes radicaux pour polluer une révolution balbutiante, au départ démocratique et tolérante. La présence de ces terroristes dans la nature a bloqué les puissances occidentales dans leur volonté d'armer massivement les mouvements syriens modérés quand ils ont commencé à se constituer en forces de combat sous le nom d'Armée syrienne libre.

Damas n'a pas hésité à utiliser l'arme chimique en septembre 2013 contre des civils et à bombarder

1. La Turquie a reçu deux millions de réfugiés. Le Liban, pays fragile, en accueille plus d'un million, la petite Jordanie 629 130, l'Égypte 132 375. L'Europe accueille moins de 300 000 réfugiés syriens (chiffres été 2015).

2. Secte chiite représentant 10 % de la population face à 70 % de sunnites. Leur culte est un syncrétisme d'islam, de christianisme byzantin – leurs cérémonies impliquent la consommation du pain et du vin – et de pratiques phéniciennes et manichéennes.

régulièrement les positions adverses, notamment avec des barils de TNT ou de produits chimiques dilués, largués par hélicoptère. Seul détenteur de l'arme aérienne et d'une puissante artillerie, le régime est le grand responsable de la transformation en paysage lunaire de ce pays constellé de sites archéologiques somptueux. Il n'a pas hésité non plus à utiliser les services de bandes de tueurs chargées de purifier ethniquement certaines zones et à recycler dans ses forces des criminels et des mafieux surnommés les « gangsters masqués » (*muqanaain*).

L'ADN des alaouites, ultraminoritaires, explique cette violence sans limites. Les alaouites ont une mentalité de survivants. Ils viennent du néant et ne veulent pas y retourner. Dès le Moyen Âge, leur mise à mort était considérée par les sunnites comme un acte « de grande piété » conforme au djihad. Détestés par les sunnites, largement majoritaires dans le monde musulman, méprisés par les chiites de stricte obédience, considérés comme une secte douteuse, syncrétiste, « buveuse de vin », les alaouites ont été tout au long de leur histoire traités en parias. En Syrie, ils occupaient les fonctions que l'on réserve aux intouchables en Inde.

Ce sont les Français qui les ont aidés à sortir de cet état de déclassement social. Durant son mandat en Syrie et au Liban (1920-1946), peu après la Première Guerre mondiale, la France s'attelle à la constitution d'une armée nationale syrienne. Si elle pousse les chrétiens vers les postes d'officier, elle incite les alaouites à devenir sous-officiers en mettant en valeur la noblesse du métier des armes et l'ascenseur social qu'il incarne. Les alaouites vont investir l'armée par le bas et retenir la notion d'ascenseur… quitte à le booster un peu. En 1946, à la fin du mandat français, les sunnites prennent fermement les rênes du pouvoir et marginalisent l'armée « infestée » d'alaouites. Le métier de seigneur est alors celui de commerçant, non celui de soldat. Les alaouites se sentent à nouveau relégués dans cette Syrie nouvelle. Devenus officiers, ils lancent un coup d'État en 1966. Hafez al-Hassad – père de Bachar – le complète en 1970, en installant par la force sa famille aux postes de commande. Depuis, les alaouites ont vendu leur protection mais n'ont jamais eu l'intention de céder un pouce de leur pouvoir. Le faire reviendrait à acheter un ticket retour pour le néant.

Nombre de chancelleries occidentales ont ignoré cette dimension psychologique et ont prédit prématurément une chute rapide du régime, à l'instar de ce qui s'était passé en Tunisie et en Égypte. C'était oublier que les alaouites sont structurellement résilients, voire suicidaires. Ils savent, en outre, pouvoir compter sur leurs deux grands parrains pour survivre, l'Iran et la Russie. Disposant d'une base navale en Méditerranée, à Tartous, et d'une base terrestre à Lattaquié, les Russes n'ont cessé de fournir Damas en matériel militaire – une tradition de fourniture d'armes qui remonte à l'ère soviétique. Jusqu'à la fin de l'été 2015, pour éviter que l'on sache exactement ce qui était livré, les Russes déchargeaient leurs containers quand les satellites occidentaux ne survolaient pas la Syrie. Désormais, ils ne se cachent plus et ils sont entrés ouvertement en guerre pour sauver le régime du désastre et protéger leurs bases dans la région.

Cet engagement direct dans le conflit ouvre deux risques majeurs : une confrontation accidentelle d'avions de combat, et l'attrait de nouveaux rebelles sunnites pour l'État islamique considéré comme le dernier et seul vrai rempart contre le régime honni de Damas soutenu par les apostats chiites et les mécréants orthodoxes. La guerre de religion a de beaux jours devant elle. N'oublions pas que c'est l'invasion soviétique de l'Afghanistan (1979) qui a conduit à la création... d'al-Qaida. Quant aux incidents aériens, ils sont survenus très vite à l'automne 2015 : des avions russes et israéliens se sont gênés lors d'opérations aériennes et la Turquie a convoqué une réunion de l'OTAN pour protester contre des intrusions de chasseurs-bombardiers russes dans le ciel turc. Ankara n'a pas hésité à abattre un avion russe qui s'était, une nouvelle fois, « égaré » dans son espace. À trop jouer avec le feu, on risque de se brûler les doigts... Que se passera-t-il le jour où des avions russes et américains engageront le combat ?

L'Iran chiite, quant à lui, porte à bout de bras le régime depuis le début. Sans lui[1], le régime de Damas serait tombé depuis longtemps. Si cela avait été le cas, les forces loyalistes auraient été contraintes de se retrancher dans le pays alaouite du côté de Lattaquié, en bord de Méditerranée. Les motivations de Téhéran sont moins religieuses – malgré le lien ténu avec ce drôle de chiisme alaouite – que politiques et stratégiques. Pas question pour la République islamique de laisser les

1. On compte de 8 à 10 000 combattants du Hezbollah libanais (milice chiite), mais également des miliciens irakiens chiites et même 5 000 combattants afghans hazaras – chiites, ils sont considérés dans leur pays comme des citoyens de seconde catégorie.

sunnites fondamentalistes de Daech ou d'al-Qaida prendre la Syrie et de submerger demain l'Irak où les chiites sont largement majoritaires (65 % de la population). Depuis 2011, Téhéran a transféré plusieurs dizaines de millions de dollars au régime pour le perfuser. « L'Iran et le Hezbollah savent qu'Assad ne peut pas gagner. Ils savent qu'ils peuvent tout perdre en Syrie avec le temps, affirme le politologue Ziad Majed[1]. Mais c'est important pour eux de prolonger sa vie politique pour négocier dans un rapport de force qui ne lui soit pas désastreux. »

Derrière ce combat pour sauver le soldat Bachar, il y a celui contre Riyad, phare du sunnisme. La guerre entre les frères ennemis de l'islam est l'un des critères les plus structurants de la lecture des désordres de cet Orient compliqué, même s'il n'est pas le seul. Les documents rendus publics par Wikileaks ont révélé sans fard ce que tous les observateurs savaient : la haine entre Saoudiens et Perses est inextinguible. Dans ces documents, le roi d'Arabie Abdallah demandait à son allié américain, en 2009, de « trancher sans retard la tête du serpent iranien ». Depuis, les Américains ont négocié avec les autres membres du Conseil de sécurité et l'Allemagne la mise entre parenthèses du programme nucléaire militaire iranien, remettant Téhéran dans le jeu… Au grand dam de la famille royale saoudienne et des Israéliens.

Les entreprises américaines sont dans les starting-blocks pour se précipiter dans un pays éduqué, avide d'ouverture du côté de la jeunesse, appauvri par quatorze

1. *Le Monde*, 23 juillet 2015.

années d'embargo – donc à reconstruire – et éminemment « bankable » grâce notamment aux avoirs dégelés en 2015-2016[1]. En pleine expansion dans la zone, les Perses sont désormais suspectés par les Arabes de vouloir reconstruire l'empire de Cyrus le Grand (VIe siècle avant J.-C.). Considérés comme les inventeurs du jeu d'échecs[2], les Iraniens auraient-ils sacrifié tactiquement une pièce importante – la bombe – pour gagner stratégiquement la partie *in fine* par un échec et mat fulgurant ?

Les pétromonarchies du Golfe sont consternées de voir qu'en Irak les Américains dialoguent désormais avec les milices chiites encadrées par l'Iran. Leurs services secrets informent également la famille royale des petits arrangements entre Damas et Washington. C'est ainsi que les Américains concentrent en Syrie leurs feux sur Daech et évitent soigneusement de frapper les troupes loyalistes de Damas soutenues par Téhéran. On est très loin de la tête coupée du serpent iranien… Que dire de certaines déclarations de proches du guide suprême iranien, Ali Khamenei, qui ne se cachent plus pour expliquer que désormais trois capitales arabes – Damas, Bagdad et Beyrouth[3] – sont sous contrôle perse. Il n'en manque qu'une quatrième qui serait en train de tomber : Sanaa (Yémen). Le Premier ministre israélien lui-même s'en inquiète : « Au Moyen-Orient, l'Iran domine désormais quatre capitales arabes […]. Et

1. Estimés à 150 milliards de dollars.

2. En Allemand « jeu d'échecs » se dit : *Schach spiel. Schach* est une déformation de *shah*, comme « shah d'Iran ».

3. Après vingt-sept vaines tentatives, le Liban n'a toujours pas de président de la République au moment où nous écrivons.

si l'agression de l'Iran n'est pas défaite, d'autres suivront sûrement. » Le président iranien Hassan Rohani a beau s'égosiller pour livrer un autre son de cloche, les contempteurs de l'Iran estiment que le pouvoir dans cette théocratie est du côté des mollahs et non du président, fût-il élu par le peuple.

Pour faire pièce à ce jeu qu'ils réprouvent, Saoudiens, Turcs et Qataris se sont regroupés pour former et armer les forces de la résistance au régime de Damas, baptisées « Armée de la conquête[1] ». C'est un fourre-tout où l'on trouve différentes milices qui font le coup de feu contre Damas depuis 2011 : des modérés de l'Armée syrienne libre et toute la palette des islamistes, des plus tendres aux plus durs, y compris al-Nosra (al-Qaida) mais sans Daech. Dieu reconnaîtra les siens plus tard… une fois le monstre de Raqqa terrassé. Pour le nouveau roi d'Arabie saoudite, Salman, il s'agit de consolider un pôle sunnite en Syrie face au bloc chiite de Damas et de Téhéran. Riyad fournit cette armée improvisée en missiles et en dollars. On peut penser que la tempérance récente dont fait preuve al-Nosra (al-Qaida), notamment à Idlib – ville gérée en Syrie avec les rebelles modérés – a un lien avec cette volonté saoudienne de lutter sur deux fronts : contre les sunnites extrémistes de Daech et contre l'ennemi héréditaire chiite. Il y a indéniablement un effet « Salman » sur les sunnites de Syrie hostiles à Daech et à l'Iran. La

1. L'Armée de la conquête s'est emparée de la province d'Idlib (nord-ouest de la Syrie) qu'elle administre pour en faire un modèle de gestion de l'après-Assad. Le chef d'al-Nosra, Abou Mohamed al-Jolani, fait patte de velours en affirmant que sa formation n'entend pas « monopoliser » le pouvoir à Idlib, une façon de se démarquer de Daech.

Mésopotamie est l'exemple type de l'extension du domaine de la guerre par la multiplication des combinaisons de forces opposées.

L'entrée en guerre de l'Arabie saoudite au Yémen, à la suite de la révolte des Houthis chiites soutenus par l'Iran, est un marqueur fort de la volonté de Riyad de ne pas céder devant Téhéran. « Le triangle Doha-Riyad-Ankara a commencé à fonctionner. Le positionnement de Salman comme nouveau commandant du monde arabe pousse les brigades à se réorganiser », souligne Fayez al-Doueiri, un spécialiste jordanien des questions de sécurité et de défense[1]. D'ailleurs, au registre des paradoxes de cette terre qui n'en manque pas, il faut souligner que le plus grand nombre de djihadistes français de l'État islamique tués au combat l'ont été non par Damas ni par les Américains, mais par des milices islamistes radicales… notamment al-Nosra. Quand des djihadistes tuent d'autres djihadistes… Il est de plus en plus difficile de faire comme le général de Gaulle et de voler vers l'Orient compliqué avec des idées simples.

Le seul point d'accord tactique que l'on peut déceler entre les deux frères ennemis de l'islam – Saoud et Perses – est leur rejet désormais commun de la menace Daech. On le comprend aisément pour les Iraniens chiites. Pour les Saoudiens, c'est un peu plus nouveau. Ils ont revu leur inclinaison, naturellement favorable à tout ce qui est sunnite intégriste – wahhabisme – et à la charia, quand ils ont réalisé qu'al-Baghdadi entendait ravir à la famille royale son rang de protecteur des lieux

1. *Le Monde*, 13 mai 2015.

saints, une source inépuisable de revenus colossaux[1]. Une concurrence inadmissible qui a fait basculer l'Arabie saoudite dans la coalition anti-Daech.

Riyad surveille de très près ses réseaux sociaux. Il a très vite constaté que nombre de jeunes Saoudiens ne juraient plus que par al-Baghdadi. Ils sont en outre nombreux à avoir rejoint les rangs des combattants étrangers de Raqqa. À l'été 2015, les autorités saoudiennes ont annoncé avoir démantelé une cellule active de Daech, forte de 431 personnes. La bonne nouvelle, c'est sa neutralisation ; la mauvaise c'est qu'elle ait pu atteindre ce volume avant d'être décelée et détruite… L'Arabie saoudite subit des attentats à répétition déclenchés par l'EI sur son territoire. Les cartes sont d'autant plus brouillées qu'entre le wahhabisme des Saoudiens et la vision fondamentaliste des salafistes de Daech, il n'y a que l'épaisseur d'une feuille de papier..

Comment sortir d'une situation chaotique qui a permis à Daech de se bâtir un solide fonds de commerce en Syrie sunnite avant de partir à la conquête de l'Irak chiite ? Il faut complètement rebattre les cartes et définir des priorités politiques en essayant de fédérer les énergies. À la question : « Faut-il prendre langue avec Bachar al-Assad et son premier cercle », la réponse est non. À celle : « Faut-il discuter avec le clan alaouite ? », la réponse est oui. Mais l'entrée en guerre fracassante

1. Notamment, depuis que Riyad les a transformés en une sorte de Las Vegas de la foi pour pouvoir absorber et retenir le plus longtemps possible les masses considérables de pèlerins qui obtiennent de la sorte droit au titre de *hadj*.

de la Russie a réconforté le clan Bachar et donc éloigné la perspective d'un règlement politique. Pour Moscou, tous les opposants au régime sont des « terroristes ». Du miel pour Damas. L'option diplomatique a reculé de trois cases alors que la position de la France venait justement de bouger. Jusqu'à l'été 2015, le Quai d'Orsay n'était « ni Bachar, ni État islamique ». Ce « ni-ni » conduisait à une non-implication militaire en Syrie. Une position devenue passablement incohérente dans la mesure où il n'y a plus de frontière pour les forces de Daech, que son centre de gravité est en Syrie et que c'est de là que partent les opérations de déstabilisation et de propagande vers l'Europe. Les Européens qui rejoignent les katibas de Daech partent en Syrie, très peu en Irak. Enfin, le gros des réfugiés qui fuit la guerre est syrien. Paris a donc révisé sa copie en décidant de mener des opérations de reconnaissance et des frappes de cibles de l'EI en Syrie. Le président de la République a changé de pied en se rendant compte, en août 2015, que si l'attentat terroriste du Thalys Amsterdam-Paris avait réussi, la France se serait trouvée dans l'impossibilité de lancer des frappes aériennes de rétorsion au Levant contre le commanditaire Daech. Faute de participation aux raids aériens en Syrie, Paris était privé du renseignement américain. Sur le plan diplomatique, la France, comme les États-Unis, ne faisait plus du limogeage du président syrien un préalable aux discussions politiques mais un de ses objectifs. On avançait, pensait-on…

Le maigre alignement de planètes qui s'était dessiné pendant l'été 2015 – avec la détermination saoudienne à écraser Daech, le retour en grâce international de l'Iran, le glissement turc dans la lutte contre l'EI et un certain pragmatisme américain[1] et européen – a volé en éclat avec les premières frappes russes en Syrie, le 30 septembre 2015. En bombardant les rebelles indistinctement, y compris les modérés soutenus par la coalition conduite par les Américains, et marginalement ceux de l'État islamique, Moscou a affiché la couleur : soutenir jusqu'au bout le régime de Damas et son président-dictateur en mettant dans le même sac tous ses opposants. C'est une nouvelle étape dans l'internationalisation du conflit avec deux axes de confrontation : un axe chiito-orthodoxe et un autre sunnito-occidental. On peut difficilement être optimiste pour ce pays à bout de souffle malgré les efforts diplomatiques de la France après les attentats meurtriers du 13 novembre 2015.

Le scorpion et la tortue

À cheval entre l'Europe et l'Asie, la Turquie est le seul pays de l'OTAN à avoir des frontières communes avec deux pays en guerre : la Syrie et l'Irak. Mais que veut la nouvelle Sublime Porte ? On a vu que son président-sultan avait des idées simples et fortes. Il veut farouchement détruire le régime de Damas et tout faire pour qu'un État kurde viable ne s'établisse pas à ses

1. Il ne fait aucun doute que Washington et Damas se parlent, du moins les agents secrets de ces deux pays. Les Américains, qui frappent en Syrie et lancent de nombreuses opérations spéciales, ne croisent jamais sur leur chemin les troupes loyalistes de Damas… En outre, Washington tient rênes courtes les groupes qu'il contrôle afin que le régime syrien ne s'effondre pas complètement.

portes sud et réveille encore plus l'irrédentisme de ses propres Kurdes du PKK. Cela explique pourquoi Ankara a été accusée d'avoir, ces dernières années, fermé les yeux sur l'afflux des *foreign fighters* venus rejoindre le djihad anti-Damas et d'avoir laissé les hommes d'al-Baghdadi se faire soigner et se reconstituer lors de « permissions » sur son sol[1]. Les Turcs n'auraient pas manifesté non plus beaucoup d'entrain à bloquer le trafic de pétrole en provenance des puits contrôlés par Daech, assurant ainsi à ce dernier de confortables revenus pour alimenter son trésor de guerre. L'Union européenne s'est d'ailleurs retrouvée piégée : elle a, sans le savoir, acheté sur le marché international des barils issus des contrées pétrolières tenues par Daech et « blanchis », si l'on peut dire, en Turquie.

Même de ce côté, les lignes ont bougé à l'été 2015. L'évolution du président islamo-conservateur turc Recep Tayyip Erdogan s'est accomplie en plusieurs étapes. En se faisant beaucoup prier, la Turquie avait accepté, fin 2014, de laisser passer par sa frontière des peshmergas venus d'Irak[2] au secours de leurs frères kurdes de Kobané[3] aux prises avec Daech. Les Turcs n'ont pas voulu intervenir directement, ni bien sûr

1. Une possibilité également offerte aux autres combattants, quelle que soit leur affiliation (Arméé syrienne libre, al-Qaida, groupes para-islamiques, etc.).

2. Le Kurdistan autonome d'Irak est gouverné par le Parti démocratique du Kurdistan de Massoud Barzani. Une formation historiquement hostile aux mouvements marxistes pro-guérilla kurdes du PKK en Turquie et du PYD (Unités de protection du peuple), son relais en Syrie.

3. Libérée en janvier 2015, au terme de plusieurs mois de combats extrêmement violents qui laisseront la ville en ruine et dangereusement minée.

laisser leurs propres Kurdes y aller. Mais avec ce *nihil obstat* très calculé, ils ont permis à la ville dévastée de tenir. Les frappes aériennes américaines – guidées par des commandos au sol –, le largage de munitions et de missiles antichars, l'appoint de forces kurdo-irakiennes fraîches ont permis de libérer la ville des fous de Dieu quelques mois plus tard. Kobané la sanglante n'était plus qu'un champ de ruines, mais elle était victorieuse.

Au mois de juillet 2015, pour la première fois, un attentat a été perpétré en Turquie par Daech afin de la punir de son implication dans le dossier Kobané. Un regroupement de trois cents étudiants pro-kurdes venus de tout le pays a été visé dans un centre culturel de la ville de Suruç, à quelques kilomètres de Kobané. Ils s'étaient regroupés pour se mobiliser pour la reconstruction de la ville martyre pendant les vacances d'été. Un kamikaze s'y est fait exploser, tuant trente-deux personnes et en blessant grièvement plus d'une centaine. Cette nouvelle menace a obligé Ankara à sortir de sa position ambiguë.

Des blindés lourds ont fait feu, pour la première fois, le 23 juillet 2015, sur des positions de l'État islamique de l'autre côté de la frontière. Les jours suivants, ce sont des frappes aériennes qui ont écrasé des positions du « califat ». De leur côté, des combattants de l'EI, qui se repliaient en Turquie, ont tué des gardes-frontières turcs qui leur en interdisaient le passage. Les autorités turques ont affirmé alors être passées de la « défense passive à la défense active » : mille cinq cents étrangers ont été expulsés pour leur lien avec l'EI, mille cent ont été interdits d'entrée sur le territoire, quinze mille ont été placés sur liste noire[1]. Cette évolution est rassurante pour les Européens qui luttent contre les départs vers la terre du djihad. Ce qui est préoccupant, c'est le volume de personnes concernées : il est important et certainement très en dessous du nombre réel de ceux qui parviennent à passer en un point des neuf cents kilomètres de frontière turco-syrienne. Quant aux refoulés, soit ils vont tenter à nouveau leur chance, soit ils vont revenir en Europe pour y porter le feu terroriste.

Ankara a, par ailleurs, débloqué un dossier qui envenimait ses relations avec Washington depuis 2014 : elle a accepté que plusieurs de ses bases aériennes, notamment celle d'Incirlik, soient utilisées par les avions de la coalition pour leurs raids contre les positions de l'EI[2]. La capitale syrienne du « califat » est depuis 2015 à seulement trois heures de vol du sud de la Turquie. Une aubaine pour les Américains et leurs alliés. Cela leur ouvre une importante fenêtre de tir. Les Turcs restent toutefois arc-boutés sur leur volonté de faire chuter Bachar al-Assad et d'éradiquer les Kurdes du PKK, y compris en Irak[3]. Plus que jamais, dans cette région, la situation ressemble à de la dentelle de Calais par la finesse des points et la fragilité. Ankara veut toujours qu'une zone tampon – cent kilomètres sur cinquante – soit créée à sa frontière – avec zone d'exclusion aérienne pour empêcher l'aviation de Damas

1. *Le Monde*, 26 et 27 juillet 2015.

2. Jusqu'à cette date, les avions de la coalition décollaient de Jordanie, du Koweït, d'Irak ou du golfe Persique.

3. En juillet 2015, l'aviation turque a bombardé en Irak plusieurs positions tenues par les autonomistes radicaux du PKK.

d'y agir[1]. C'est pour elle la garantie de créer une sorte de cordon sanitaire empêchant la jonction des Kurdes ultras qui se trouvent de part et d'autre de sa frontière.

La prise, en juin 2015, par les forces kurdes et leurs alliés rebelles de la ville de Tal Abyad, à cinquante kilomètres de Kobané dans la province de Raqqa, capitale de Daech, a été une victoire stratégique. Cette prise menace directement Raqqa, qui n'est qu'à quatre-vingt-six kilomètres au sud. Elle a également permis aux Kurdes syriens de consolider un embryon de Kurdistan, ce qui plonge Ankara dans une rage folle. Désormais, ce sont trois cantons autonomes kurdes qui siègent à sa frontière : Afrin à l'ouest, Kobané et Djéziré à l'est, le long de la frontière turque. La direction de ces cantons a été placée par les Kurdes à Hassaké, dans le nord-est de la Syrie. Ankara fait tout depuis pour disloquer ce mini-État kurde autonome.

Pour Daech, l'entrée en scène de la Turquie est une demi-mauvaise nouvelle, car les Turcs frappent durement leurs principaux opposants sur le terrain : les Kurdes du PKK. C'est un symbole supplémentaire de l'incroyable confusion qui règne dans la fournaise syrienne. Depuis 2015, les Turcs ont renforcé significativement leur présence sur la frontière. Ils ont arrêté, l'année dernière, près de trois cents personnes considérées comme liées à Daech. Différents rapports indiquent que plusieurs cellules dormantes djihadistes sont prêtes à l'action dans ce pays qui accueille deux millions de réfugiés. Deux mille Turcs serviraient sous le

1. Les États-Unis font obstacle à cette dernière option que les Iraniens récusent au nom de la préservation des intérêts de Damas.

drapeau noir du « califat ». Ce dernier a lancé une fatwa contre l'importation sur ses terres… de viande turque.

Il y a un enseignement à tirer de ces épisodes, même si le *happy end* est encore loin : il réside dans la fable du Scorpion et de la Tortue. Le Scorpion demande à la Tortue de lui faire traverser une rivière car il ne sait pas nager. La Tortue refuse, arguant sa peur d'être piquée à mort. L'animal venimeux lui fait valoir que ce serait pour lui une erreur fatale car il coulerait avec son transport de fortune. La Tortue trouve l'argument pertinent et le fait monter sur son dos. Au milieu de la rivière, le Scorpion la pique. « Pourquoi ? » articule dans un dernier souffle la Tortue. « Je n'y peux rien, c'est dans ma nature ! » Tous les pays qui ont voulu jouer les apprentis sorciers avec le scorpion djihadiste ont été piqués. La bête s'est retournée immanquablement contre eux, que ce soit les Algériens avec AQMI ou les Saoudiens et les Turcs avec Daech. Le « califat » venimeux ne fait pas de politique, au sens où son action terroriste n'est pas destinée à établir un rapport de force favorable à une négociation politique future. C'est une force totalitaire murée dans un donjon mental pseudo-religieux. Sa vocation intrinsèque est de détruire, d'éradiquer quiconque ne lui ressemble pas au micron près. C'est l'anti-altérité. Ceux qui pensent pouvoir le manipuler à leur profit se brûlent les doigts immanquablement. C'est peut-être là que se situe désormais la solidité du ciment de l'étrange coalition qui, en Irak et en Syrie, veut désormais en finir avec al-Baghdadi et son hégémonie. Mais celui-ci n'a pas dit son dernier mot. Il poursuit, peu ou prou, directement ou indirectement son expansion locale et internationale : Libye, Gaza, Égypte, Algérie, péninsule du Sinaï, Turquie, Arabie saoudite, Nigéria... Et Europe. Comment comprendre un tel succès ?

Quand une bande armée bâtit un proto-État

Pour créer son proto-État, le calife Abu Bakr al-Baghdadi a rassemblé autour de lui une équipe gouvernementale diversifiée. Elle cumule plusieurs compétences. Si le noyau dur est irako-irakien – forgé à l'origine dans les geôles américaines en Irak (Bukka[1] et Adder) –, le second cercle est plus international. Le ministre des Finances et des Approvisionnements en hydrocarbure, Abou Sayyaf, par exemple, était tunisien, il a été tué dans une frappe américaine en Syrie en 2015. Le grand webmaster, responsable du recrutement et de la propagande sur la Toile était, quant à lui, britannique : de son nom de guerre Abou Hussain al-Britani. Il a été tué par un drone armé la même année. Les djihadistes saoudiens et qataris sont très impliqués, quant à eux, dans les domaines de la police religieuse et de l'application de la charia. Tout le monde les considère comme des hommes de l'art en la matière... À la table du « Conseil des ministres », fous de Dieu et laïcs du Baas font bon ménage. La gouvernance est habile, à la fois centralisée et décentralisée, avec une assez grande

1. Al-Baghdadi a été capturé par les Américains à Falloujah en 2004 et emprisonné dans le pénitencier de Bukka où il a rencontré certains de ses futurs lieutenants.

délégation de responsabilité sur le terrain, sur le modèle de tous les grands les empires… avant qu'ils ne meurent. L'apport des anciens officiers de l'armée et des services secrets de Saddam Hussein est essentiel dans la conduite des opérations. Ceux d'entre eux qui sont encore vivants aujourd'hui ont derrière eux plus d'une dizaine d'années de guérilla contre les Américains et leurs alliés. Les vétérans ont connu la grande guerre patriotique Irak-Iran. Les anciens membres des services de renseignement de Saddam Hussein ont préservé leurs secrets de fabrication et les ont mis au service du « calife ». Tchétchènes et Georgiens font également partie du premier cercle des chefs de guerre de l'armée d'al-Baghdadi. Le Géorgien Tarkhan Batirashvili, Omar al-Chichani de son nom de guerre, fait figure de chef d'état-major.

Dans les grands portefeuilles de Daech figurent les relations internationales, l'administration des territoires libérés – nous dirions « occupés » –, l'action psychologique et le recrutement, la cyberguerre, les actions indirectes, les finances et la police des bonnes mœurs. Pour les relations internationales, il s'agit à la fois de créer des cellules dormantes ou actives dans les pays cibles mais également de consolider les liens avec les groupes qui ont déjà fait allégeance. C'est ainsi que Boko Haram, au Nigéria, bénéficie désormais des avis de conseillers de Daech en matière de combat et d'action psychologique. Pour résister à la coalition – Cameroun, Tchad, Niger avec le soutien logistique et du renseignement de la France – qui s'est formée contre elle, la secte magico-djihadiste africaine, qui a perdu plus de 30 % de ses capacités opérationnelles, a développé le mode opératoire des attentats-suicides conseillé par la secte irako-syrienne. Enfants et adolescents sont utilisés à cette fin, y compris pour porter le feu sur le territoire des pays coalisés. Début 2015, une petite fille de sept ans s'est fait exploser au milieu du marché de Potiskum, au Nigéria. Jusqu'à présent la secte africaine n'utilisait que des adolescents. De même, les vidéos de revendication de Boko Haram et celles de son chef illuminé, Aboubakar Shekau, sont de meilleure qualité depuis l'arrivée des conseillers envoyés par al-Baghdadi. C'est la griffe de l'État islamique pour les nouveaux franchisés. Comme dans les grands groupes internationaux, si les franchisés veulent le logo « califat », ils doivent respecter la même charte graphique et travailler sur le même « territoire de communication » pour donner le sentiment de puissance *corporate*. Les couleurs dominantes sont le noir et le rouge…

Pour l'administration des nouvelles terres conquises, Daech a opté pour une voie astucieuse. Elle tire les enseignements des erreurs commises par AQMI lors de la conquête du nord du Mali[1]. En Irak, comme en Syrie, une fois une ville conquise et quelques exécutions spectaculaires réalisées, Daech prend en main la police religieuse et la sécurité mais passe le gouvernorat à des hobereaux locaux sunnites. Ces gouverneurs, nommés par Abou Bakr al-Baghdadi, ont pris leurs fonctions à la tête des sept provinces administratives – trois syriennes,

1. Des combattants étrangers, parlant mal la langue locale, ont imposé brutalement leur loi et leur vision de l'islam. Ils ont également détruit plusieurs mausolées des « 333 saints » de Tombouctou, se mettant à dos toute la population.

quatre irakiennes. Ils rapportent directement à deux ministres des régions, anciens officiers de Saddam Hussein qui, eux-mêmes, ne rendent compte qu'au « calife ». Ces deux personnages, Abou Ali al-Anbari (Irak) et Abou Muslim al-Turkmani (Syrie), seraient les deux dauphins putatifs d'al-Baghdadi. Le fait qu'ils soient deux indique assez bien la logique de concurrence dans laquelle ils sont placés… pour mieux les neutraliser en cas d'ambition trop précoce.

Une fois la conquête entérinée, les hommes du « califat » veillent à un retour rapide à la normale pour rallier à leur cause les populations inquiètes, voire hostiles : approvisionnement en eau et en électricité, traitement sommaire des déchets, salaires versés, justice rendue – le Coran, via la charia, est le seul Code pénal –, sécurité quotidienne, dispensaire et hôpitaux rouverts avec l'arrivée de personnels souvent étrangers, etc. Rappelons que quatre-vingt-trois nationalités différentes sont présentes au sein de Daech, avec un spectre large de spécialités. Pour autant, pénurie et désorganisation sont aussi le lot de cette tour de Babel. Et il est très difficile de pouvoir réaliser des sondages au sein de la population sur la cote de popularité de leurs nouveaux édiles… Les hommes du « calife » cherchent à trancher avec l'atmosphère délétère entretenue avant leur arrivée par les contrôles tatillons, les vexations et les rackets brutaux des anciennes forces de sécurité chiites de Bagdad. Ils s'efforcent de gagner ainsi les cœurs et les esprits pour rendre encore plus difficile une reprise ultérieure de la ville. Généralement, la conquête d'une place a été préparée en amont par des agents des services de renseignement du « califat ». Avant l'attaque, ils ont pris langue avec des chefs locaux blessés par l'attitude du pouvoir central et ils ont examiné en détail les failles du dispositif militaire. Des listes de personnes à exécuter dans les premières heures de la conquête ont été établies de longue date.

Une fois la conquête accomplie, la nouvelle administration se met immédiatement en place. Grâce aux fichiers administratifs, les hommes de l'État islamique savent exactement qui sont leurs ennemis éventuellement encore cachés sur place. Ils incitent la population à traquer et à livrer les « mécréants » et les « apostats ». Ceux qui les cacheraient subiraient alors le même sort. Des pick-up équipés de haut-parleurs sillonnent les rues avec des croix sur lesquelles des ennemis ont été cloués pour que le message soit bien compris. Cette terreur, doublée d'une recherche de « qualité » administrative, est la réplique de ce que faisaient les talibans en Afghanistan. Après avoir chassé ou tué le gouverneur nommé par Kaboul, il leur fallait pour l'édification des masses que la lumière succède aux ténèbres. Les talibans veillaient tout particulièrement aux questions sociétales. C'est ainsi que dans une culture où c'est le fiancé qui paye la dot à la famille de la jeune fille, l'inflation de temps de guerre rendait impossible nombre de mariages faute de pouvoir régler les montants exorbitants réclamés par la future belle-famille. Dans leur zone, les talibans imposaient systématiquement une politique de dots à bas coût, assortie de sanctions, y compris physiques, pour les beaux-pères récalcitrants. Le « califat » s'inscrit dans cette veine et bénéficie par sa dimension internationale du partage des meilleures pratiques apportées par les moudjahidines étrangers rompus à ces questions. C'est ce que fait également Boko Haram, à sa manière, en enlevant des jeunes filles, en les convertissant de force puis en les vendant pour quelques euros à des jeunes Nigérians qui n'ont pas les moyens de payer une dot. Ces pratiques ignobles sont très bien reçues par une bonne partie d'une jeune population pragmatique.

Deux autres départements « ministériels » importants complètent la gouvernance du proto-État : la police et la justice religieuse veillent avec brutalité à l'application stricte de la charia, l'alpha et l'oméga du droit – c'est pour cela que le pouvoir législatif n'existe pas. Dans ce domaine, une chape de plomb tombe sur les populations passées sous la coupe des fous de Dieu. Des brigades féminines sont spécialement chargées de veiller à ce que les femmes se conforment en tout point aux exigences de la bienséance islamiste. À ces contrôles permanents et vexatoires s'ajoute la mise en scène permanente de la mort. Des habitants de Palmyre qui ont fui la Syrie en famille, parents et enfants, pour se réfugier en Hongrie racontent leur calvaire à l'ombre du drapeau noir. « Chez nous, confie la mère, tous les vendredis [jour de la prière], Daech tue trois ou quatre hommes en public, rien que pour intimider les autres. Mon beau-père a été tué. Un ami qui fumait, on lui a coupé les doigts. Alors, quand notre fils de six ans nous a demandé : "Si je fais une faute à l'école, est-ce que je vais être égorgé ?", là on s'est dit qu'il fallait qu'on sauve nos enfants de cet enfer[1]. » Daech laisse sur les grandes places de Raqqa, pendant plusieurs jours, les corps des mécréants

1. *Le Figaro*, 8 septembre 2015.

assassinés. Une autre réfugiée, originaire de Raqqa, témoigne : « Les fous de Daech ont interdit l'école pour les filles dans ma ville et veulent imposer le niqab dès cinq ans. Je veux les emmener [ses filles] en Allemagne et qu'elles puissent étudier librement[1]. »

L'argent étant le fer de lance de la guerre, Daech veille à ne pas en manquer. Il disposerait d'un budget annuel de deux milliards de dollars, ce qui, rapporté à sa population captive – dix millions d'habitants – et à sa surface d'occupation, est un énorme pactole. Le pétrole lui rapporte des sommes considérables – plus de deux millions de dollars par jour. Il exporte également du coton en passant par la Turquie. Sans le savoir, des Français portent des tee-shirts de marque fabriqués en Turquie à partir du coton des champs contrôlés par Daech. On estime à 6 % le volume de coton importé de Syrie en Turquie qui provient des zones conquises par les fous de Dieu. En un an, ce trafic leur aurait rapporté cent trente-cinq millions d'euros[2]. Les réseaux de trafics sont anciens et bien rodés car ils datent de l'époque où l'Irak était sous embargo international[3]. La Syrie offrait à l'époque des voies de contournement.

Mais, ces derniers temps, la manne pétrolière s'affaiblit depuis la perte de certains champs pétrolifères. Daech compense ce manque à gagner en faisant la conquête de nouvelles villes, en levant l'impôt révolutionnaire et

1. *Le Monde*, 9 septembre 2015.

2. *Le Monde*, 24 septembre 2015. En 2010, la Syrie était le troisième producteur de coton bio.

3. Voir le documentaire *Daesh, État islamique. D'où viennent les milliards des nouveaux barbares ?*, d'Éric Declémy et Emmanuel Creutzer, diffusé sur M6 dans « Capital » le 14 juin 2015.

en vendant des œuvres d'art datant pour certaines de plus de quatre mille ans avant Jésus-Christ. Elles ne finissent pas toutes sous le marteau et la barre à mine. Des associations « caritatives » du Golfe ont également assuré pendant longtemps les fins de mois du « califat ». Le proto-État islamique bénéficie également d'un privilège étonnant. Son ennemie, Bagdad, continue de payer les salaires de ses fonctionnaires coincés sur les terres du « califat »... Les autorités irakiennes craignent, si elles coupent les vivres, de favoriser des mouvements de populations incontrôlées et incontrôlables. La situation qui en découle est ubuesque.

Tous ces revenus permettent à l'État islamique de vivre grand train. Ils lui permettent de s'approvisionner en armement, de payer les salaires et les soldes[1], d'acheter des complicités dans les villes à conquérir, de financer des opérations dans d'autres pays. La frappe d'une monnaie, apanage d'un État souverain, a même été lancée au travers de pièces en or, en argent et en cuivre. Il semble pour l'heure qu'il s'agisse surtout d'une opération de propagande. Mais pour que vive l'État islamique, il faut du passé faire table rase. C'est ce qui conduit le politologue spécialiste de l'Islam Olivier Roy à comparer al-Baghdadi au Cambodgien Pol Pot[2] : « Comme pour le dirigeant politique et militaire des Khmers rouges [...] son messianisme est révolutionnaire et apocalyptique. Pour établir le nouveau monde, il faut que l'ancien meure. »

1. 200 dollars pour un combattant novice et sans charge de famille, 500 pour un chef de famille.

2. *Le Jihadisme*, *op. cit.*

L'art de la guerre selon Daech

Sur le plan militaire, Abou Bakr al-Baghdadi est une sorte de mélomane un peu particulier. Il joue de l'orgue de… barbarie, cela va sans dire. On dispose aujourd'hui d'un certain nombre d'éléments qui permettent de mieux comprendre la structure de la partition de Daech ainsi que son mode de direction « artistique ». Ils expliquent ses succès et sa capacité de rebond malgré les revers. S'agissant de l'art de la guerre, le chef du « califat » et ses généraux disposent d'un clavier hybride. Ils jouent de ses touches avec un certain talent, faisant résonner les notes simultanément, séparément ou successivement en fonction de la tournure des événements. Al-Qaida n'est jamais parvenue à une telle maestria même si elle a réussi quelques « beaux » coups, à l'image du 11-Septembre.

Le « califat » a été capable de faire plusieurs choses en même temps : lancer des offensives de grand style, mener le combat en milieu urbain, prendre d'assaut des villes fortifiées grâce à des moyens hétérodoxes, pratiquer des attentats kamikazes, faire de la cyberpropagande et procéder à des assassinats ciblés. Il bénéficie d'une force combattante, en partie internationale, qui semble se renouveler sans cesse malgré les pertes. C'est l'hydre de Lerne, chaque fois qu'une tête tombe, une autre repousse. Le vivier des kamikazes est, quant à lui, sans fond. Femmes et jeunes enfants en font partie. « Il ne faut pas avoir une vision trop indulgente des femmes. Bien loin d'être de seules victimes, les femmes ont souvent un rôle moteur. Ce sont des diablesses sur les réseaux sociaux et de véritables commissaires politiques en Syrie, souligne l'universitaire spécialiste de l'islam contemporain Jean-Pierre Filiu. L'objectif de l'EI est de “fixer” les volontaires étrangers, d'éviter qu'ils désertent. Comme il n'est pas question de les marier à des Syriennes tant cela leur attirerait les foudres des tribus traditionnelles, ils font venir des Européennes et des Maghrébines[1]. » Cent quarante Françaises ont déjà rallié sur place la cause des nouveaux totalitaires.

Les attaques de grand style, combinant plusieurs effets – artillerie, blindés lourds et légers, génie, infanterie d'assaut –, ne sont pas à la portée de n'importe quel terroriste. En Irak, entre 2003 et 2010, al-Qaida ne l'a jamais fait. Contre les Américains et leurs alliés, les affidés de Ben Laden n'ont jamais dépassé le stade de la guérilla urbaine, des attaques kamikazes et des bombes artisanales sur le bord de route (EEC[2]). Daech, lui, est passé au niveau supérieur. Il s'est militairement *« upgradé »*. Récupéré en Syrie sur l'armée de Damas – ou acheté grâce au racket et à la manne pétrolière –, manié par d'anciens chefs de guerre expérimentés de Saddam Hussein, leur nouvel outil militaire a fait merveille. Il a permis la vague de conquêtes en Irak qui a emporté notamment la grande ville de Mossoul. Cette touche a aujourd'hui disparu du clavier. Les frappes aériennes de la coalition ont, à partir d'août 2014, brisé ce mode opératoire trop visible du ciel. Impossible désormais pour les troupes du « calife » de se déplacer

1. *Le Figaro*, 6 mai 2015.
2. Engins explosifs de circonstance (IED en anglais).

en force sans être rapidement pulvérisées par des frappes aériennes. Les dépôts de munitions, de pièces de rechange, les stocks d'essence, les terrains d'entraînement, les parcs de véhicules lourds, les ateliers de réparation ont été pilonnés sans relâche par les avions américains, français, émiratis, britanniques, jordaniens, canadiens, etc., depuis l'été 2014. Le potentiel militaire de l'EI a été fortement diminué sans pour autant faire fléchir le moral de ses combattants qui meurent toujours aussi allégrement. On estime les pertes en hommes de Daech à dix mille en 2015, entièrement compensées par des troupes fraîches, locales ou internationales.

Le chef d'orchestre de Raqqa a d'autres mélodies à son répertoire. Ce Léviathan est un monstre manœuvrant et adaptable. Ce sont désormais de petits groupes mobiles, plus difficiles à détecter, qui s'attaquent aux apostats syriens et irakiens. Face à des places solidement défendues, les hommes en noir envoient sur un seul point plusieurs camions ou bulldozers kamikazes, renforcés de blindages et bourrés d'explosif. Ils font ainsi sauter progressivement les défenses adverses – champs de mines, merlons, chicanes, murets, etc. À la vue du troisième ou quatrième véhicule-bombe qui arrive sur eux, les défenseurs fuient sans demander leur reste par la porte de sortie. Habilement, Daech en laisse toujours une ouverte. C'est ainsi que la victoire est acquise avec un rapport de force défavorable pour le « califat » de un à dix, voire de un à vingt. Rien qu'en Irak, sur le papier, l'armée régulière équipée par les États-Unis compte deux cent mille hommes… Mais elle ne fait pas le poids. En Syrie, Damas doit pouvoir compter encore sur cinquante mille hommes. À la guerre, le mental a toujours joué un rôle fondamental. Les soldats qui n'auraient pas couru assez vite pour s'éloigner du cimetière des vainqueurs seront utiles à Daech pour une autre phase : la cyberpropagande. Décapités au couteau ou à l'explosif, noyés, brûlés vifs, dépecés, crucifiés, ils vont fournir aux équipes de tournage de Daech de multiple séquences filmées qui vont faire l'objet de montages « subtils ». Ils entameront ensuite leur tour du monde grâce à la magie de la Toile et des réseaux sociaux. Ces produits audiovisuels sont autrement plus sophistiqués que ceux créés jadis par al-Qaida en Irak, au temps de la guerre contre les Américains. Le nouveau public, jeune, demande mieux que des litanies d'explosions de véhicules mal filmées sur fond de musique lancinante mal enregistrée vantant le djihad. Le cinéma terroriste est passé du muet au parlant, du noir et blanc à la couleur. Une révolution artistique et esthétique servie par des professionnels de la caméra, du son et du montage. La puissance de Daech vient de sa capacité à attirer dans ses rangs non seulement des combattants mais aussi des réalisateurs, des financiers, des communicants, des spécialistes de la logistique, du pétrole, des systèmes d'information, du dialogue avec les réseaux mafieux, etc. L'EI recrute plus large qu'al-Qaida : tout le monde est le bienvenu dans ce trust criminel. Les geeks et les hackers sont particulièrement recherchés pour la cyberpropagande et la cyberguerre. Ce sont eux qui sont à la manœuvre pour polluer les réseaux informatiques de l'ennemi et donner le sentiment qu'ils sont au cœur des systèmes de communication les mieux protégés.

La liste de leurs offensives est longue. Les cyberguerriers de l'EI ont ainsi frappé le commandement militaire américain au Moyen-Orient. Et ils ne l'ont pas fait à n'importe quel moment – cela fait partie de la recherche d'une onde de choc maximale. Alors que le président Obama prononçait une allocution importante sur la cybersécurité, le compte Twitter officiel de ce commandement a été piraté : « L'État islamique est déjà là ! pouvait-on lire au moment même où le président s'exprimait. Nous sommes dans vos PC, dans chaque base militaire américaine. » Ils ont à plusieurs reprises lancé des opérations de *doxxing*[1] en mettant en ligne les listings de hauts gradés américains – incluant le nom des femmes et des enfants – ou de fonctionnaires. En France, des attaques semblables ont eu lieu : une fausse liste de fonctionnaires de la Défense a été postée créant dans un premier temps une certaine inquiétude au ministère de la Défense. Après les événements de janvier 2015, dix-neuf mille sites Internet français ont été attaqués. Ils ont été « défacés », c'est-à-dire que leur page d'accueil a été taguée par des slogans djihadistes. La veille d'une rencontre consacrée aux tueries de *Charlie Hebdo*, le Mémorial de Caen a été visé. C'est dans cette même ville qu'en septembre 2013 avait été arrêté pour apologie du terrorisme le Français converti Romain Letellier, l'administrateur du site francophone Ansar al-Haqq (« les partisans de la vérité »). Il mettait notamment en ligne la version française du e-magazine islamo-radical *Inspire* – mouvance al-qaïdiste. C'est

1. Néologisme qui indique la mise en ligne dans l'espace public d'informations personnelles confidentielles ou secrètes.

dans cette revue que le directeur de *Charlie Hebdo*, Stéphane Charbonnier, alias Charb, a été désigné comme une cible à abattre, avec d'autres « mécréants » européens.

Daech pratique également les assassinats ciblés et l'expédition punitive. Aucun affront fait au « califat » ne doit rester sans réaction. Pour les assassinats, l'EI s'inspire des méthodes des talibans en Afghanistan et de leurs escadrons de la mort qui exécutaient toute personne susceptible de représenter un espoir – jeune chef d'entreprise dynamique, médecin procédant aux vaccinations – ou un modèle – femmes policiers ou engagées en politique, notamment. Daech fait de même. C'est ainsi qu'il a tué deux généraux irakiens à l'été 2015. L'important est de créer le chaos, car de celui-ci sortira la « vraie foi » incarnée par le « califat », par contraste seule source possible de bonheur et de prospérité dans la main d'Allah.

L'esthétique du diable

En matière de propagande, les équipes dédiées de l'État islamique ne laissent rien au hasard. Ce sont des pros. L'esthétique du mal doit être travaillée pour frapper les esprits amis et ennemis, que ce soit en décapitant des chrétiens – coptes égyptiens ou éthiopiens[1] –,

1. En février 2015, en Libye, l'État islamique décapite 21 chrétiens coptes, pour la plupart Égyptiens. Deux mois plus tard, 30 chrétiens éthiopiens (sans doute des migrants capturés) sont à leur tour décapités sur une plage. L'Éthiopie se revendique comme le berceau le plus ancien de la chrétienté avec ses premiers convertis au Ier siècle après Jésus-Christ.

en fusillant des yésidis – très ancienne religion préislamique – ou en brûlant des chiites. Les codes sont à la fois ceux des séries télévisées occidentales et de l'univers djihadiste. Lors des massacres de masse du camp Speicher – du nom d'une ancienne base américaine près de Tikrit en Irak –, en juin 2014, les hommes d'al-Baghdadi n'ont pas eu le temps de faire une mise en scène sophistiquée. Ils ont dû exécuter par vagues, à la kalachnikov et à l'arme de poing, mille sept cents jeunes recrues irakiennes livrées par des tribus sunnites qui les avaient capturées désarmées dans ce camp d'entraînement. Comme les unités de la mort SS, durant la Seconde Guerre mondiale, il leur fallut plusieurs heures pour massacrer tout le monde et enterrer sommairement la masse de cadavres. Les images de ces tueries ont circulé sur Internet. Certaines des victimes ont été obligées avant de mourir de faire acte de pénitence devant la caméra et de chanter les louanges du « califat ».

Depuis, les équipes cinématographiques de l'État islamique font beaucoup mieux. Les spécialistes estiment que 2014 est une année qui marque un tournant dans sa production. Daech a sans doute reçu à cette date des renforts de professionnels de l'image. Le film de seize minutes intitulé *Les Mécréants qui le méprisent* montre la décapitation de l'Américain Peter Kassig et de dix-huit pilotes syriens. Le tournage a nécessité plusieurs heures de prises grâce à six caméras haute

---

60 % de la population est chrétienne. Depuis son intervention contre le mouvement djihadiste des al-Chebab en Somalie, ce pays est un ennemi juré des terroristes salafistes.

définition. Selon *Time Magazine*[1], les images sont passées ensuite sur un banc de montage numérique professionnel dont le coût avoisine les deux cent mille euros. Les équipes de tournage préparent soigneusement les grandes immolations pour s'adresser à un large public de connaisseurs ou de néophytes curieux. Les metteurs en scène de Daech s'occupent de tout, du casting, des décors, des « figurants » et des costumes. Les ingénieurs lumière veillent à la qualité du rendu visuel. Les bourreaux portent des « micros cravate » pour que le son soit parfait. Encagoulés, les tueurs sans visage, en noir ou en tenue de camouflage, sont toujours nettement plus grands que leurs victimes qui, de plus, courbent la tête en signe de soumission. La supériorité des serviteurs d'Allah doit être évidente en toute chose. La tenue des bourreaux est travaillée dans les moindres détails. S'ils portent le couteau sacrificiel à la ceinture, l'inclinaison de l'arme sera la même pour tous lors du défilé préparatoire. Ils sont minces, élancés, calmes. Il n'y a pas d'obèses dans l'armée du « calife ». Le cérémonial de mise à mort est un ballet parfaitement réglé. Si les tueurs prennent le couteau dans un seau qui en est rempli – autre version –, la prise en main se fera au ralenti, accentuant la sûreté du mouvement et l'impression de maîtrise parfaite. Les séquences qui précèdent l'égorgement et la décapitation se font sur fond de mer idyllique (Libye) ou de ruines magnifiques (Syrie). L'impression de calme avant le déchaînement de la violence primitive est calculée. Même les futures victimes, souvent revêtues d'orange comme les détenus

1. http:/time.com/3624976/isis-beheading-technology-video-trac-quilliam/.

de Guantanamo, semblent consentir au sacrifice par leur attitude soumise. Dans le monde noir du « califat », « tout n'est qu'ordre et beauté »... La beauté du diable chère aux nazis.

Au sein des ruines majestueuses de Palmyre, Daech a fait procéder à des exécutions de groupe par de très jeunes adolescents – sans doute âgés de douze à quatorze ans. Pour conserver l'ascendant « naturel » des fous de Dieu, même de petite taille, les prisonniers ont été contraints de s'agenouiller. La mise en scène a été particulièrement soignée dans ce décor grandiose. Dans un vaste amphithéâtre, le public est là, bien sagement assis dans des gradins grèges pour assister à ces nouveaux jeux du cirque. Le ballet est réglé au millimètre : les jeunes bourreaux, en treillis clairs, ont le visage dégagé – il est important de voir que ce sont encore des enfants. Ils défilent deux fois devant la tribune mortuaire en faisant une boucle, pour prolonger le spectacle. Aux extrémités du grand plateau de pierre sacrificiel, les grands frères en noir veillent à la bonne tenue du massacre et empêchent toute tentative de fuite. Alors que leurs futures victimes – vingt-quatre soldats de l'armée régulière de Bachar en treillis – sont déjà installées devant une immense bannière noire du « califat », les enfants-bourreaux se mettent en place avec solennité. Les plans larges et serrés se succèdent. Ils permettent de voir le visage en gros plan de ceux qui vont mourir. Les mains liées dans le dos, les futurs immolés courbent la tête tandis que les jeunes tueurs se positionnent, arme au poing, derrière chacun d'entre eux. C'est ensuite l'exécution avec des tirs coordonnés. À cinquante centimètres, les balles font exploser les boîtes crâniennes. Ce que ne savent pas ces apprentis terroristes, c'est que, ce jour-là, ils ont tué deux personnes : leur proie et eux-mêmes. Comment se reconstruiront ceux qui ne seront pas tués à leur tour ultérieurement ?

Ceux qui risquent leur âme à regarder ces innombrables vidéos n'ont aucun doute sur la fin du film. C'est d'ailleurs pour cela qu'ils les regardent. Les esprits malades jouissent de ce faux suspense comme dans les films d'horreur où tous les spectateurs savent qu'à la fin il ne restera plus grand monde du petit groupe d'étudiants insouciants et rigolards qui s'est retrouvé malencontreusement pour une nuit coincé dans un château sur une île déserte. La question n'est pas de savoir s'ils vont mourir mais comment : hachés, électrocutés, décapités, écartelés, noyés, éviscérés ? Pour son public de fans, Daech est raccord avec ces standards occidentaux de l'horreur. Sauf que là, c'est pour de vrai, comme disent les enfants. Ce qui est proposé aux jeunes cibles fascinées, c'est de faire comme dans certaines publicités : de passer de la fascination statique à l'action, de quitter leur siège, de traverser l'écran et de devenir eux-mêmes les acteurs de ces mises en scène odieuses. C'est une extension diabolique de l'esprit collaboratif en vigueur dans nos sociétés ou du *do it yourself* version gore.

Les équipes de communication de Daech jouent sur d'autres registres en montant des sujets tournés sur le vif auprès de ceux qui ont déjà sauté le pas. Le principe est simple : identification – au moudjahidin –, séparation – de la famille et des amis –, action – ici ou là-bas. Ces documents véhiculent les mêmes messages subliminaux. Ils mettent en scène l'excitation au combat, la jouissance de tenir une arme – un message pour nos sociétés sans service militaire et sans rite initiatique pour les jeunes hommes –, la fraternité au front, le plaisir d'être au volant d'un puissant 4 × 4 ou derrière une mitrailleuse 12,7 montée sur pick-up, la salivation à la perspective d'un butin humain – viols à la clé –, etc. C'est la grande revanche du phallus djihadiste sur des sociétés « dégénérées », décrites par la littérature djihadiste comme perdues car « dominées par les femelles ». Sans passer nécessairement par les structures de communication de l'EI, des combattants illustrent eux-mêmes leurs « exploits » en postant moult films, photographies et messages sur les réseaux sociaux. Le pouvoir central du « califat » tente d'y mettre bon ordre car nombre d'entre eux ignorent complètement la sécurité opérationnelle (SECOPS). Ils fournissent ainsi du renseignement précieux à la coalition. La journaliste Anna Erelle qui, pour son enquête devenue un livre[1], a infiltré via la Toile la nébuleuse djihadiste, explique avoir été sidérée par la cohabitation du combattant sanguinaire et de l'ado branché dans une seule et même personne : « À leur retour des combats, ces mercenaires se comportent comme n'importe quel ado connecté. Certains postent sur leur profil Facebook le résultat de leurs exactions, puis des images d'eux batifolant dans les piscines luxueuses de villas réquisitionnées, preuve qu'"Allah les fait kiffer"[2]. » Pour mesurer l'imprégnation de ces

1. *Dans la peau d'une djihadiste*, Robert Laffont, 2015 ; J'ai lu, 2015.
2. *Le Point*, 16 janvier 2015.

techniques nouvelles de combat par l'image, il faut rappeler que le Français Yassin Sahli – qui en juin 2015 a décapité son patron, en Isère, pour exhiber sa tête couverte de slogans djihadistes – a fait un selfie avec cette terrible dépouille. Il l'a envoyé ensuite en signe de victoire à l'un de ses amis engagés en Syrie. La psychiatrie n'est pas très éloignée de certains profils…

Grâce à la Toile et l'aide involontaire des médias occidentaux, Daech est capable de gommer médiatiquement ses revers militaires – il en a subi de sérieux en 2015. Chaque fois qu'il en enregistre un, il fait donner les orgues de Staline de sa cyberpropagande pour brouiller le paysage dans un nuage de fumée rouge. C'est-à-dire qu'il lance immédiatement une contre-offensive psychologique majeure. Elle va occuper tout l'espace, donnant le sentiment aux opinions internationales d'une domination irrépressible du « califat ». Tout est bon pour monter dans les gammes de l'horreur et frapper les esprits afin de détourner l'attention de ses échecs. Chaque fois, leur direction « action psychologique » sort une nouvelle idée : immolation par le feu d'un pilote jordanien, décapitation de journalistes japonais, noyades filmées de soldats syriens, exécution au lance-roquettes de chiites ou de chrétiens, crucifixion de yézidis, décapitation à l'explosif de soldats de Bachar. Il y a chez eux des « créatifs » particulièrement inventifs dans la recherche de l'horreur paroxystique. Il en va du mythe de l'invincibilité de Daech. Un atout maître pour les campagnes de recrutement car il manque de piétaille et de commandos suicides à l'étranger.

La vidéothèque de l'État islamique est des plus garnies. Il y en a pour tous les goûts et tous les styles. Des scènes de torture de personnes présentées comme des agents russes ou israéliens sont longuement filmées avant qu'un « lionceau de l'islam » d'une dizaine d'années vienne mettre fin à leur souffrance en leur logeant une balle dans la tête. Daech cultive d'autres registres. Il veut notamment s'afficher comme salafiste irréprochable, c'est-à-dire fidèle aux enseignements premiers du Prophète. Le célèbre verset de la neuvième sourate du Coran est souvent mis en scène dans les vidéos : « Combattez ceux qui ne croient ni en Allah ni au jour dernier, qui n'interdisent pas ce qu'Allah et son messager ont interdit et qui ne professent pas la vraie religion, parmi ceux qui ont reçu le Livre [juifs et chrétiens], faites-leur la guerre jusqu'à ce qu'ils versent la capitation par leurs propres mains, et qu'ils se soient soumis. »

Au temps du Prophète, celui-ci avait accepté la proposition d'un chef d'une grande tribu juive qui, pour échapper au massacre des mâles après de durs combats contre les troupes de Mahomet, avait offert le versement d'un impôt en échange de leur liberté. Le choix est donc soit de se convertir, soit de mourir, soit de se soumettre en payant un tribut, la *jizyah*. Ce versement permet de pratiquer sa foi dans un cadre très contraint, et de devenir ainsi un *dhimmis* – soumis à l'islam et protégé par lui. La suprématie de l'islam est alors affichée aux yeux de tous. En retour de cette soumission à l'islam, le chef musulman doit protection aux *dhimmis*. Certaines vidéos soulignent que ces préceptes sont respectés. Elles commencent souvent par des extraits… du film de

Ridley Scott, *Kingdom of Heaven*. Ils montrent la prise par Saladin de Jérusalem tenue par les croisés. Suivent des séries d'entretiens avec des chrétiens qui sont restés sur les nouvelles terres du « califat ». Ils expliquent qu'ils y sont bien traités et qu'ils vivent en sécurité... D'autres séquences montrent la conversion de chrétiens à l'islam. Enfin, pour faire bonne mesure, la vidéo peut s'achever soit par des scènes de massacres de ceux qui n'ont pas « joué le jeu », soit par des destructions de salles de musée ou de symboles chrétiens. En revanche, on ne trouve aucune vidéo qui mette en avant les sourates qui rappellent qu'aucune conversion ne saurait être forcée...

Pour les salafistes terroristes, le christianisme est une monstruosité car elle est à leurs yeux un polythéisme insidieux. Ils incriminent en effet la sainte Trinité des chrétiens : Père, Fils, Esprit. Un seul Dieu en trois personnes, ce qui pour les chrétiens symbolise l'importance de la relation et le fait que Dieu appelle les hommes à un face-à-face avec lui et non à une fusion. L'agressivité contre les chrétiens d'Orient explique leur tragique exode partout où le « califat » s'installe. Dans les années 1960 – par populisme et hostilité à Israël –, les révolutions arabes ont vidé l'Orient de ses juifs[1], dont la chair et l'esprit étaient pourtant totalement incorporés à ce monde. Un demi-siècle plus tard, c'est au tour des chrétiens d'Orient d'être chassés par la terreur, comme d'autres minorités – yézidis, Assyriens

1. En 1956, Nasser chasse les juifs d'Égypte où ils se trouvaient depuis le IIIe siècle avant Jésus-Christ. Ils ont dû partir du pays avec en poche l'équivalent de seulement 200 euros.

Turkmènes chiites, etc. C'est une matérialisation très explicite de ce qui anime le totalitarisme « daechien » : la mise à mort de la différence pour déboucher sur un entre-soi monstrueux, entretenant le dialogue des « mêmes ». C'est le retour des nouveaux barbares. Ils dressent un doigt vers le ciel prétendant agir pour et sous la protection d'un Dieu qu'ils ont défiguré et taillé à leur triste mesure.

« *Allah mit uns* »

Dans son livre *Éden Utopie*[1], Fabrice Humbert retrace longuement l'histoire de sa famille. Certains de ses membres se sont brûlé les ailes à proximité d'Action directe. Il a voulu comprendre pourquoi ce groupe terroriste d'extrême gauche, dans les années 1980, a tenté de faire pendant dans l'horreur à la bande à Baader (Fraction armée rouge) en Allemagne. Ils ont notamment assassiné froidement le contrôleur général René Audran et le président de Renault, Georges Besse. Dans sa quête mémorielle, Fabrice Humbert rencontre une avocate qui a bien connu les membres de la bande française. À sa grande surprise, elle les décrit comme… des « branleurs ». Le terme est bien loin de la vulgate révolutionnaire qui, en France, a vite fait de transformer un « branleur » meurtrier de gauche en héros de la révolution prolétarienne ou de la lutte contre le « néocolonialisme ». Non, c'étaient bien des branleurs, de simples branleurs un peu potaches, embarrassés de leur

1. Gallimard, 2015.

propre vie et donc prompts à prendre celle des autres. Des branleurs dangereux mais surtout des lâches qui ont assassiné des personnes désarmées et vulnérables. Ils ont voulu oublier leur incapacité à régler leurs tourments personnels et familiaux en tirant dans le dos des autres. Tout cela justifié par une cause supérieure et un appareillage intellectuel dont la religiosité intrinsèque fait penser à celle de Daech et de tous les obscurantismes.

Fabrice Humbert souligne le fossé existant entre le constat sans fard de l'avocate et l'aura idéologique dont certains ont tenté d'entourer ces bandes de criminels : « De ce grand écart des interprétations, même si j'ai tendance à davantage croire une personne qui les a vraiment connus, on pourra se contenter de conclure, avec un peu trop de facilité, aux facettes multiples des individus. Et il est vrai que j'ai pu rencontrer assez souvent en banlieue, où j'enseignais, de parfaits "branleurs", pour reprendre les mots de mon avocate, qui se sont révélés de véritables brutes en d'autres situations. Le mal se déchiffre difficilement et surtout j'ai l'impression qu'il se loge partout et nulle part, mêlé parfois de sympathie, de générosité même, de ridicule aussi, apparaissant soudain par une trouée, une crise, de façon imprévisible. »

Branleurs, les frères Kouachi le sont dans leur façon d'opérer. Le jour de l'attaque, ils se trompent de numéro de rue et pénètrent dans un bâtiment voisin de celui de *Charlie Hebdo*. Ils n'ont pas le code de la porte de l'hebdomadaire alors que c'est un jeu d'enfant de l'obtenir. Après leur équipée sanglante – ils viennent de tuer une femme, Elsa Cayat, tout en expliquant à une autre, à terre et terrifiée… qu'ils épargnent les femmes –, ils regagnent leur voiture en faisant les mariols dans la rue et en criant : « On a vengé le Prophète ! » Une de leurs baskets traîne au sol. Ils la mettent dans la voiture où ils oublient une pièce d'identité. Sid Ahmed Ghlam[1], un Algérien de vingt-quatre ans, suspecté d'avoir tué une jeune femme alors qu'il préparait un attentat contre des églises, s'est tiré une balle dans le pied[2]. Il a appelé le Samu. La police – automatiquement prévenue en cas de blessure par balle – n'a eu qu'à suivre les traces de sang pour retrouver la voiture de l'apprenti-tueur. Son coffre était plein d'armes et de gilets pare-balles, tout comme son studio d'étudiant. Cet attentat, prévu pour le lendemain de son arrestation, aurait pu faire des dizaines de morts et de blessés. Tout comme celui du Thalys Amsterdam-Paris. L'apprenti terroriste n'a pu heureusement vider ses neuf chargeurs d'AKM (fusil d'assaut allemand) contenant chacun trente cartouches. Son arme s'est enrayée. Il a, selon toute vraisemblance, commis une erreur dans l'assemblage de l'arme quand il l'a remontée dans les toilettes du train où il s'était enfermé. Mais même branleurs, ces hommes sèment la mort avec jubilation. Il faut se préparer au retour de Syrie de branleurs plus aguerris qui ne commettront pas ces erreurs de débutants. Les attentas de Paris, fin 2015, l'illustrent tristement.

1. Toute son opération a été entièrement pilotée de Syrie avec des relais en France pour les voitures, les caches et les armes.

2. L'arme avec laquelle il s'est blessé est la même que celle qui a servi à tuer la jeune Française.

Il en va ainsi des apprentis djihadistes qui frappent en France : ce sont le plus souvent des branleurs pathologiques, souvent passés par la petite ou moyenne délinquance, anciens fêtards radicalisés prenant la pose sur les réseaux sociaux, exhibant leurs muscles, leur « meuf » – d'abord en maillot de bain sexy, puis en niqab, armée d'une arbalète ou d'un poignard –, leurs armes et leur gilet pare-balles pour se donner une contenance. Incapables de construire leur vie et ayant bien retenu le discours ambiant les positionnant comme des « victimes », enfants de « victimes » (de la colonisation), ce sont des proies de choix pour les agents du nouveau totalitarisme. Ces branleurs sont aussi lâches que ceux de la bande d'Action directe. Pour se donner l'illusion de la toute-puissance, ils tuent les plus vulnérables : des soldats désarmés, un parent et trois enfants juifs dont une petite fille rattrapée *in extremis* par les cheveux (Merah), des touristes, une bénévole et un préposé à l'accueil du Musée juif de Bruxelles (Nemmouche), des journalistes, un policier à terre blessé, un agent d'entretien, des dessinateurs, un correcteur, une psychiatre (frères Kouachi), une policière municipale désarmée, des clients d'un magasin casher (Coulibaly), une professeure de fitness (Glam), un chef d'entreprise (Sahli), etc. Leur perversion est telle que, quand ils le peuvent, ils filment leurs actes pour immortaliser leurs exploits. Mohamed Merah filme son crime avec une GoPro quand il rattrape la petite fille effrayée dont il va faire exploser la tête. Il a dû se repasser en boucle la scène… s'en repaître.

Les forces de sécurité sont également frappées par le nombre d'armes détenues par ces individus. Les policiers l'affirment : « Ils sont armés comme des porte-avions. »

Un haut responsable de la défense notait avant le 13 novembre[1] : « Ils se sont gavés de films de guerre et de jeux vidéo où l'on voit les exploits des forces spéciales ou des Swat[2]. Dans ces fictions, les hommes embarquent toujours des quantités astronomiques d'armes dans des sacs de sport. C'est une sorte de gestuelle mâle de l'avant-combat où le héros va tuer à lui seul des dizaines d'adversaires. Ces apprentis tueurs collent à ces représentations et se font leur cinéma. Les choses se compliqueront avec le retour de Syrie de vrais combattants expérimentés. Ils risquent de faire un peu moins de figuration et un peu plus d'action… »

Avant leur radicalisation islamique, ces jeunes cinéphiles monomaniaques étaient décrits comme sympathiques, plutôt bambocheurs, un peu paumés, souvent sans père. Farhad Khosrokhavar[3] souligne l'importance de ce dernier point : « Le profil de Chérif Kouachi comme celui de Mohamed Merah : des jeunes qui ont habité en banlieue, dans une famille désunie où la violence avait cours, où l'autorité du père faisait défaut et où la religion parentale, très ritualiste, ne correspondait pas à leurs besoins. Ces jeunes se sont donc d'abord désislamisés. Ils dévient vers la délinquance, l'alcool, tout ce qui est interdit par l'islam. Constatant qu'ils sombrent et que leur vie n'a aucun sens, ils font la connaissance d'un personnage charismatique qui va les faire renaître. » Il précise que la radicalisation de ces

1. Entretien avec l'auteur.
2. Special weapons and tactics : forces spéciales de police aux États-Unis.
3. Auteur d'un rapport sur la radicalisation en prison et du livre *Radicalisation* aux éditions de la Maison des Sciences de l'Homme, 2014.

born muslims se fait en prison, sur Internet, par le biais d'amis, mais pas à la mosquée « qui n'est plus un lieu de la socialisation islamiste radicale ».

Quel que soit le type de filet utilisé pour les attraper, Daech raffole de ces profils à trous. Ce sont les futurs tueurs de ses cohortes noires. Eux aussi vont pouvoir dire « *Allah mit uns !* » en mettant à mort des victimes sans défense. Pour Olivier Roy, nous avons affaire au « nihilisme générationnel » d'une jeunesse « fascinée par la mort » : « On constate chez certains un terrain pathologique de morbidité. Avec Daech, ces enfants perdus de la mondialisation, frustrés ou marginaux, se retrouvent investis d'un sentiment de toute-puissance du fait de leur propre violence, de surcroît à leurs yeux légitime[1]. » Une jeune femme azérie, qui va être violée après avoir été achetée pour quelques centaines d'euros[2], interpelle le jeune moudjahidin qui fait ses prières dans un coin avant de passer à l'acte : « C'est mal ce que tu vas faire. Ton Dieu ne veut pas cela ! » Avant de la prendre de force, il lui répond tranquillement qu'elle se trompe, que c'est halal, donc approuvé pleinement par Dieu qu'il va ainsi honorer.

Sans l'avoir lu, il est parfaitement en harmonie avec le théoricien al-qaïdiste égyptien Ayman al-Zawahiri. Ce dernier n'a cessé de lancer ses foudres sur l'Occident, accusé notamment de vouloir punir les bons

1. « Les jeunes djihadistes sont des suicidaires », *L'Express*, 3 novembre 2014.

2. Une femme de 40 ans se négocie pour une cinquantaine de dollars. Une vierge de 14 ans jusqu'à plusieurs centaines d'euros. L'Observatoire des droits de l'homme évoque des transactions allant jusqu'à 1 000 euros pour une jeune fille.

musulmans qui entendent seulement faire valoir leur droit de cuissage sur leur(s) épouse(s) – les plus jeunes ont neuf ans ! : « Un musulman ne peut pratiquer la règle coranique sur son épouse, si elle se détourne de lui et le prive de rapport conjugal [...]. Vous les réprimanderez, celles dont vous aurez à craindre l'indiscipline ; vous les reléguerez dans des lits à part, vous les battrez [...]. Si [le musulman] tente de jouir de son droit sans son consentement, elle peut porter plainte pour viol [en Occident]. Et s'il tente de mettre en œuvre la règle coranique en la battant, c'est la prison qui l'attend[1]. » Pour expliquer sa bonne conscience, le djihadiste violeur aurait pu également citer à sa future proie les propos du porte-parole de l'EI, al-Adnani : « Nous conquerrons votre Rome, briserons vos croix et asservirons vos femmes, avec la permission d'Allah, le Très-Haut. C'est la promesse qu'il nous a faite. » Si de tels propos sont tenus par leurs mentors, pourquoi se priver ?

Fragments d'un discours diabolique

Que se passe-t-il dans la tête d'un jeune paumé, de plus en plus souvent issu des classes moyennes, pour qu'il se radicalise ou se convertisse ? La dimension spirituelle n'est souvent qu'un mince prétexte en vue du passage à l'acte. La connaissance du Coran est souvent dérisoire. Comme le note le professeur Jean-Pierre Filiu : « La Toile est pour le jihad global le vecteur privilégié de diffusion d'une vulgate homicide qui

1. Propos rapportés dans *Le Jihadisme*, *op. cit.*

réduit quatorze siècles de tradition islamique à une poignée de citations assénées en boucle et hors de leur contexte[1]. » Alors, quels sont les sédiments qui se déposent dans leur tête-gruyère à la lecture des revues *on line* bien faites et des documents postés sur les réseaux sociaux par les équipes de communication de la nébuleuse djihado-terroriste ?

Le message délivré par l'État islamique et ses affidés est martelé sans fin, et il finit par être persuasif. En substance, le voici : « Tu as le sentiment que ta vie est une vie ratée. Mais sache qu'il y a un complot mondial contre toi et contre tous les musulmans depuis la nuit des temps. C'est pour cela que tu as le sentiment d'une vie sans consistance alors que tu es destiné à participer à la plus belle des aventures sous le regard d'Allah, le Très-Haut. Tu y parviendrais sans difficulté si ce complot des grands et petits Satan ne cherchait à t'en empêcher ». À ce stade du propos, les exemples donnés collent à l'actualité du pays où se trouve la proie. « Si tu veux changer d'état, retrouver ta vraie nature d'élu confisquée par les mécréants, les juifs et les croisés, si tu veux passer du dominé au dominant, défendre la seule et vraie foi en Allah, rejoins-nous ! Nous t'offrons la métamorphose absolue dont tu rêves secrètement depuis toujours : celle du combattant purifié par le feu de Dieu. Tout ce que tu as souhaité, seul et tremblant devant ton écran d'ordinateur, t'est désormais offert pour la plus grande joie d'Allah et de la communauté des croyants. » C'est, en résumé, ce que l'on trouve dans le corpus idéologique de Daech.

1. « L'expansion du cyberjihad », *Akfar/idées*, décembre 2007 p. 60-62.

Pour faire bonne mesure et emporter les convictions qui seraient encore flottantes, le discours djihadiste développe deux rhétoriques dont l'impact est puissant auprès de l'ouma ou des personnes en voie de conversion : la diabolisation et l'eschatologie. Si l'on veut être résolument du côté de Dieu, il faut identifier clairement qui est du côté de son adversaire, Satan. Les islamistes proposent des grilles de lecture simples et accessibles à tous pour identifier la ligne de démarcation. « Il y a là un point essentiel de mes recherches en ethnopsychiatrie : l'idée du diable, en arabe *sheitan*[1] », explique Tobie Nathan, né en Égypte d'une famille juive, qui travaille en France et campe à la croisée de l'anthropologie et de la psychologie. Il ajoute : « Selon la croyance musulmane, Satan murmure (*weswes* en arabe) dans la tête des gens. Et qu'est-ce qu'il murmure ? "Tu pourras jouir de tous les biens matériels", "Tu pourrais devenir riche", "Tu pourrais être comme les Européens". L'Occident est le monde de la facilité, de l'abondance, de l'apparence, de l'abandon moral ; ce n'est pas la voie droite et juste qui conduit au Ciel. Donc si l'on veut lutter contre le diable, il faut combattre l'Occident. Cette idée est d'une puissance prodigieuse et elle explique ce qui se passe chez nous, parmi les populations issues de l'immigration musulmane. L'acquisition de l'aisance matérielle – avoir un emploi, un logement, des appareils ménagers modernes, une vie de loisirs – ne satisfait pas certains esprits qui restent persuadés, quant au fond, que tout cela est mauvais, "diabolique". »

1. *L'Express*, 9 au 15 septembre 2015.

Cette analyse fine est corroborée par l'itinéraire de certaines figures emblématiques de la conversion radicale salafiste. Après avoir beaucoup « pêché » – showbiz, argent, exposition de la nudité, drogue et belle voiture –, on les retrouve cernés de noir et de repentance pour avoir écouté Satan. Ils ont trouvé la voie ! C'est pourquoi la marche arrière est si difficile à enclencher et que les entourages ne comprennent pas comment une métamorphose aussi radicale a pu être possible. On prend souvent à la légère la sémantique djihadiste qui dénonce « grands et petits Satan » à chaque détour de phrase. Cela a un sens très précis et fait écho dans bien des têtes troublées à la peur des « diableries » de l'Occident et de ses alliés musulmans apostats.

La rhétorique apocalyptique est omniprésente dans la logorrhée djihadiste. Elle nous semble terriblement datée, hors de saison, paranoïaque. Et pourtant elle séduit des étudiants, des fils et des filles de bonne famille ou des classes moyennes du monde occidental que l'on pensait à des années-lumières de cet univers fantasmagorique. Pour les djihadistes, les signes abondent dans les écritures saintes qui annoncent la fin des temps : les mécréants et les apostats sombreront dans le chaos définitif tandis qu'Allah sauvera les *bons* musulmans. Il s'agit donc d'être dans le camp des « sauvés ». La mort, dans une bousculade, de plus de sept cents pèlerins de La Mecque, à l'automne 2015, a été perçue par eux comme un signe supplémentaire de la colère divine contre les Saoud, détenteur du titre usurpé de protecteurs des lieux saints.

Deux types de signes annonciateurs de la chute prochaine du monde, tirés du Coran ou des hadiths du

Prophète, prospèrent sur la Toile à destination des pieux musulmans et des convertis : le premier évoque le dérèglement des sociétés modernes ; le second concerne l'affrontement final entre croyants et infidèles[1].

« La piété laissera place à l'orgueil et la vérité aux mensonges, tandis que les pratiques licencieuses, telles que la musique, la consommation de vin, l'usure, l'adultère, l'homosexualité et la soumission des hommes à leurs femmes prévaudront. Le sexe sera pratiqué dans les lieux publics, les mariages entre cousins céderont la place à des unions extrafamiliales, et il n'y aura plus d'imams pour conduire la prière des fidèles. »

« L'heure [de la fin du monde] ne viendra pas tant que les événements suivants n'auront pas eu lieu : les hommes se concurrenceront dans l'élévation des constructions ; deux groupes importants se livreront bataille, il y aura entre eux une guerre terrible ; cependant ils se réclameront du même enseignement religieux ; les tremblements de terre augmenteront ; le temps passera plus vite ; afflictions et meurtres augmenteront [...] »

Pour L'État islamique, « l'heure » est donc venue. L'exégèse de ces textes sacrés est simple à ses yeux : l'élévation des constructions est celle du pullulement des gratte-ciel[2] dans le monde occidental et dans les pétromonarchies (y compris à La Mecque), les deux

1. *The Islamic Understanding of Death and Ressurection*, Oxford University Press, 2002.

2. Est-ce pour cela que Ben Laden a visé les tours jumelles de New York ?

religions qui se livrent bataille sont le christianisme des croisés (aidés des apostats chiites) et le sunnisme intégral ; tsunamis et tremblements de terre se multiplient ; Internet accélère le flux du temps. Quant à l'« affliction et aux meurtres », Daech s'emploie à donner corps à cette ultime condition pour qu'un chaos divin vienne séparer le Bien du Mal. La création du « califat » serait donc le prélude divin à l'apocalypse punitive qui séparera le bon grain de l'ivraie. Mais avant cela, selon une prophétie de Mahomet, le « camp des saints musulmans » aura la joie de voir celui des croisés écrasé dans la ville de Dabiq[1] qui se situe dans la région d'Alep. C'est notamment pour cette raison que la capitale de l'État islamique a été installée à quelques encablures de cette ville syrienne, et non à Mossoul – une ville plus importante –, en Irak. Quant à l'esclavage sexuel, il est justifié dans la littérature djihadiste par un hadith du Prophète qui explique que l'apocalypse surviendra le jour où « une esclave donnera naissance à son maître ».

Pour Malise Ruthven, spécialiste anglo-irlandaise de l'islam, il faut absolument intégrer cette dimension apocalyptique dans notre compréhension de son impact sur une jeunesse mondialisée en quête de repères et d'idéal absolutisé : « Tant que nous n'aurons pas correctement reconnu cette tradition et la façon dont elle a été reconfigurée sur Internet pour que des milliers de jeunes

1. « L'étincelle a été allumé en Irak et est devenue un feu qui brûlera, par la volonté d'Allah, jusqu'à ce qu'il ait consumé les armées de la Croix à Dabiq », scandait le djihadiste jordanien al-Zarkaoui à l'époque de la guerre contre les Américains en Irak. Voir *Au cœur de l'armée de la terreur*, Michel Weiss et Hassan, Hassan. Hugo et Cie, 2015.

du monde entier s'y reconnaissent, nous aurons beaucoup de mal à réaliser l'objectif du président Obama : la destruction de Daech et l'éradication de ce qu'il appelle un cancer[1]. » C'est poser le problème au bon endroit, car l'extension du domaine de la guerre touche le mental et la psychologie de milliers de jeunes en perdition.

Dans le même sens, l'anthropologue Dounia Bouzar a fait un remarquable travail de décryptage des racines de la radicalisation islamo-terroriste[2], en se penchant notamment sur le cas d'une jeune fille française, Adèle, âgée de quinze ans, fille d'un couple d'intellectuels parisiens que le décès d'une parente très proche avait beaucoup affectée. Elle avait été « accrochée » sur Internet par un recruteur d'al-Qaida. Elle a été tuée en Syrie sous le nom d'Oum Hawwa (« mère d'Ève ») après avoir épousé un moudjahidin.

Dounia Bouzar cite le message d'adieu d'Adèle à sa mère :

« Mamaman à moi

[...] C'est parce que je t'aime que je suis partie.

Quand tu liras ces lignes, je serai loin. Je serai sur la Terre Promise, le Sham[3], en sécurité.

Parce que c'est là-bas que je dois mourir pour aller au Paradis.

1. « Pourquoi Daech envoûte les jeunes européens », *Books*, septembre 2015.

2. *Ils cherchent le paradis, ils ont trouvé l'enfer* et *Comment sortir de l'emprise « djihadiste »*, Les éditions de l'Atelier, 2014 et 2015.

3. Le Levant compris comme la « grande Syrie », englobant une partie de l'Irak et même de la Turquie.

[…] J'ai été choisie et j'ai été guidée. Alors je sais ce que tu ignores : nous allons tous mourir, punis par la colère de Dieu.

C'est maintenant la fin du monde, mamaman.

On a trop laissé de misère, on a trop laissé d'injustices…

[…] Et tous les humains vont finir en enfer.

Sauf ceux qui ont combattu avec le dernier Imam au Sham,

Donc sauf nous. »

Un jour, ses parents ont reçu un SMS envoyé du portable de sa fille : « Oum Hawwa est décédée aujourd'hui. Elle n'a pas été choisie par Dieu. Elle n'est pas morte en martyre : une simple balle perdue. Espérez qu'elle n'aille pas en enfer. »

Fragments d'un discours amoureux

À quoi rêvent les jeunes filles le soir au fond de leur lit, avant de partir pour le djihad ? Pour le chercheur Farhad Khosrokhavar, elles trouvent leur compte dans l'offre islamiste alors qu'elle nous apparaît comme complètement archaïque et de nature à dissuader des jeunes : ces filles « ressentent profondément la nature non fiable des jeunes mâles [occidentaux] qui les entourent. La libération sexuelle a eu pour conséquence le chacun-pour-soi de la femme et de l'homme, avec en supplément le rejet par l'homme de tout engagement durable au nom de la sacro-sainte autonomie de l'individu affranchi des contraintes. Les jeunes filles trouvent dans les hommes qui rejoignent le djihadisme une virilité et surtout une sincérité dans l'affrontement de la mort qui en font des compagnons idéaux, susceptibles de respecter la femme de la même façon qu'ils respectent les convictions pour lesquelles ils sont prêts à sacrifier leur vie. La logique de l'émancipation sexuelle entraîne une méfiance vis-à-vis de l'autre que seul le baptême de la mort peut éradiquer. Mai 68 était hédoniste à fond, le djihadisme est comme le contrepoison de la jouissance des sens. Il se veut mortifère et spirituel, spirituel parce que mortifère [...][1]. »

Mais pour céder aux charmes de ce chant mortifère, encore faut-il que les jeunes filles de l'ère post-soixante-huitarde trouvent les lieux où être *enchantées*... Daech veille à cela. Reprenant et améliorant les manuels de conversion établis par al-Qaida, ses équipes de manipulation psychologique font de la prospection directe sur les réseaux sociaux selon des protocoles précis et efficaces. L'*International New York Times*[2] est parvenu, à partir d'un cas concret, à démonter les différentes séquences de manipulation sectaire qui peuvent transformer une gentille jeune fille catholique d'une région rurale américaine (État de Washington) en une recrue potentielle de l'État islamique.

Alex, la jeune femme en question, âgée de vingt-trois ans, fait du baby-sitting et enseigne le dimanche dans sa paroisse. Elle ne connaît aucun musulman dans son entourage. Elle vit chez ses grands-parents. Ils l'ont élevée après la déchéance en droits parentaux de sa

1. *Le Jihadisme*, *op. cit.*
2. « ISIS and the young American : How radicals lure the lonely », 29 juin 2015.

mère, droguée et alcoolique. Le journal américain notait qu'Alex avait été fragilisée par le fait que sa mère buvait quand elle l'attendait (son psychologue parle de « syndrome d'alcoolisme fœtal ») et parce qu'elle n'avait pas connu son père.

Les journalistes de l'*International New York Times* ont eu accès à l'ensemble des e-mails, des tweets et des échanges entre Alex et ses officiers traitants de l'État islamique. Le premier pas est fait par curiosité par Alex elle-même. Elle est très choquée quand elle découvre dans la presse le martyre du journaliste américain James Foley, décapité par l'État islamique. Ce qui devrait créer un réflexe de répulsion indestructible vis-à-vis de cette mouvance va peu à peu s'effacer. Alex navigue sur des sites islamiques pour poser des questions sur la mort de Foley. Elle est indignée. On lui répond pour tester son degré d'opposition. Quand ses interlocuteurs estiment qu'elle est sincère dans sa démarche de compréhension, les messages se font de plus en plus amicaux. Le travail de lavage de cerveau commence en douceur, puis s'accélère. L'un de ses interlocuteurs se présente comme un combattant de l'EI, Monzer Hamad, présent en Syrie. Cela ne met pas Alex en état de défiance. Hamad va passer plusieurs heures par jour à « chater » avec la jeune femme qui a le sentiment de n'avoir jamais fait l'objet d'autant d'attention et de prévenance. Hamad se conforme aux directives de recrutement qui demandent d'investir massivement psychologiquement la personne ciblée. Quand elle commence à donner des signes d'adhésion, il lui est demandé de ne pas en faire état auprès de son entourage. La thèse du « complot contre les musulmans » est mise en avant pour éviter qu'une personne en cours de radicalisation ne rencontre de vrais docteurs de la foi qui lui ouvriraient les yeux.

À ce stade du harponnage, Hamad va passer la main à un autre personnage, Faisal Mostafa, qui doit achever le mouvement de dérive sectaire qui vise Alex. Cette fois-ci, les échanges se font via Skype. Mais il lui est demandé de basculer la webcam vers le bas, question de « pudeur musulmane », lui dit-on pour un échange femme-homme… Alex a une vie de plus en plus schizophrénique, continuant à aller à l'église tout en se radicalisant progressivement. Vient le temps de la conversion. Elle est mûre. On lui indique la marche à suivre : il suffit qu'elle prononce la phrase : « Il n'y a de Dieu qu'Allah et Mahomet est son messager » devant deux musulmans « honnêtes » pour être convertie. Comme elle n'en connaît aucun, il lui est demandé de poster simplement sur le Net sa proclamation de foi et attendre que deux musulmans authentiques la valident par la même voie. Rien de très compliqué !

Mais un incident grave se produit. Une personne, ouvertement soutien de l'État islamique, accuse Alex sur le Net d'être en fait une « espionne » cherchant à infiltrer l'EI. Émoi de la jeune fille profondément déstabilisée par ce rejet de sa nouvelle famille et ces accusations injustes. Elle est sidérée et blessée, donc encore plus dépendante. Son officier traitant, Faisal, la rassure très vite en lui écrivant : « Vous êtes une belle personne avec un beau caractère. Par bien des façons, vous êtes meilleure que nombre de prétendus musulmans de naissance. » Le piège se referme car la mise en accusation a été évidemment lancée par Faisal lui-même pour mieux ferrer la jeune proie désormais prête à donner tous les signes d'allégeance à son confident, à ce « père », ce « frère » qui la comprend si bien. Il lui est alors proposé de se marier… avec un bon musulman de quarante-cinq ans. Elle est prévenue que ce n'est pas un très beau garçon. Démarche honnête, se dit-elle sans doute. Pour le rencontrer et l'épouser, elle doit se rendre en Autriche avec un parent garant. Faisal sera là pour faire les présentations. Les deux billets d'avion pour l'Europe lui sont offerts. Elle propose de venir avec son jeune frère de onze ans. La proposition est immédiatement acceptée. Une recrue potentielle de plus.

Ce sont les grands-parents, inquiets de l'évolution de leur petite-fille, qui découvrent le pot aux roses et alertent la presse et les services de l'État. Malgré le blocage de tous ses accès aux réseaux sociaux, Alex cherchera à reprendre contact plus tard avec Faisal… via le compte Skype familial qui n'a pas été fermé.

Des jeunes filles comme Alex, quand elles n'ont pas la chance d'avoir été protégée *in extremis* par leur famille, vont servir ensuite d'épouse de moudjahidin (à la courte espérance de vie), corvéable à merci. Les plus motivées, soucieuses d'égaler les hommes dans le sacrifice suprême, finiront kamikazes. Les autres devront mettre au jour les nouvelles générations de djihadistes, pris en main dès le berceau comme le faisaient les nazis avec les pouponnières SS. Celles qui ont survécu à un attentat suicide, interrogées en prison, ne comprennent même pas pourquoi on les interroge sur l'horreur de leur crime et sur sa non-conformité avec l'islam. L'envoûtement est complet. Après avoir été détachées de leur famille, devenues étrangères à leur monde, vides de toute empathie pour ceux qui n'appartiennent pas à la secte, elles n'avaient pas de difficulté à supprimer la vie d'autrui au nom d'un commandement « supérieur ».

La journaliste française Anna Erelle a publié un livre passionnant[1] où elle explique son infiltration du mouvement djihadiste via la Toile salafiste. Elle bénéficie depuis d'une protection policière. Elle a voulu savoir comment l'e-recrutement de l'État islamique fonctionnait en se faisant passer pour une proie potentielle. Sans grande difficulté elle se retrouve en contact avec un combattant d'al-Baghdadi en Syrie. C'est un Français gonflé de prétention, phallocrate et assez facile à manipuler. L'homme est plus expéditif que l'officier traitant de la jeune Américaine car il propose de l'épouser au bout de trois jours. Elle est noyée sous un flot de propos qui mêle la religion, l'autocélebration, l'amour et l'appel à l'engagement. « On raconte aux filles qu'elles vont faire de l'humanitaire, s'occuper des enfants orphelins. Les garçons, on les appâte à grand renfort d'uniformes, de vêtements de marque et de kalachnikovs… Sur la Toile, on appelle aussi aux attentats et aux meurtres. De très jeunes gens ont accès à cette idéologie, qu'ils partagent sur les réseaux sociaux sans même s'en rendre compte », explique la journaliste[2] qui, depuis, s'est mise au vert. Elle rapporte dans son livre le type d'échanges qu'elle avait noués ingénument avec ce chef djihadiste français empressé à la faire venir au Sham :

1. *Dans la peau d'une djihadiste*, *op. cit.*
2. *Le Point*, 16 janvier 2015.

« Mais tu vas venir… Tu verras, tu vas te constituer ton petit monde et tu démarreras une nouvelle vie pleine de bonheur. Tu avais l'air d'aimer mes armes l'autre jour. Alors à ton arrivée, tu prendras des cours de tir pendant une à deux semaines selon ton niveau.

— Pour me défendre ou tuer des mécréants ?

— Ça dépend. Tu peux tuer, tant que tu enlèves au monde une vie humaine qui ne respecte pas Allah. Il n'y a rien de mal à ça, au contraire, il le faut. Quand une femme est mariée, elle a le droit d'accompagner son époux sur le front. Quelquefois, on laisse nos chéries tirer, ça les éclate ! En général, elles aiment bien filmer nos échanges avec les ennemis.

— Ça veut dire que j'ai le droit de retirer la vie de quelqu'un, si j'estime qu'il n'applique pas les lois islamiques ?

— Exactement. Les kouffar [infidèles], c'est haram, on a le droit d'en faire ce qu'on veut. Tu peux les brûler, les étrangler, du moment qu'ils connaissent une mort atroce, ainsi tu rends service à Allah. Inch'Allah. […] La journée, quand je serai au combat, le matin, tu peaufineras ton arabe et, l'après-midi, tu feras ce que tu veux. Soit traîner avec tes sœurs, soit visiter des hôpitaux et des orphelinats pour aider les enfants.

— Ah bon, j'ai le droit de sortir avec des amies, si aucun homme ne nous accompagne ?

— À la condition que tu te tiennes dignement. Les converties européennes, de toute façon, vous êtes les plus ouf. Dès que vous arrivez vous voulez tout de suite avoir une kalach et vous en servir.

— J'aurai beaucoup de sœurs françaises à rencontrer ?

— Mais plein ! Surtout des Belges et des Françaises. Ce sont les plus nombreuses. J'te jure, elles sont limite pire que nous ! La mode pour elles, en ce moment, c'est la ceinture d'explosifs autour de la taille.

— Pour jouer les terreurs ?

— Ouais, ou surtout pour se faire exploser si besoin.

— …

— Un dernier truc avant que j'oublie, bébé. Très très important… Tu dois être couverte de la tête aux pieds ainsi que gantée. »

Ces histoires sont celles de milliers de familles à travers le monde. Le mécanisme de prise en main sectaire est éprouvé depuis longtemps. Le « califat » a su le mettre au goût du jour et surfer sur l'isolement et la solitude de jeunes qui comptent des centaines d'amis virtuels sur leur compte Facebook. Ils rêvent de renouveau spirituel dans un univers sans transcendance. Ils ont soif d'héroïsation dans un monde sans héros. Le « califat » leur offre ces ersatz monstrueux qu'ils gobent avec avidité et sans aucun discernement. Le témoignage de ceux qui en sont revenus, notamment les chrétiens convertis à l'islam, souligne l'attractivité d'une religion qui, selon eux, leur dit où se trouve la limite droite et gauche (halal-haram, licite-illicite), et balise la vie par une foultitude d'interdits. Cela les rassure en comparaison de sociétés sans bornes ni repères. Ils rejettent l'autonomie qui les tétanise et optent pour son contraire, l'hétéronomie. Elle fonctionne comme une drogue dure et libère leurs pulsions bestiales en effaçant le contrôle de la conscience. Ils sont devenus étrangers à eux-mêmes, étrangers à la patte humaine. C'est pourquoi, il est important de maîtriser notre propre discours afin de ne pas alimenter sans le vouloir leur paranoïa.

Chut, l'ennemi vous écoute !

La traque des frères Kouachi et le siège de Coulibaly, en janvier 2015, ont donné lieu à des dérapages médiatiques sanctionnés par le Conseil supérieur de l'audiovisuel. Cela ne veut pas dire que les journalistes n'ont pas fait attention. Maints témoignages attestent de leur volonté de se garder de devenir, sans le savoir, des agents de propagande des tueurs. Ils ont pris des précautions, c'est indéniable. Mais les faits sont là. Entre des informations irresponsables qui menacent la vie d'otages ou le fait de chercher à tout prix à joindre au téléphone les terroristes, nombre de médias n'ont pas suffisamment pris en compte cette notion d'« état de guerre psychologique ».

L'un des conseillers du ministre de la Défense, Sacha Mandel, furieux et consterné, a découvert, le jour de la mise hors de combat des frères Kouachi, une application routière pour smartphone qui indiquait précisément depuis la veille, avec des jolies couleurs, tous les barrages des forces de l'ordre dans le périmètre de sécurité mis en place pour les arrêter[1]... Sans verser dans la psychose ni la paranoïa, c'est toute notre société qui doit changer de comportement et de « logiciel » pour prendre la mesure de l'extension du domaine de la guerre. Ce message s'adresse aussi... aux forces de

1. Entretien avec l'auteur.

l'ordre. Tout le monde n'a pas encore vraiment saisi que l'espace de communication est un espace de bataille, et qu'il n'est donc pas possible de communiquer n'importe quoi, de ne pas mesurer l'impact de ce que l'on montre ou ce que l'on dit car des esprits fragiles regardent et écoutent.

Mars 2012, le patron du Raid[1], Amaury de Hauteclocque, parle. C'est un grand flic, au sens propre comme au sens figuré. Il porte en plus un grand nom, celui du général Leclerc. Il veut valoriser le comportement de ses hommes lors de l'assaut contre Mohammed Merah. L'action contre ce terroriste, tué dans son appartement aux termes d'un long siège, est critiquée *mezza voce*, notamment par le GIGN[2], les gendarmes d'élite. Ces derniers estiment que le Raid n'avait ni la stature ni les savoir-faire, notamment en matière d'utilisation d'explosifs, pour faire face à un terroriste prêt au martyre. Il y a, selon eux, une différence de nature profonde entre la lutte contre le grand-banditisme – le pain quotidien du Raid – et celle contre le terrorisme urbain à vocation kamikaze. Les événements de janvier 2015 ont montré que GIGN, Raid et BRI[3] ont su travailler ensemble pour mettre hors d'état de nuire trois djihadistes fanatiques. Le problème ici concerne plutôt la faiblesse de la formation de certains grands chefs à la communication de guerre.

Sur France 2, que dit Amaury de Hauteclocque, à qui on ne saurait dénier ni l'intelligence ni le courage ? Pour mettre en valeur la maîtrise de ses policiers d'élite

1. Recherche, assistance, intervention, dissuasion.
2. Groupe d'intervention de la gendarmerie nationale.
3. Brigade de recherche et d'intervention.

– frustrés par les critiques feutrées qui courent Paris et les rédactions –, le chef du Raid souligne la difficulté de la tâche, celle d'aller chercher dans un appartement de trente mètres carrés un homme surarmé et décidé à mourir dans son camp retranché. Sa communication est défensive. Elle met longuement en avant le fait que le Raid a agi en état de légitime défense, utilisant d'abord des armes non létales. Rappelons que Merah a assassiné sept personnes, dont trois enfants, et en a blessé six. C'est donc une erreur de communication en temps de guerre car ce chef donne l'impression de s'excuser. Toute impression de « fragilité » est interprétée par l'ennemi comme un aveu de faiblesse. Ce sentiment se confirme avec une phrase qui, là aussi, se trompe gravement d'objectif : « C'est la première fois de ma vie, ainsi que pour mes hommes, que nous avons observé un individu monter à l'assaut de notre propre unité. » Le patron du Raid veut encore une fois souligner à quel point ses hommes ont eu à gérer une situation dangereuse et difficile. Ce qui est incontestable. Il ne voit pas qu'il donne au passage du grain à moudre à ceux qui justement pensent que son unité n'était pas adaptée à ce type de combat, et qu'elle n'a eu cet honneur qu'à cause du tropisme policier viscéral du président Nicolas Sarkozy. Ce point est certes assez subliminal, mais il n'en est pas moins contreproductif par rapport à l'un des objectifs initiaux de sa prise de parole.

Le point crucial est ailleurs. Il est dans ce que comprend, en l'écoutant, un jeune Français déjà fragilisé par la propagande de Daech. Il a vu les images télévisées des unités du Raid, impressionnantes dans leur tenue et cagoule noires, surarmées, en grand nombre, pliant bagages après la fin de l'assaut. Il met alors en rapport la phrase du patron du Raid et l'impression de puissance que dégagent les policiers d'élite. Que se dit-il alors dans sa tête si elle est déjà gangrenée ? Merah est « monté à l'assaut » seul contre tous, armé de sa foi en Allah et d'un armement dérisoire face à l'armada de professionnels qu'il avait devant lui. Il est mort en combattant et en martyr. Il a tenu tête ! D'autres reportages conforteront cette perception : ils montrent le petit appartement où il s'était retranché, constellé d'impacts de balles. Traduction mentale d'un jeune fragile : ils ont dû tirer des centaines de balles pour l'abattre, lui le soldat solitaire d'Allah. D'autres – encore spectateurs avant d'être peut-être tentés de devenir acteurs à leur tour – se souviennent également de ce propos d'un gradé du Raid, lors des opérations contre l'appartement retranché. Il expliquait aux journalistes qu'il avait dû retirer un de ses hommes « choqué » après un assaut. Le policier du Raid a utilisé un terme technique signifiant que son homme avait essayé un tir de Merah dans son gilet pare-balles, ce qui avait sauvé sa vie mais provoqué un *choc* puissant qui l'avait mis hors de combat un temps. Ce que les Français ont compris, cependant, c'est qu'un homme d'élite avait été « déstabilisé » par l'horreur du combat imposé par un homme seul et n'ayant pas de passé de combattant. Ce type d'information mal maîtrisée est anxiogène pour le grand public et valorisant pour les « branleurs ».

Le tueur d'enfants est devenu un héros de la Toile et des cours d'école. Il le serait sans doute devenu de toute façon. Mais autant ne pas alimenter par des maladresses verbales la machine propagandiste djihadiste. L'admirable mère de l'une des victimes de Merah – un militaire mort debout, ayant refusé de s'agenouiller devant lui –, Latifa Ibn Ziaten, multiplie depuis 2012 les rencontres, les conférences, les voyages pour témoigner, prêcher la concorde et rapprocher les communautés. Il lui est arrivé, dans certaines banlieues, de voir dès sa prise de parole des jeunes d'origine maghrébine partir. Surprise, elle s'est renseignée, se demandant ce qui avait bien pu choquer alors qu'elle n'avait dit que quelques mots pour se présenter. Ces jeunes sont partis quand ils ont compris leur méprise : ils pensaient être venus entendre avec admiration… la mère du « héros Merah ». Cette mère, même musulmane, ayant perdu son fils dans des conditions atroces ne les intéressait pas. À l'école, les enseignants s'arrachent les cheveux : « Qu'ils soient issus de familles aisées ou précaires, ces élèves sont pétris d'idées reçues sur les Français et les djihadistes. Plusieurs prennent Mohamed Merah pour un martyr, et lancent innocemment : "Vous trouvez normal, madame, qu'il ait été tué par des flics ?" Et lorsqu'on leur apprend que Merah a tué des enfants dans une école, ils refusent d'y croire, criant une nouvelle fois au complot[1]. »

Le 14 juillet 2015, GIGN, Raid et BRI, côte à côte, défilent sur les Champs-Élysées, très applaudis par la foule. Ils sont légitimement mis à l'honneur après leur action pour la mise hors de combat des terroristes de janvier. La veille, dans une longue interview à un quotidien, le chef de la BRI, Christophe Molmy, raconte

1. Témoignage recueilli par *Le Point*, janvier 2015.

par le menu l'assaut donné contre l'Hyper Cacher, le 9 janvier. Cela permet, bien sûr, de mesurer l'extrême courage de ces hommes qui auraient pu tous mourir dans l'explosion des vingt bâtons de dynamite que Coulibaly y avait disposés. Mais en même temps, il révèle de nombreux détails sur le montage de l'opération et, notamment, sur la façon précise dont l'un des négociateurs a manipulé psychologiquement Coulibaly au moment de l'assaut. Certes on peut espérer que les branleurs ne lisent pas de quotidien. Mais il faut savoir que d'autres le font pour eux : les djihadistes opèrent des veilles médias à la fois pour recueillir du renseignement et cibler des personnes ou des groupes de personnes à atteindre. Il faut donc être extrêmement prudent et veiller à la sécurité opérationnelle. Ce qui n'exclut pas d'expliquer un certain nombre de choses très maîtrisées au grand public quand il s'agit d'opérations de contre-terrorisme. Dans un contexte de guerre – le nôtre –, la communication est un vecteur armé puissant. Il faut en prendre conscience alors que nous sommes habitués à être des consommateurs boulimiques d'informations.

La panne américaine

C'est sans doute un signe, il y a, jusqu'à présent, un quasi-absent dans ce livre : c'est l'Amérique… Elle devrait pourtant peser sur bien des dossiers évoqués. Elle tente de le faire mais elle dégage un sentiment de fébrilité qui ne colle pas avec sa stature. Les États-Unis restent la première puissance économique et militaire mondiale. Où se cache la faille ? Ou pour formuler la question autrement : y a-t-il un pilote dans *Air Force One* ? Le quarante-quatrième président des États-Unis, Barack Obama, achève son second mandat avec un bilan pour le moins mitigé. Certes, l'année 2015 lui a offert un sursaut d'autant plus surprenant qu'il a dû manœuvrer avec un Congrès hostile : accord sur le nucléaire iranien, rétablissement des relations diplomatiques avec Cuba, chômage au plus bas. Pour le premier dossier, il n'a pas été seul à négocier. Même s'il fut leader, il a dû partager ce succès avec les autres membres permanents du Conseil de sécurité et l'Allemagne. Pour Cuba, il faut souligner le rôle essentiel joué par la diplomatie vaticane. Mais même si on lui fait crédit de ces avancées, son bilan est loin du compte par rapport aux espoirs suscités. Ce président charismatique, premier Noir à la Maison-Blanche, laisse dubitatif sur son sens politique et sa capacité de décision stratégique. Les États-Unis d'Obama sont-ils en panne d'inspiration et de volonté ?

Barack Obama est-il trop intelligent ? La question est volontairement provocante. Elle souligne le fait que, parfois, trop d'intelligence cérébrale et pas assez d'instinct vital nuit à la capacité à prendre des décisions pertinentes sous haute tension. L'historien Jules Michelet soulignait que le général prussien Brunswick était, au XVIIIe siècle, l'un des généraux de son époque les plus cultivés, les plus avisés et les plus intelligents… et qu'à cause de cela il était fort hésitant. Le compliment vaut pour le brillant juriste Barack Obama. Déjà, au début de son premier mandat, il s'était montré très pusillanime sur le dossier afghan. Alors que son général en chef, le général McChrystal, lui demandait des renforts significatifs pour un sursaut avant le retrait de la coalition, Barack Obama avait mis des mois avant de prendre une décision, pour finalement couper la poire en deux. De quoi mécontenter les partisans du renfort comme ses adversaires. Son prix Nobel en bandoulière, élu pour mettre un terme à l'engagement américain en Irak et en Afghanistan, le commandant en chef de la plus grande armée du monde se montre pour le moins embarrassé avec ces questions, consommant au passage nombre de conseillers. En trois ans, le ministre français de la Défense, Jean-Yves Le Drian, constate qu'il a déjà connu trois secrétaires d'État.

On a déjà évoqué le recul américain sur l'arsenal chimique syrien, catastrophique en termes d'image et de puissance de la parole présidentielle. Ce fut une faute grave dont les États-Unis payent le prix fort. La suite semble confirmer une grande difficulté du président Obama à prendre des décisions dans le brouillard de la guerre. Les États-Unis sont passés d'un foudre de guerre dangereux et messianique, Bush, à un juriste, pacifiste bon teint rêvant d'un monde sans armes nucléaires, Obama. On ne peut lui reprocher cette idée séduisante, mais malheureusement hors de saison, notamment à cause des tensions russo-américaines, des facéties nord-coréennes et des doutes sur la sincérité de l'Iran, même si on peut tabler sur une pause nucléaire de quinze ans.

Le défaut de vision et de stratégie de la Maison-Blanche est pointé du doigt par de nombreux observateurs, y compris américains. Ainsi le général Michael Barbero, un des anciens officiers généraux engagés en

Irak à l'époque du sursaut, fait un constat sévère : au Moyen-Orient, « il faut un leadership américain et une stratégie régionale. Mais malheureusement, je n'ai nullement le sentiment que ce soit une priorité pour notre président. Créer une coalition, convaincre les Russes, convaincre les sunnites de s'engager, tout cela est crucial. Mais dans mes voyages à travers le Moyen-Orient, j'entends partout la même question : où sont les États-Unis[1] ? ».

Sur le dossier central du cancer Daech, les erreurs de Washington ont été nombreuses. L'administration Obama semble aussi perdue que l'administration Bush au moment de la guerre d'Irak. L'un dans un registre pacifiste, l'autre belliciste. Circonstances atténuantes, l'actuel président n'est pas responsable du chaos. Mais s'il persiste dans l'erreur, il le sera de la poursuite de la gangrène djihadiste. Loin de nous l'idée de dire que c'est simple et que les « y a qu'à, faut qu'on » suffisent. Néanmoins, dès 2014, Obama se signale par une légèreté et une suffisance que le recul du temps rend pathétique. Interrogé, le 7 janvier 2014, par le *New Yorker* sur l'émergence d'un nouveau groupe terroriste appelé « État islamique en Irak et au Levant », il rassure le journaliste sur le caractère anecdotique de cette formation et sur le fait que ce nouveau venu est tout sauf une menace sérieuse. Pour faire bonne mesure, avec un grand sourire, il prend une image qui se veut humoristique et qui va se révéler désastreuse. Il explique que ce n'est que l'équivalent d'une « équipe B lycéenne de football » Le problème est que cette petite équipe de

1. *Le Figaro*, 22 mai 2015.

série B vient de conquérir la ville irakienne de Falloujah (sunnite). Or les rues de cette ville ont été rougies du sang des GI. Ils ont dû s'y reprendre par deux fois, quelques années auparavant, pour l'arracher à al-Qaida à la suite de combats homériques, au sens fort du terme. Cette bataille figure depuis au panthéon des grands combats de l'histoire militaire américaine[1]. Le moins que l'on puisse dire, c'est que les services américains n'ont pas perçu le potentiel de cette « petite équipe ».

L'impression de confusion qui prévaut dans les rangs américains n'a fait que croître au fil des mois. Début août 2014, soit six mois après cette calamiteuse déclaration de Barack Obama, son secrétaire à la Défense, Chuck Hagel, semble frappé par la lumière en constatant que l'État islamique est plus qu'un simple groupe terroriste car il allie « idéologie et sophistication militaire », et qu'en outre ses finances paraissent infinies. Le constat est pertinent, on attend logiquement la suite : une stratégie. Quelques jours plus tard, le président américain avoue : « Nous n'avons pas encore de stratégie » contre Daech. L'aveu honore son honnêteté intellectuelle mais fait froid dans le dos quand on connaît la responsabilité américaine dans ce dossier et son implication dans la région. Finalement, les Américains ont envoyé des conseillers, des forces spéciales, de l'armement, puis trois mille hommes. Ils financent des formations pour des milices syriennes « amies » dont les effets se font attendre. Mais tout cela ne constitue

1. Voir mon livre *Les Guerres modernes racontées aux civils*, Buchet-Chastel, 2009.

pas une vraie politique et exhale un parfum d'amateurisme.

En septembre 2014, après le début des frappes aériennes pour bloquer la progression fulgurante de l'État islamique, des journalistes français sont conviés à l'ambassade des États-Unis pour un briefing *off the record* sur la situation en Irak et en Syrie[1]. Le message délivré est en substance le suivant : la poussée de Daech est terminée... Depuis, des analystes des offices de renseignement américains ont fait fuiter à deux reprises vers la presse leur malaise à voir leurs notes alarmistes transformées en bulletins de victoire.

Devant cette belle confiance, on s'attendait à une reprise de Mossoul, au Kurdistan irakien, pour le printemps 2015. À la place, on assista à la prise de Ramadi, en Irak, et de Palmyre, en Syrie, par Daech. Même s'il faut relativiser la progression de ce dernier – il a enregistré des reculs importants (Tikrit notamment en Irak, et al-Asad en Syrie) et il règne en Syrie sur des déserts humains –, l'aveuglement américain reste surprenant. Les États-Unis se sont fait notamment une douce illusion sur la vertu de la formation *ex nihilo* des forces irakiennes. Depuis le temps, ils devraient connaître la relativité de l'efficacité de leurs actions dans ce domaine malgré l'application de leurs hommes dédiés à cette tâche. Au Mali et en Irak, ils ont dépensé des millions de dollars pour former et entraîner pendant des années les armées régulières. Le résultat : une débandade de leurs élèves au combat et une capture de leur matériel tout neuf par les *bad guys*. Les Américains

1. Rapporté par *Le Journal du dimanche*, 24 mai 2015.

ont enregistré en 2015 ce même type de cuisant échec en Syrie. Ils ont envoyé au combat, au nord, une soixantaine de rebelles syriens formés et équipés par eux en Turquie. En quelques heures, ces hommes ont été défaits et emprisonnés par la branche locale d'al-Qaida qui les a cueillis à froid…

Voulant trop bien faire, les formateurs américains ont parfois du mal à s'adapter à des populations éloignées des standards américains, éventuellement analphabètes comme en Afrique ou en Asie centrale. J'ai assisté en Afghanistan, en 2009, à des séances de formation américaine de l'ANA (Nouvelle armée afghane). Depuis quelques jours, les troupes afghanes avaient obtenu des fusils d'assaut M16 flambant neufs en remplacement des vieilles kalachnikovs prises jadis sur l'armée soviétique. Une cérémonie officielle avait présidé au remplacement des armes : la modernité contre la vétusté. Les autorités américaines ne comprenaient pas pourquoi les soldats afghans n'exultaient pas devant un troc aussi avantageux. C'était oublier le goût des Afghans pour le vintage… Un officier afghan m'a glissé à l'oreille que ses soldats détestaient ce nouveau fusil d'assaut trop sophistiqué et trop grand pour eux. Ils restaient nostalgiques de leurs vieilles kalachnikovs, réparées mille fois mais faites à leur main. Le mieux est souvent l'ennemi du bien. Français et Britanniques, ex-puissances impériales, réussissent mieux dans ce genre d'exercice avec des moyens infiniment plus limités. Non parce qu'ils sont plus intelligents, mais parce qu'ils savent s'adapter à leurs publics et être moins formalistes. Disposant de moins de dollars, ils sont plus raccords avec le côté système D des autochtones.

Sans vouloir accabler nos amis américains, qui ont par ailleurs bien des atouts en mains – la première armée du monde – et dans les manches – notamment leurs écoutes de la terre entière, y compris de leurs alliés –, quatre événements de calibre différent traduisent ce sentiment de flottement de leur commandant en chef.

Évoquons le dossier « Kobané », cette ville syro-kurde assiégée par Daech, fin 2014. Avant qu'ils ne se ressaisissent, les Américains, anticipant la chute de la ville, avaient multiplié les déclarations expliquant que la cité n'était pas stratégique. D'une part, on pouvait contester cette analyse – Kobané aurait offert à Daech un point de passage supplémentaire vers la Turquie –, mais surtout la ville avait pris une valeur extrêmement symbolique à un moment où l'État islamique semblait voler de victoire en victoire. L'affaire était éminemment politique et le président Obama a perdu beaucoup de temps avant de s'en rendre compte et de contribuer à sauver la ville.

Une autre bévue semble indiquer un manque de flair politique et une difficulté à écouter son entourage. Après les attaques terroristes de janvier contre la France, une cinquantaine de chefs d'État et de gouvernements du monde entier sont venus à Paris pour manifester leur solidarité avec les Français. Barack Obama a manqué le coche et a tenté de se rattraper en envoyant quelques jours plus tard son secrétaire d'État francophile et francophone, John Kerry.

Alors que plusieurs villes sont tombées en 2015 aux mains de Daech grâce à la tactique des camions suicides en ouverture de porte, les Américains se sont décidés bien tardivement à équiper leurs alliés de missiles antichars. C'était pourtant la seule façon de parvenir à atteindre et détruire à distance ce type de véhicule blindé et bourré d'explosifs, avec une grande chance de succès. Si les troupes de Ramadi, en Irak, en avaient été dotées, la ville aurait tenu face aux coups de boutoir kamikazes.

Enfin, la situation au Yémen illustre le peu de clairvoyance de Washington sur des dossiers à tiroirs complexes. Les Américains ont laissé faire leur allié saoudien, empressé qu'il était de faire la guerre aux Iraniens en ciblant leurs alliés yéménites, les Houthis[1]. Depuis la guerre fait rage au Yémen, sans que ni l'ONU ni les Américains ne parviennent à mettre tout le monde autour d'une table de négociation. Il faut dire que la relation américano-saoudienne s'est sérieusement rafraîchie et qu'il n'est pas certain que Washington ait encore les moyens de faire pression sur Ryad. La reculade américaine sur la Syrie puis le lâchage de l'Égyptien Hosni Moubarak ont fini de convaincre l'Arabie saoudite de ne plus compter sur son grand allié qui, par ailleurs, n'a plus la même dépendance au pétrole saoudien grâce à l'exploitation de son gaz de schiste.

1. En septembre 2004 les Houthis (tribus montagnardes du nord du pays, chiites) s'emparent de la capitale Sanara. Ils placent le président Abd Rabo Mansour Hadi en résidence surveillée. Celui-ci s'enfuit en mars 2015 en Arabie saoudite. Cette dernière fédère le clan sunnite des pétromonarchies et de leurs alliés (comme le Maroc et l'Égypte) et attaque par la voie des airs les rebelles houthis (aidés par Téhéran). L'ONU a décrété un embargo sur les livraisons d'armes à la rébellion chiite tandis que les Américains dépêchaient douze navires de guerre, dont le porte-avions *Theodore Roosevelt*. Au moment où nous écrivons, ce conflit n'est pas achevé.

Pour ajouter à la confusion, al-Qaida dans la péninsule Arabique (AQPA), en perte de vitesse face à Daech, a profité des combats au Yémen pour prendre le contrôle de la ville de Moukalla, un port dans le sud du Yémen, avec l'aide d'une tribu locale. AQPA a pu récupérer dans cette ville des blindés lourds, des pièces d'artillerie et des lance-roquettes multiples. La confessionnalisation de cette « petite guerre » a redonné de l'air aux milices djihadistes qui ont su fédérer autour d'elles des tribus sunnites non encore radicalisées jusque-là. L'imbroglio émerge devant les yeux impuissants des Américains : les Saoudiens sont accusés de faire tacitement et tactiquement cause commune avec AQPA, sunnite, contre les Houthis chiites. « Les Saoudiens savent qu'ils n'ont pas le droit à l'erreur. Leurs succès aériens doivent se matérialiser sur le terrain. L'efficacité passe par les forces tribales qui ont elles-mêmes besoin des djihadistes pour lutter contre les Houthistes[1] », souligne Dominique Thomas, spécialiste des mouvements djihadistes.

Comme dans bien d'autres conflits, les Yéménites qui vivaient en paix et en harmonie quelle que soit leur religion, s'invitant mutuellement à leurs fêtes religieuses, se retrouvent sommés de choisir leur camp. Ce qui avait mis des décennies, voire des siècles à se bâtir en matière d'harmonie religieuse a été brisé. « Il y a encore quelques mois, on ne parlait jamais en termes religieux, sunnites d'un côté, chiites de l'autre. Mais la propagande utilisée de part et d'autre est en train de changer la donne. Dans ce contexte particulièrement

1. *Le Monde*, 22 avril 2015.

fragile, je ne serais pas étonné de voir de jeunes hommes céder à la tentation du djihadisme[1] », s'inquiète l'ancien ministre yéménite Ammar al-Aulaqi. Prudent, le Pentagone a fait revenir du Yémen au printemps 2015 les derniers membres de ses forces spéciales encore présentes sur zone.

Le risque est désormais celui de la « somalisation » du Yémen avec une sorte de patchwork indétricotable de milices et de groupes armés. Il y en a deux cent soixante-dix en Libye. À ce rythme, le Yémen pourrait battre ce triste record... Une perspective qui, chaque fois, est garante de l'installation durable de groupes sectaires. L'État islamique n'entend pas laisser AQPA occuper seul le terrain. Il a déjà frappé Sanaa par une série d'attentats à la bombe. Deux mosquées chiites ont été visées, faisant cent trente-cinq morts. La marque de la terreur du « califat ». Le Yémen « pourrait devenir le cauchemar de ceux qui y ont opéré au cours des dernières années, à commencer par les États-Unis et l'Arabie saoudite, en favorisant l'implantation des ennemis qu'ils entendent combattre : les djihadistes d'al-Qaida et de l'État islamique, et la République islamique d'Iran[2] », estime le correspondant du *Monde* à Washington, Gilles Paris. Par leur approche strictement sécuritaire – destruction par drones des chefs d'AQPA et aide aux troupes régulières –, les Américains sont passés à côté des failles structurelles qui minaient le pays et nourrissaient leurs ennemis : corruption, prévarication, népotisme, pauvreté. La poussée des Houthis

1. *Le Figaro*, 20 avril 2015.
2. *Le Monde*, 8 avril 2015.

était à l'origine plus une contestation politique et sociale qu'un combat religieux. Elle l'est devenue maintenant. Faute d'avoir perçu ce problème de fond et tenté d'y remédier avec ses alliés locaux et régionaux, les Américains ont laissé se creuser un sillon dans lequel le djihadisme a poussé tranquillement. Ce qui n'a pas été éteint avec un verre d'eau, il faudra des dizaines de Canadair sur une période considérable pour l'étouffer.

Pour rendre à César ce qui lui appartient, et constater que tout n'est pas en panne outre-Atlantique, il faut souligner que les forces américaines portent des coups sévères à l'État islamique, notamment grâce à leurs forces spéciales qui travaillent main dans la main avec la CIA pour la désignation des *high value targets* (HVT). En mai 2015, les Delta Force ont conduit une opération d'envergure dans l'est de la Syrie. Elle leur a permis de tuer l'un des chefs de l'EI en charge des finances et du trafic des hydrocarbures, de capturer l'une de ses épouses[1] et de mettre la main sur une grande quantité de documents et de disques durs. Cette opération a notamment permis de mieux décrypter l'organisation des réseaux turc et libanais d'exportation de la production pétrolière de Daech et donc de les démanteler ou de les infiltrer. Il ne fait pas de doute que pour monter ces opérations pointues, le commandement américain bénéficie de renseignements humains venus des zones contrôlées par les djihado-terroristes. Les

1. C'est elle qui a révélé aux services secrets américains que le calife al-Baghdadi avait pris pour esclave sexuelle une humanitaire américaine avant qu'elle ne soit tuée en 2015 lors d'un bombardement de la coalition.

hommes qui prennent le risque de le faire étaient hostiles à Daech depuis le départ ou le sont devenus, écœurés par la brutalité et l'arrogance en matière religieuse de ce régime de terreur.

La mise hors de combat des chefs de l'EI – dix-neuf sur quarante-trois – crée un climat d'insécurité et déstabilise la gouvernance djihadiste. Daech n'a pas un stock inépuisable de grands commandeurs matures. Sur son échiquier, il parvient plus facilement à remplacer ses pions (on estime à mille hommes le flux mensuel de nouvelles recrues) que ses pièces. En outre, la récupération de renseignements sensibles permet aux Américains de pénétrer les arcanes de l'organisation clandestine. En Syrie, les forces américaines semblent également bénéficier de renseignements de qualité.

La difficulté demeure pour les États-Unis dans la gestion d'un dossier syrien d'une extrême fragmentation et d'un théâtre irakien dominé par la présence de multiples milices chiites locales[1], sous influence iranienne. C'est donc à un travail d'équilibriste que Washington se livre pour soutenir le régime à majorité chiite de Bagdad tout en tentant de remettre les grandes tribus sunnites dans le jeu… sans oublier les Kurdes. Pour l'instant, l'hostilité à Daech fédère les énergies des

1. Parmi elles, figure l'armée du Mahdi de Moqtada al-Sadr, très active contre les Américains et les sunnites durant la guerre de 2003-2011 ; mais également la brigade al-Badr avec des milliers de combattants soutenus activement par les pasdarans iraniens ; et les brigades irakiennes du Hezbollah montées sur le modèle du Hezbollah libanais combattant en Syrie. Enfin, il faut mentionner les brigades Assaib Ahl al-Hacq tout aussi motivées que les autres. Le journaliste de *Libération* Jean-Pierre Perrin estime qu'après la chute de Mossoul des dizaines d'autres milices se sont constituées pour lutter contre la progression de Daech.

uns et des autres, mais chiites et sunnites irakiens se regardent toujours en chiens de faïence. Si on prend l'image des poupées russes qui s'emboîtent : la plus grosse et la plus visible est celle de l'État islamique, mais une fois celle-ci ôtée, il y en a bien d'autres, et l'hypothèse d'une guerre civile sunnite-chiite, après l'éviction de Daech, reste crédible. On verra dans la troisième partie comment tenter d'échapper à cette spirale infernale.

Plus que jamais l'Iran a un pouvoir considérable d'influence sur les deux dossiers : il soutient Damas et Bagdad. La grande inconnue est de savoir de quel côté Téhéran va tomber : du côté d'une force régionale de stabilisation qui pourrait même faire le jeu d'Israël demain[1], ou du côté d'une hégémonie chiite gage de guerres confessionnelles perpétuelles dans la région, même après la destruction de Daech. Il n'est pas certain qu'à l'heure actuelle dans la République islamique compliquée des mollahs quelqu'un le sache précisément. Il y a plusieurs joueurs d'échecs autour du plateau. C'est dire qu'une partie de l'histoire qui se dessine dans la région se fait au jour le jour. Elle demande de la part des dirigeants occidentaux une vista, un flair, du culot et un instinct dont le président américain ne semble pas formidablement doté.

S'agissant du tournant stratégique que le président Obama voulait opérer vers l'Asie, les événements en ont décidé autrement. On ne peut le mettre à son passif.

1. En 2007, lors d'une rencontre avec un des responsables de services secrets israéliens, j'ai été surpris de le voir développer l'idée selon laquelle, dans la région, deux pays seulement pouvaient être gage de stabilité : le sien et l'Iran.

La Mésopotamie et l'Europe de l'Est l'ont rattrapé par la manche, l'empêchant d'opérer son glissement stratégique. Or, plusieurs États attendaient cette conversion avec impatience. Le Japon, la Corée du Sud, la Malaisie et Singapour espéraient un investissement américain en Asie, notamment pour faire pièce à une Chine conquérante, à deux doigts de faire la guerre pour quelques îlots perdus dont elle revendique la paternité en mer de Chine. Pour s'être opposés à cette hégémonie maritime, les Philippines, le Japon et le Vietnam ont subi le courroux de leur grand voisin. Au Vietnam, l'attitude agressive des Chinois a provoqué des violences populaires « spontanées » antichinoises d'une grande intensité. L'objectif de la bascule asiatique reste néanmoins en tête de gondole dans les rayons de l'administration, mais sa réalisation avant la fin du mandat d'Obama demeure de l'ordre du rêve. « Les Américains n'arriveront jamais, compte tenu des restrictions budgétaires et de la perte de la puissance des États-Unis, à tout faire en même temps : réinvestir en Europe, se réengager au Moyen-Orient et déménager en Asie[1] », estime un diplomate averti. Hier surpuissant et pétaradant, le moteur américain est aujourd'hui en surchauffe et parfois au bord de l'asphyxie. Mais la capacité de rebond américain est légendaire. Beaucoup de choses dépendront du profil du successeur d'Obama.

1. *Le Figaro*, 22 septembre 2014.

Troisième partie

Le monde de demain

Le bel avenir de la guerre

Le XXIe siècle est mal engagé. Cela ne veut pas dire que le bébé restera durablement déformé par les chocs subis lors de ses premiers pas. Il n'y a pas de fatalité en la matière. Mais pour l'heure, les crispations identitaires de ce nouveau millésime ne permettent pas d'imaginer dans l'immédiat des jours d'une totale sérénité. De ce point de vue-là, la perception est inverse de celle de nos contemporains du début du XXe siècle. À cette époque, la croyance était répandue que le siècle naissant serait celui de la prospérité et de l'épanouissement grâce aux progrès scientifiques et techniques. Leur développement faisait augurer un monde en paix, affranchi de bien des contraintes par les révolutions pacifiques dans tous les domaines : la chimie, la conquête des airs, l'automobile, l'aviation, etc. Les arts, en pleine expansion, notamment à Paris, faisaient émerger un monde européen subtil et cultivé dont Stefan Zweig a magnifiquement témoigné dans son ouvrage *Le Monde d'hier*. Las, tout ceci a finalement nourri le Moloch guerrier et emporté les beaux espoirs de cette génération en fauchant sa jeunesse. L'Europe s'est saignée à blanc durant la Première Guerre mondiale et, pour faire bonne mesure, en a enfanté une seconde, vingt ans plus tard. Ce fut un siècle de sang. Peut-on espérer un mouvement inverse pour le XXIe siècle ? Mal parti avec le 11-Septembre, le nouveau siècle peut-il, malgré tout, se rétablir ? Question difficile, car l'époque est pour le moins volatile, comme les émanations d'un combustible qui fuiteraient de multiples pipe-lines trop fragiles.

En outre, l'éclatement des centres de pouvoir limite encore plus la visibilité dans un brouillard de guerre bien épais. Pour reprendre l'expression de Laurent Fabius, ministre des Affaires étrangères, le monde n'est pas multipolaire mais « zéro polaire ». Il n'y a plus d'étoile polaire pour indiquer la bonne direction. La tectonique des plaques s'affole. Les boussoles également, comme quand on les met trop près d'une masse métallique… en l'occurrence celle des armes qui foisonnent sur plusieurs continents. L'érosion du droit international traduit la fin d'une ère. C'est une nouvelle architecture qu'il va falloir bâtir si on ne veut pas assister à un retour pur et simple à la loi de la jungle.

Aucun vulcanologue étatique ne dispose désormais de suffisamment de science et de poids, même aux États-Unis, pour prétendre peser d'une façon définitive sur un dossier en ébullition. L'heure est aux alliances *ad hoc*, à l'« inter » – interministériels, inter-agences, etc. –, aux unités à géométrie variable, pour tenter avec pragmatisme de peser sur des événements dont on a vu le caractère fluide, émollient, explosif, réversible et souvent surprenant. Ces alliances peuvent être baroques, contre-nature parfois comme en Mésopotamie, mais il faut en passer par là. Elles conduisent souvent les Occidentaux à travailler avec des pays dont nombre de pratiques sont contraires à leurs valeurs.

La France est en passe de devenir le meilleur ami des pétromonarchies, tout particulièrement de l'Arabie saoudite. Déçus par le président Obama, les Saoud multiplient les prévenances à l'égard du président français François Hollande, très ferme, hier, sur le dossier nucléaire iranien. Pourtant, ce pays fait partie des boutefeux de Dieu qui ont embrasé une bonne partie du monde musulman depuis des décennies : Ben Laden était issu d'une grande famille saoudienne. Quinze des dix-neuf kamikazes du 11-Septembre étaient également saoudiens… Mais notre dépendance financière est telle qu'il nous faudra du temps pour espérer une évolution libérale[1] de ce pays corseté par un clergé des plus obscurantistes. Honnie chez nous, la charia est monnaie courante chez nos alliés arabes. Elle se niche partout. Les opinions publiques occidentales, stupéfaites, ont découvert en 2011 que le gouvernement mis en place en Libye, sur les décombres du régime du colonel Muhammad Kadhafi, avait pris comme première mesure de la rétablir. Tout ça pour ça ! Le problème est que les alternatives sont inexistantes, en attendant que l'Iran redevienne vraiment fréquentable. Il faut souvent choisir un moindre mal et tenter par la politique et le sens du temps long de faire bouger le cadre… en se bouchant le nez.

1. Il y a quelques timides signes : les Saoudiennes peuvent depuis quelque temps conduire seules et se présenter, sous certaines conditions, aux élections locales. On est certes encore très loin des standards occidentaux.

En Libye, pays où on compte plus d'armes que d'habitants[1], seule une alliance politique entre les deux pôles du pouvoir – Tripoli et Tobrouk – permettra d'éradiquer militairement les groupuscules de l'État islamique qui s'y sont développés. La communauté internationale s'y emploie avec une énergie redoublée depuis que l'État islamique y a établi l'un de ses « comptoirs » à Syrte. Une soixantaine de pays sont engagés plus ou moins directement contre l'État islamique et une quinzaine participent aux frappes aériennes. Ils étaient tout aussi nombreux en Afghanistan pour faire face aux talibans et à al-Qaida. L'opération *Serval* est un rare contre-exemple : la France, pratiquement seule, s'est engagée prestement pour bloquer les colonnes d'AQMI au Mali. Mais le cas de figure le plus fréquent demeure la coalition. Partout, il faut se mettre à plusieurs pour endiguer le fondamentalisme avant de pouvoir espérer le détruire, tout en ayant en permanence l'œil sur l'avancée des dossiers politiques. Sans cette dimension, un État islamique écrasé renaîtra ailleurs de ses cendres.

Nous ne sommes donc pas au bout de nos peines et de nos surprises. Raison de plus pour se préparer et tenter de peser sur le cours des choses avec détermination et humilité, en chassant de notre esprit ce goût immodéré des jardins bien ordonnés. C'est dans la jungle de nouvelles menaces qu'il faut agir au coupe-coupe, avec quelques principes et beaucoup de pragmatisme. Au cœur de ces valeurs figurent le goût de

1. Vingt millions d'armes pour 6,5 millions d'habitants. Le pays compte plus de 250 milices depuis l'effondrement du régime de Kadhafi.

l'autre, le sens du compromis, le refus du manichéisme et la capacité à bâtir des compromis révisables en permanence. Le combat qui traverse le monde est bien celui qui oppose les messianistes imprécateurs et hystérisants aux tenants de l'altérité et du dialogue. Cette ligne de clivage traverse les pays comme les religions. Il n'y a pas de guerre de civilisations mais un combat entre ces deux forces.

C'est pour cela qu'il faut examiner non seulement quelques dossiers stratégiques sensibles – Algérie, Chine, Mésopotamie-Levant –, prendre la mesure des nouvelles formes de guerres (guerres spéciales, cyber-guerres), mais aussi aborder des questions qui, en France, fâchent : islam, identité nationale, République, engagement, citoyenneté, etc. L'extension du domaine de la guerre idéologique invite à s'interroger sur nos valeurs et sur ce pour quoi nous serions prêts à nous engager, pour ne pas dire prêts à mourir… Désormais chaque personne est concernée, le continuum menaces extérieures et intérieures est avéré. La mobilisation citoyenne de 2015 doit être entretenue, car la route va être longue avant de terrasser les nouveaux avatars des totalitarismes du XXe siècle.

1

Le bel avenir de la guerre oblique

La grenade à fragmentation algérienne

L'Algérie sera-t-elle le prochain pays à imploser sous les coups de boutoir de l'État islamique ? C'est une question que les autorités de ce pays détestent voir posée, surtout par des Français. Pourtant, son évolution interne impose de le faire en ces termes. Le pays présente un certain nombre de points de grande fragilité qui en font une cible idéale pour Daech. « L'Algérie peut exploser demain ! » confie un haut responsable militaire français[1]. Et il n'est pas le seul à le penser, même si elle dispose d'un système de sécurité et de renseignement solides. Un exemple, dans l'histoire du siècle dernier, prouve que cela ne suffit pas toujours. L'Iran du shah Mohamad Reza Pahlavi apparaissait à tous comme insubmersible dans les années 1970 : armée puissante conseillée par les Américains, police politique et de renseignement féroce et omniprésente, la Savak. Le pétrole assurait également au pays des

1. Entretien avec l'auteur.

revenus substantiels. Tout cela a été balayé par la rue en quelques semaines lors de la « révolution des mollahs » en février 1979.

Sur fond d'une photographie d'un président Bouteflika hagard, *Libération*[1] titre à l'occasion de la dernière visite officielle du président Hollande, en 2015 : « La grenade algérienne ». Le journaliste Jean-Louis Le Touzet estime que l'Algérie « s'enfonce par paliers dans une crise qui pourrait, à moyen terme, déstabiliser par effet domino ses proches voisins ». Et, pour faire bonne mesure, il cite deux observateurs. Un journaliste à Alger, qui souhaite prudemment conserver l'anonymat, affirme : « Hollande se rend dans un pays qui est en train de se suicider. On ne connaît pas l'heure, mais on sait que le pays roule à tombeau ouvert vers le précipice. Il y a juste une inconnue : sa profondeur. » Quant à l'enseignant en sciences politiques (Paris-VIII) Mohammed Hachemaoui, son constat est encore plus brutal : « Bouteflika, c'est la reine dans *Alice au pays des merveilles*. Elle décide qu'il faut couper une tête. Mais cette tête a-t-elle été coupée ? On ne sait pas. Et qui a exécuté l'ordre ? On ne sait toujours pas. C'est l'État profond qui décide, un État incarné par les services de renseignement qui savent eux, si la tête a été coupée, ou non, et par qui [...]. Comment reformer un système quand il n'existe pas d'administration solide, une justice souveraine, une véritable fiscalité et lorsqu'on nomme des gens à des postes clés uniquement pour leur fidélité et pas sur les compétences ? Le capitalisme de copinage n'est rien sans la rente [pétrolière]. »

1. 15 juin 2015.

Philippe Chalmain, professeur à l'université de Paris-Dauphine, pointe du doigt, pour sa part, le fait que le pays s'est endormi trop longtemps sur son tas d'or sans songer au futur : « L'Algérie a pris l'habitude de vivre avec des moyens considérables grâce au pétrole. Plutôt que de servir l'investissement, la rente a financé le budget courant. Ce modèle parvient à ses limites, car les réserves s'épuisent et le prix du pétrole ne couvre plus les dépenses algériennes. Les généraux, qui s'approprient les richesses énergétiques aux dépens du reste de la population, parent au plus pressé en approvisionnant les villes : l'Algérie est ainsi devenue le deuxième importateur mondial de blé. L'argent du pétrole achète la paix sociale, mais détruit en même temps les autres capacités de production. Les secteurs manufacturier et agroalimentaire n'existent plus, et sont dépendants des importations extérieures. Nous sommes dans le cas typique de la "maladie néerlandaise", ce phénomène qui désigne le déséquilibre de l'économie néerlandaise dans les années 1960, qui se reposait sur l'exploitation du gaz[1]. »

La notion de « somalisation » possible de l'Algérie apparaît, depuis longtemps, dans un certain nombre de documents rédigés par de fins connaisseurs du pays. La jeunesse, surtout, si elle est manipulée par des radicaux islamistes, pourrait bien être le détonateur de la grenade algérienne. Fort d'une population de quarante millions d'habitants, le pays affiche un chômage à hauteur de 50 % de la population active. Les universités sont nombreuses, mais très mal classées aux palmarès internationaux.

1. *La Croix*, 15 juin 2015.

Chaque année, un million trois cent mille étudiants font leur rentrée. S'ils ne trouvent pas de travail qualifié à la fin de leur cycle, ils rejoindront les masses des laissés-pour-compte qui attirent les djihadistes comme des aimants. Or Paris apparaît aux yeux d'une partie de la population algérienne comme l'ancien colonisateur qui tire les ficelles du pays dans les coulisses. C'est bien sûr de l'ordre du fantasme. Mais il est prégnant. La révélation de l'affaire du survol de l'espace aérien algérien par les avions de combat français a d'ailleurs créé une tempête médiatique, certains médias algériens s'étonnant que leur pays soit toujours « aux ordres de Paris ». Si la grenade à fragmentation algérienne éclate, la France sera au premier rang pour en recevoir les éclats.

Déjà plusieurs katibas algériennes affiliées à al-Qaida se sont ralliées à l'État islamique. La Serriyat al-Ghuraba, un groupe de la région de Constantine a annoncé, il y a quelques mois, sa jonction avec l'État islamique. Elle avait été précédée dans cette voie par deux autres katibas : celle d'al-Îtris et celle des Soldats du Califat. Pour signer son allégeance, le chef de ce dernier groupe, Abdelmalek Gouri, avait décapité, en 2014, le Français Hervé Gourdel, guide de montagne. Pour l'instant, ces ralliements, qui font perdre du poids à l'émir d'AQMI, Abdelmalek Droukdel – caché dans les montagnes de Kabylie –, concernent moins de deux cents combattants. Mais chacun redoute un effet de séduction en chaîne de la « marque » Daech. Ce dernier se félicite que les commandos français mettent hors de combat un à un les chefs de guerre d'AQMI au Sahel : notamment les émirs Abou Zeid et Abdelkrim al-Targui.

Cela facilite les ralliements vers le « califat ». Concurrence oblige, Droukdel (AQMI) – dont les forces sont estimées à six cents hommes – s'est senti obligé, à l'été 2015, de passer à l'offensive pour éviter que l'hémorragie vers son concurrent ne se poursuive. Certains de ses sous-chefs lui reprochaient sa passivité. À la suite d'une embuscade à tiroirs assez habile, il est parvenu à tuer neuf soldats. L'armée algérienne a organisé une grosse opération de représailles. Elle a mis hors de combats seize djihadistes d'AQMI. Elle monte régulièrement des opérations pour démanteler les katibas tout en évitant la coagulation de mouvements radicaux qui pour l'instant s'opposent entre eux. La tâche sécuritaire est ardue et la presse algérienne s'étonne des équipements défaillants du soldat de base. Akam Khraëf, qui dirige le site Internet Secret Difa3, a souligné à l'occasion de cette embuscade meurtrière « l'indigence » des moyens fournis aux soldats pour préserver leur vie – gilets pare-balles, blindages, etc. : « Malgré les moyens énormes de l'armée algérienne, son haut commandement semble toujours refuser de placer le soldat au centre de ses préoccupations[1]. »

Le journaliste et écrivain Mohamed Sifaoui est plus confiant dans la capacité du pays à résister. Il relève que la plupart des groupes algériens qui ont fait alliance avec l'EI ont été décimés dès 2015. « On ne peut pas isoler le cas algérien de son contexte régional. Tout le monde a bien conscience qu'une explosion de l'Algérie serait une catastrophe dans un paysage régional déjà

1. *Le Monde*, 21 juillet 2015.

sinistré. Je ne crois pas à un effondrement de l'État. Même si le trauma de la guerre civile s'estompe dans les esprits, il demeure un rempart. Et puis ce pays est devenu un pays de bigots épris de société de consommation. Le modèle des vingt-trente ans, aujourd'hui, c'est Dubai, ses palaces et son argent, pas Raqqa[1]. » Toutefois, il n'écarte pas complètement le risque d'une coagulation des tensions – sociales, économiques, terroristes, intercommunautaires – qui pourrait alors déboucher sur un scénario catastrophe. Il relève également la terrible hémorragie que ce pays a subie en se vidant de ses élites parties à l'étranger, notamment au moment de la guerre civile.

Mohamed Sifaoui a raison d'évoquer le risque intercommunautaire car il s'exprime de façon de plus en plus violente et c'est peut-être de là que viendra l'onde de choc. En 2015, les autorités algériennes ont été obligées de dépêcher l'armée dans la région du Mzab (sud du pays) : vingt-cinq personnes y avaient été tuées en quarante-huit heures à la suite de heurts entre Arabes et Berbères. Pour la première fois dans ce type d'affrontements entre jeunes de différentes communautés, des armes à feu ont été utilisées. De plus en plus de voix se font entendre, encore assez discrètement, pour considérer que la multiplication de ces événements graves ont un lien étroit avec la vacance du pouvoir à Alger, même si l'entourage du président Bouteflika fait tout pour maintenir l'illusion de ce que le président Hollande avait qualifié d'« alacrité » de la pensée de son homologue. De nombreux témoignages évoquent les

1. Entretien avec l'auteur.

quelques heures de lucidité du président. François Hollande est par chance tombé dans le bon créneau.

L'Algérie est parvenue à passer à travers les gouttes du printemps arabe en se lançant dans une politique généreuse de redistribution de la manne pétrolière. La gérontocratie au pouvoir a acheté au prix fort la paix sociale. Cela a fonctionné, sans pour autant faire diminuer le niveau de frustration d'une jeunesse sans but, sans emploi et sans idéal. La baisse des revenus tirés de la rente pétrolière, la dégradation des comptes enrayent de plus en plus la machine à acheter de la paix sociale. Elle peut aussi attiser la guerre de succession qui ne manquera pas de naître à la mort du président Bouteflika, car les parts du gâteau se réduisent à vue d'œil. L'attaque dont le centre gazier d'In Amenas a été l'objet en 2013, dans un État hyperpolicier, celles sporadiques contre les forces de police, montrent que les services de sécurité et de renseignement ont des failles sérieuses. Or, Daech adore les fissures. C'est par là qu'il s'introduit pour les faire progressivement éclater. Si demain le régime s'effondrait sur lui-même, et si une nouvelle fois la guerre civile faisait rage, ne nous y trompons pas, la France, alliée inconditionnelle d'Alger, dotée d'une forte communauté originaire de ce pays sur son sol, se retrouverait directement menacée.

Quand la Chine débordera

La problématique chinoise est aux antipodes de celle de l'Algérie, même si les deux pays partagent une structure de pouvoir centralisée et opaque. Le réveil du militarisme chinois pourrait bien provoquer demain quelques douloureux soubresauts. La parade militaire grandiose qui s'est déroulée en septembre 2015, à l'occasion de la fin de la guerre contre le Japon, a pour la première fois donné l'occasion d'exposer une ribambelle de matériels offensifs, notamment des avions furtifs, des missiles antisatellites et des missiles navals longue portée[1]. Cette démonstration de force a tranché avec les habitudes chinoises d'ordinaire feutrées. Vladimir Poutine était évidemment au premier rang des chefs d'État invités. Ses propres soldats ont eu l'honneur de défiler aux côtés de ceux du grand frère rouge. Si on détaille bien ce défilé et les récentes décisions prises en faveur de la marine et de l'aviation, tout indique que la Chine cherche à se doter d'une armée de projection… bien loin des propos lénifiants de Pékin sur son tropisme pacifique[2].

Le double jeu est patent entre des discours façon Miss France en faveur de la paix dans le monde – regardez, nous réduisons l'armée de terre de trois cent mille hommes[3] – et une posture en mer de Chine méridionale qui donne la chair de poule aux pays voisins et provoque l'ire des États-Unis. Cette mer est stratégique :

1. En l'occurrence le missile balistique DF-21D dit « tueur de porte-avions ». C'est le seul de sa catégorie en dotation dans le monde. La Chine s'est également dotée de missiles YJ-18 tirés depuis des sous-marins et fondant sur leur proie en tournant sur eux-mêmes pour déjouer les contre-mesures et les tirs de destruction.

2. En dix ans (2000-2014), le budget de la défense a été multiplié par dix, 216,4 milliards de dollars (2,06 % du PIB). Celui des États-Unis s'élève à 610 milliards de dollars (3,5 % du PIB).

3. Pour alléger le mammouth (2,3 millions de soldats) et financer les forces de projection (air et mer).

un tiers du commerce mondial y transite, nombre de tankers pétroliers également et la zone est riche en réserves halieutiques et en hydrocarbures. Pékin revendique la souveraineté sur 80 % des eaux de la mer de Chine, au grand dam de ses voisins. L'empire rouge a entrepris sans complexe une politique de poldérisation d'îlots et récifs pour bien marquer cette zone de son empreinte. Qu'importent les protestations des pays riverains – Vietnam, Philippines, Taïwan, Malaisie – qui contestent la posture chinoise sur ces îles artificielles désormais bunkerisées : installation de radars, de pièces d'artillerie, de pistes d'atterrissage pour avions de combat, de baraquements, etc. La Chine présente ces points d'appui comme autant de ports destinés notamment à accueillir… les bateaux étrangers en perdition en mer de Chine. Personne n'est dupe. Surtout pas les États-Unis. Avec la VIIe flotte, ils entendent préserver la libre circulation dans le Pacifique occidental. Les frictions entre les deux pays ne sont pas rares. Pékin s'estime dans son bon droit et reproche à Washington d'avoir bâti un réseau d'alliances et de bases militaires qui l'« encerclent ». On retrouve le syndrome russe de la crainte de l'encerclement.

Au mois de mai 2015, on a frôlé un incident grave lorsqu'un avion de surveillance américain Poseidon volait au-dessus de ces « polders » sinisés, au large des Philippines. Le contrôle aérien de la marine a demandé fermement à l'aéronef de quitter l'« espace chinois ». L'éditorial du *Financial Times* du 1er juin 2015 en concluait que dans le Pacifique, « lentement mais sûrement, la Chine et les États-Unis sont sur le chemin de l'affrontement ». Le *Global Times*, journal chinois va-t-en-guerre cité par *Le Monde*[1], a appelé le pays « à se préparer minutieusement » à la possibilité d'un conflit avec les Américains. Pékin joue sur l'actuelle faiblesse américaine pour avancer ses pions stratégiques. Si Washington n'a pas frappé Damas, malgré l'usage des armes chimiques, c'est donc que l'on peut la malmener quelque peu sans grand risque, se disent les Chinois…

Le dernier Livre rouge de la défense chinoise, publié en 2015, affiche une ambition planétaire qui tranche avec les précédents qui bridaient toute idée d'exportation de puissance, sauf par sa voie *soft* : l'achat des bijoux de famille industriels des Occidentaux en crise. « La mentalité traditionnelle selon laquelle les risques terrestres sont plus importants que les risques maritimes doit être abandonnée. Une grande importance doit être accordée à la gestion des mers et des océans et à la protection de nos droits et intérêts maritimes », peut-on lire dans ce document[2]. Désormais, la future puissance navale chinoise doit être à même demain de protéger ses intérêts commerciaux et ses ressortissants partout dans le monde. En filigrane se lit une volonté de concurrencer le magistère militaire américain – un rêve partagé par Poutine. « Ce déploiement de force constitue un message très clair à l'attention des États-Unis : pas d'intervention [américaine] dans les eaux près de la Chine, contrairement à 1996, quand l'Amérique de Clinton envoie des porte-avions dans le détroit de Formose. Cette crise est à l'origine du programme du DF-21 [missiles "tueurs de porte-avions"]. Les

1. *Le Monde*, 30 mai 2015.
2. Cité par *Le Figaro*, 8 juin 2015.

Chinois ont donc mis en place ce que les Américains appellent une stratégie de déni d'accès », souligne Mathieu Duchâtel, responsable du programme « Chine et sécurité globale » au Stockholm International Peace Research Institut[1]. Avec le deuxième budget militaire mondial, la Chine progresse vite, même si elle est encore loin des standards américains, japonais – pour la marine – ou européens.

À quand la grande confrontation armée Chine-États-Unis ? Pas pour tout de suite. Pour l'heure, la balance militaire entre les deux géants donne un avantage de trois à un en faveur des Yankees. Les spécialistes de la zone pensent plus à des risques de micro-conflits entre riverains de la mer de Chine et l'empire du Milieu qu'à une guerre généralisée entre Pékin et Washington. Le Japon s'est d'ailleurs ouvert la possibilité, en 2015, de faire intervenir sa force armée hors du territoire national. Un séisme politique dans ce pays traumatisé par le militarisme nippon des années 1930-1945. Depuis 1914, on sait que les petites guerres, en l'occurrence balkaniques, débouchent parfois sur de plus grandes...

La personnalité du président chinois, chef des armées, Xi Jinping, explique cette mutation militariste de la Chine. Xi Jinping est par la taille – un mètre quatre-vingts – le plus grand des chefs d'État de l'histoire chinoise – Mao mesurait un mètre cinquante. Son allure de gentil docker un peu falot, empêtré dans un corps trop large, cache une détermination à toute épreuve. Fils d'un dignitaire maoïste historique écarté et emprisonné pendant la révolution culturelle, il a puisé

1. *Le Monde*, 5 septembre 2015.

une résilience à toute épreuve dans l'exemple paternel, et dans sa propre vie – il a subi les contrecoups de la chute du père. Il a su manœuvrer patiemment et longuement pour sortir de l'ornière où la relégation de son père l'avait plongé. Par certains traits, il fait penser à Staline. Lourdaud à première vue et sans charisme, le Géorgien fut pourtant une machine de guerre implacable pour son autopromotion au sein du parti bolchevique. Le brillant et subtil Trotski n'a pas fait le poids face au Caucasien rustaud et roublard. Dans la course au pouvoir, Xi a su devancer les « Trotski » du parti – notamment le flamboyant play-boy Bo Xilai, aujourd'hui en prison –, en faisant quelques tours et détours en province pour mieux ravir Pékin.

Le président chinois entend consolider la Chine en la protégeant de ses démons : corruption, goût du luxe, déviations, bureaucratisme, influence occidentale. Il veut y parvenir pour mieux imposer la norme chinoise sur la scène internationale. La Chine, désormais, veut se projeter hors les murs… Le rédacteur en chef de la revue *Books*, Olivier Postel-Vinay, souligne : « Xi Jinping est bien sûr enserré dans les mailles du Parti et d'un pays immense, parcouru d'immenses tensions. Mais […] il peut être considéré comme l'homme le plus puissant du monde. Méfions-nous des despotes puritains. » À soixante-deux ans, Xi est, selon le journaliste Evan Osnos du *New Yorker*, fin connaisseur de la Chine, « le dirigeant le plus autoritaire depuis Mao[1] ». Il aura

1. *Books*, septembre 2015. La revue consacre sous la plume de ce journaliste un remarquable dossier consacré au « nouvel empereur », dont nous nous sommes inspiré en partie pour la rédaction de ce chapitre.

mis moins de temps que ses camarades de jeu messianiques pour s'imposer. La Chine a un nouvel empereur. Au pouvoir pour au moins dix ans (jusqu'en 2022), Xi cumule des pouvoirs d'une amplitude inconnue de ses prédécesseurs : il est chef de l'État et des armées et président des commissions les plus puissantes du Parti – affaires intérieures et international. Il a jeté son dévolu sur de nouvelles entités étatiques chargées de la sécurité Internet et de la restructuration de l'État. Justice, police et services secrets lui rapportent directement. Sa lutte contre la corruption, endémique en Chine, lui a permis de faire une grande lessive, y compris au sein de l'armée – une douzaine de généraux inculpés de crimes contre l'État – et des services secrets – son chef a été écarté. Il a pu étendre ainsi son pouvoir soit directement en prenant la main, soit indirectement en mettant en place des « princes rouges », tous fils de caciques de l'époque maoïste comme lui.

Son culte de la personnalité est en passe d'égaler celui rendu jadis à Mao. Ce dernier, avec le « monumental » *Petit Livre rouge*, avait concentré en quelques pages une pensée absconse et indigente qui avait fasciné jusqu'aux élèves français de l'École normale supérieure. Xi a eu la main plus lourde : il a fait publier ses discours… en huit volumes. De quoi caler bien des armoires cantonaises. Des bandes dessinées le mettent en scène, des fresques, des ouvrages, des odes saluent le nouveau Grand Timonier, flanqué de son épouse chanteuse en uniforme, star dans son pays, Peng Liyuan. C'est un culte plus diversifié que celui rendu à Poutine. Le Russe préfère prendre la pose devant la caméra : Poutine chasseur, Poutine plongeur, Poutine judoka, Poutine cavalier, Poutine athlète, etc. Trop prosaïque pour l'empereur rouge qui doit jouer sur un registre plus imaginatif pour fasciner un peuple d'un milliard trois cent mille habitants. Il faut du « Xi » en majesté pour tous les goûts et pour tous les âges. Ainsi une chanson intitulée « Xi Dada aime Peng Mama » appelle les Chinois à prendre exemple sur papa Xi et sur son épouse de star... Poutine, qui a très banalement divorcé pour épouser sa secrétaire, ne peut rivaliser avec son « ami » sur ce registre.

Comme Poutine, l'homme est obsédé par la chute du bloc soviétique. Il a beaucoup travaillé la question pour en comprendre les ressorts. Il est convaincu que les idées pacifistes exportées par les Américains vers l'Est ont subverti et miné l'URSS. Il y a eu « complot »... Ce qui s'est passé hier pourrait se reproduire demain. Il se sent investi de la mission de préserver son immense pays d'une telle déconvenue. Il a pour Gorbatchev, qui n'a pas protégé son pays et le régime rouge, le mépris le plus net. Perestroïka et glasnost ne devraient pas être à l'ordre du jour de son règne. Sa crainte d'un effondrement n'est pas feinte, et sa façon d'envoyer en prison des wagons d'anciens dirigeants « corrompus » n'est pas seulement le fruit de sa volonté hégémonique. Il pense que marchandisation, corruption des valeurs, des comportements et des mœurs sous l'influence de l'Occident sapent les fondations de l'empire du Milieu rouge. Si quarante-quatre journalistes sont en prison aujourd'hui, ce n'est en rien à ses yeux le résultat d'une politique répressive, mais tout simplement de l'autodéfense existentielle. Comme en Russie, les ONG sont visées comme porteuses de messages étrangers viciés. L'hypernationalisme rouge doit triompher du cosmopolitisme. Et les revers économiques – chute de la bourse de Shanghai en 2015 – ou les explosions industrielles apocalyptiques[1] poussent plutôt les feux de la surenchère nationaliste, comme en Russie, et de la bonne vieille technique du bouc émissaire que ceux de l'autocritique.

Vaincre Daech

Le troisième dossier stratégique de demain concerne Daech. L'État islamique sera vaincu, *in fine*. Mais cette issue ne semble pas encore imminente… Ce proto-État terroriste ne manque pas d'imagination pour se métamorphoser sans cesse. Quand il est enfoncé à un point, il resurgit ailleurs entouré d'un puissant tintamarre médiatique, décapitant ici, dynamitant là – notamment les temples et caveaux de Palmyre. Il tente en permanence d'avoir un coup d'avance sur ses adversaires. Il campe désormais en Libye, à quelques encablures des côtes européennes (trois cents kilomètres). Bien qu'il ait été chassé par des groupes concurrents de sa position dans l'est de ce pays, il se maintient sur une bande côtière de deux cents kilomètres sur le golfe de Syrte. On l'a vu, la liste de ses comptoirs s'allonge, que ce soit au Moyen et Proche-Orient, en Afrique ou en Asie. Il a également quelques échoppes en Europe, en

1. Le 12 août 2015, le port de Tianjin a été secoué par une double explosion provenant d'un entrepôt de produits hautement toxiques. L'onde de choc a tout dévasté dans un rayon de plusieurs kilomètres.

Océanie et en Amérique. Il se nourrit de l'abandon et de la misère : or ces denrées sont abondantes dans un monde en crise. Il ne suffira pas de battre militairement l'État islamique, il faudra assécher son terreau : celui de la désespérance.

Il n'a pas échappé à Daech que le phénomène massif des réfugiés et des migrants pose un énorme problème à l'Europe. Le général Christophe Gomart, directeur du renseignement militaire, estime que la poussée migratoire de l'autre côté de la Méditerranée est de l'ordre de huit cent mille à un million de personnes[1]. Environ deux cent mille individus seraient en attente en Libye. C'est une bombe à retardement qui a commencé à distiller ses premiers effets, mettant l'Union européenne sens dessus dessous. L'État islamique fera tout ce qu'il peut pour accentuer ce phénomène qui fragilise les sociétés, divise les Européens et partage les partis politiques.

L'État islamique dispose de « djihadistes sédentaires » dans les pays cibles, mais surtout il peut plus aisément faire bouger certaines de ses cellules dormantes qui se trouvent notamment en Turquie au sein des deux millions de réfugiés syriens et au Liban (plus d'un million). Cette question des migrants est un casse-tête terrible entre raison et compassion. Jamais à court d'idées, les djihadistes réfléchissent à l'exploitation de ce nouveau vecteur d'attaque. L'extension du domaine de la guerre moderne passe par la transformation de civils en masse de manœuvre.

---

1. Entretien avec l'auteur. En 2014, l'Union européenne a comptabilisé 280 000 arrivées en 2014. De janvier à août 2015, elles étaient au nombre de 500 000.

Ces « créatifs » de Daech travaillent notamment à réaliser un « 11-Septembre maritime » qui leur apporterait un nouveau trophée pour supplanter l'aura d'al-Qaida et accélérer les ralliements. On ne révélera ici qu'une seule des idées sur lesquelles ils travaillent : construire de grands bâtiments à double fond bourrés d'explosifs sans, bien sûr, que les pauvres migrants installés sur le pont supérieur le sachent. Le but est de les faire sauter dans les ports européens où ils seraient accueillis. La version dégradée de ce programme terroriste maritime serait de les faire exploser quand ils seraient abordés par les navires des marines européennes impliquées dans le programme d'aide aux réfugiés et de lutte contre les passeurs. Plusieurs vagues de ce type de bateaux-bombes pourraient être également lancées contre les côtes pour contraindre les flottes européennes à les couler d'emblée, avec leurs malheureux réfugiés, sans savoir quels bâtiments seraient effectivement piégés. Daech gagnerait ainsi sur les deux tableaux : soit on les coule, et ce sont nos valeurs qui sombrent avec eux, soit on n'intervient pas en prenant le risque d'une explosion dans nos ports. Dans ce cas, les populations européennes dont les pays auraient été touchés se radicaliseraient, portant au pouvoir des formations extrémistes qui sont les dernières à pouvoir apporter une solution intelligente aux défis du moment.

La poussée de Daech serait-elle donc irrésistible ? Non ! La question sur le plan strictement militaire n'est pas d'une complexité absolue. Le fond du dossier est éminemment politique. On va y revenir. Au chapitre militaire, la prise de Raqqa, par exemple, pourrait se faire par l'engagement d'une brigade au sol de vingt mille hommes avec appui aérien à partir des bases de Turquie. Lors de la seconde bataille de Falloujah, en Irak, les Américains, avec un appui aérien massif, ont engagé quinze mille hommes et deux mille cinq cents soldats réguliers irakiens pour venir à bout de trois à quatre mille combattants d'al-Qaida. La question est : qui veut mettre dix mille à vingt mille soldats au pot, en sachant que le taux de perte sera élevé, notamment à cause des kamikazes ? Pour l'instant personne ne veut y aller. Certainement pas les Américains, encore moins les Européens. Il n'y a ni volonté, ni finances pour aller dans cette direction risquée. On constate une « *war* fatigue » dans tous ces pays. En outre, la présence d'une force étrangère massive ne ferait que cliver encore plus un paysage déjà très tourmenté. Seules des troupes sunnites – saoudiennes, qataries, émiraties, jordaniennes – pourraient s'engager au sol contre les forces de Daech si un accord politique global, incluant les alaouites, était trouvé. Ces pays le font déjà au Yémen – sauf la Jordanie. Mais, au moment de la rédaction de ce livre, ils n'avaient manifesté aucune velléité de risquer leurs hommes dans cette aventure, même avec un appui aérien massif de la coalition.

Sur le plan militaire, la situation en Mésopotamie est un redoutable casse-tête. Le général américain Michael Barbero la résume très bien : « Renvoyer une force terrestre américaine de grande ampleur [en Irak] serait une énorme erreur. Mais s'impliquer dans l'entraînement des sunnites et des Kurdes d'une manière sérieuse est la seule voie. Les Kurdes ont le cœur à combattre mais pas les armes. Les sunnites ont, eux aussi, la volonté, mais pas les armes. Et l'armée irakienne a les armes mais pas le cœur. Il faut donc inverser tout cela[1]. » Il serait utile, sans doute, que certains pays arabes passent d'une contribution symbolique à une présence pratique sur le terrain. Les Émiratis sunnites y seraient disposés. Mais le risque demeure de voir un jour leurs troupes se battre contre les milices chiites, si ces dernières menacent des villes sunnites anciennement aux mains de Daech. Cet Orient-là est diablement compliqué.

Les Américains devraient au fil des mois augmenter le nombre de leurs forces spéciales, notamment pour faire plus de guidage au sol de frappes aériennes avec des bombes guidées au laser[2]. Cela a grandement contribué à la reprise de la ville stratégique de Sinjar, sur l'axe Raqqa-Mossoul, par les combattants kurdes irakiens fin 2015. Pour la Syrie, l'option militaire pour chasser Daech avec les rebelles locaux n'est jouable que si un accord politique est trouvé entre ceux qui sont réunis sous la bannière : « Tous contre l'État islamique ». Comme on l'a vu plus haut, cela passe par l'éviction de Bachar al-Assad et de son premier cercle, une participation des alaouites et des autres communautés dans un processus de réconciliation.

De son côté, la France a eu raison d'inclure la Syrie dans son spectre militaire car les deux théâtres sont connexes. Il faut pouvoir faire du renseignement et frapper éventuellement Daech dans sa profondeur stratégique sans s'arrêter à une frontière qui n'existe plus.

1. *Le Figaro*, 22 mai 2015.

2. À l'automne 2015, soit un an après le début des frappes en Syrie et en Irak, la coalition avait procédé à 6 500 frappes aériennes : 90 % d'entre elles étaient américaines.

Néanmoins, si l'évolution de Paris paraît pertinente, force est de constater que les cibles au sol sont encore plus compliquées à toucher du ciel qu'en Irak compte tenu de l'imbrication des forces parcellisées au sol. On estime à deux mille le nombre de katibas qui opèrent en Syrie. Difficile de savoir qui est « ami » et « ennemi » dans cette pétaudière. Mais après les attentats de Paris, le président Hollande a poussé les feux guerriers tout en cherchant à bâtir un front uni contre Daech.

En Irak, pour l'instant, seuls les peshmergas kurdes (entraînés par la coalition et notamment par les forces spéciales françaises) et les milices chiites font le travail contre l'EI. L'armée irakienne n'existe que sur le papier : on estime que sur les deux cent mille soldats qui émargent pour toucher une solde, seuls soixante mille sont à peu près opérationnels… Les milices chiites ont pour elles motivation et combativité. Mais elles sont suspectées de vouloir commettre des exactions contre les populations sunnites libérées et d'être toujours à deux doigts de tirer… sur les Américains eux-mêmes qui luttent pourtant contre le même ennemi.

L'ironie de la situation pour les GI est de voir l'importance que prend sur place un personnage désormais central : le général iranien Qassem Soleimani, commandant du groupe des forces spéciales des Gardiens de la révolution (Pasdarans). C'est lui qui apparaît comme une figure montante du jeu militaire perso-chiite sur les deux terres. Les Américains doivent s'y faire et tentent, tant bien que mal, de jouer dans les interstices en essayant de ne pas créer une guerre dans la guerre. Mais l'Iran était un pays ennemi, il y a encore peu. Il faut donc pour les conseillers américains opérer une conversion mentale expresse. La surprise de l'irruption dans le paysage du général iranien Soleimani n'est pas moindre pour les Irakiens eux-mêmes. Ils voient ainsi une haute figure militaire perse se déplacer tranquillement dans leur pays comme s'il était une sorte de proconsul autoproclamé. Pour un pays qui a mené une longue et meurtrière guerre contre l'Iran (de 1980 à 1988), l'image est douloureuse.

Les Perses vont-ils mettre tout leur poids dans la balance pour apaiser les tensions avec les sunnites, aider à la lutte contre Daech tout en accompagnant la reconstruction de l'État, ou vont-ils chercher à profiter du chaos généralisé pour étendre leur domination ? « À y regarder de plus près, l'influence qu'exerce l'Iran aujourd'hui au-delà de son espace géographique national est rarement le fait de sa volonté propre. En fait, la République islamique est bien plus une puissance “réactive” qu'une puissance active, même s'il faut lui reconnaître le talent de savoir profiter des situations avantageuses qui se présentent à elle à la suite des soubresauts politiques dans la région afin de se tailler une place sur l'échiquier moyen-oriental », estiment Mohammad-Reza Djalili[1] et Thierry Kellner[2] dans un article commun[3]. Si on les suit, et il n'y a pas de raison de ne pas le faire, l'Iran serait donc moins un joueur d'échecs que de dames… Reste qu'il semble capable de damer le pion à ses adversaires.

1. Institut des hautes études internationales et du développement de Genève.
2. Université libre de Bruxelles.
3. *Libération*, 27 avril 2015.

Il y a une phase de jeu que les Iraniens ne veulent voir en aucun cas se réaliser : celle d'attaques majeures de Daech sur son propre territoire. C'est pour écarter ce risque que Téhéran a instauré en Irak, de l'autre côté de sa frontière ouest, une zone tampon – deux cents kilomètres sur quarante – empêchant toute incursion massive des troupes djihadistes. Des milices chiites irakiennes veillent, monitorées par les troupes iraniennes de la force al-Qods. L'un des risques majeurs serait que l'État islamique parvienne malgré tout à percer cette ligne de défense avancée. S'il y parvenait, nul doute que les forces iraniennes – les Pasdarans notamment – entreraient en Irak pour détruire les bases de départ de Daech. Ce serait alors un scénario catastrophe. « Ce serait interprété comme une déclaration de guerre par les ennemis saoudiens de l'Iran. Et à ce moment-là [...] tout est imaginable, y compris la destruction en rétorsion d'un bateau iranien dans le Golfe qui déclencherait un engrenage de violences », estime un diplomate européen en poste en Iran[1].

Le Premier ministre irakien, le chiite Haider al-Abadi, doit mettre en place une politique de réconciliation nationale qui tarde à manifester ses effets, peut-être à cause d'un certain manque d'authenticité de son côté. Or, les sunnites ont été échaudés par la politique sectaire et arbitraire des équipes chiites précédentes. Restaurer la confiance, et donc l'ardeur au combat des tribus sunnites, demande du temps. Or le temps est l'allié naturel de l'État islamique. Plus on attend, plus il croît, comme tout cancer non traité à temps. Paris,

1. *Le Figaro*, 29 juillet 2015.

qui est le siège des rencontres de la coalition[1], pousse avec la communauté internationale dans le sens de la réconciliation nationale entre chiites, sunnites et Kurdes. La France est d'autant plus écoutée qu'elle n'a pas fauté en 2003 en participant à la dislocation de l'État irakien. C'est d'ailleurs pour cela que la capitale française accueille les réunions au sommet des responsables de la coalition anti-Daech.

Conscients de danser sur un volcan, les Américains sont allés chercher un ancien adjoint du général Petraeus, le général de réserve John R. Allen, pour commander leur dispositif. Il avait participé au sursaut de 2007 qui avait permis de stabiliser la situation en Irak grâce à une politique intelligente et innovante incluant les tribus sunnites dans la lutte contre al-Qaida. On retrouve dans sa démarche la marque de son ancien maître à penser. Les États-Unis, qui n'ont que trois mille hommes sur le terrain, des conseillers et des forces spéciales, cherchent à remobiliser ces mêmes tribus sunnites[2] en leur apportant des garanties… et de la fierté. L'idée maîtresse est de créer une garde nationale sunnite, armée, encadrée, appuyée directement par les forces américaines et la coalition. Des soldats américains pourraient être insérés dans ces unités pour les guider directement au combat. Une technique qui a plutôt donné de bons résultats en Afghanistan. Une fois opérationnelle, cette

1. Elle comprend, outre la France, l'Allemagne, l'Arabie saoudite, l'Australie, Bahreïn, la Belgique, le Canada, le Danemark, l'Espagne, les Émirats arabes unis, les États-Unis, la Jordanie, le Maroc, le Royaume-Uni, les Pays-Bas, le Portugal, le Qatar et la Turquie.

2. Elles sont divisées : certaines ont rejoint Daech, d'autres s'y refusent ou se sont rapprochées des milices chiites par pragmatisme.

garde nationale pourrait monter au feu en joignant ses efforts à ceux d'autres forces, qu'elles soient kurdes ou même islamiques hostiles à Daech[1]. Les éléments les plus solides de l'armée irakienne pourraient renforcer ce dispositif à plusieurs têtes – ce qui n'est pas toujours aisé à manier. Il y a sans doute là une piste qui, consolidée, pourrait déboucher militairement sur une entame de la puissance militaire de l'État islamique. La reprise de Mossoul reste le critère d'évaluation d'un tournant vraiment significatif dans le début de la chute d'al-Baghdadi. Il faudrait concentrer les efforts militaires sur l'Irak avant de monter à l'assaut de la Syrie et de Raqqa, le donjon de l'EI.

Après la victoire militaire, tout sera à reconstruire, en Syrie et en Irak. Devant l'ampleur de la tâche, la chercheuse Myriam Benraad ne déborde pas d'optimisme : « La formation d'un leadership sunnite légitime, incarnant une alternative à l'État islamique et à la domination chiite en Irak, en Syrie et au Moyen-Orient, reste la clé de voûte de toute sortie de crise. Mais, pour l'heure, les Arabes sunnites sont moins engagés dans la voie d'un éventuel apaisement avec Bagdad et avec Damas que dans celle d'une dissidence territoriale et politique qui, avec ou sans Daech, a toutes les chances de suivre son cours[2]. » Si cette analyse se confirme, l'hypothèse d'une « guerre de trente ans » demeure pertinente, même après la disparition de Daech. Cela promet de nouvelles vagues de réfugiés…

1. Lire « Peut-on vaincre Daech ? » de la chercheuse (CERI-Sciences Po) Myriam Benraad, paru dans *Politique internationale* (été 2015).
2. *Ibid.*

Il paraît peu probable que les frontières de la Syrie et de l'Irak sortent indemnes de ces conflits lourds. La seule solution politique viable pourrait être trouvée dans la mise en place d'un système fédéral ou confédéral dans les deux pays. Rappelons que les Helvètes se sont copieusement affrontés dans leur passé avant de trouver un *modus vivendi* harmonieux et prospère entre des peuples de langues, de religions et de traditions différentes. Le retour à la situation *ante* n'est plus crédible en Mésopotamie : l'organisation étatique et frontalière issue de la Première Guerre mondiale aura, dans ce cas, vécu un siècle.

2

Le bel avenir des guerres spéciales

Guerres spéciales

Les forces spéciales – les commandos – jouent un rôle clé dans la lutte contre la nébuleuse djihado-terroriste. Il ne va cesser de croître dans les années qui viennent. La nature mutante du domaine de la guerre asymétrique l'explique. Par leur plasticité, leur discrétion, leur polyvalence et leur mode d'action nocturne, les forces spéciales sont particulièrement aptes à contrer le jeu de combattants sans uniforme, très mobiles, suicidaires et qui ne respectent aucune loi de la guerre. On a vu ce que les forces spéciales américaines[1], en lien avec la CIA, faisaient contre l'État islamique, notamment en matière de mise hors de combat de « têtes de gondole » de l'État islamique. Si les commandos français[2] sont également présents en Irak

1. Elles sont fortes de 50 000 hommes.

2. La France compte un peu plus de 3 000 de ces hommes « spéciaux » triés sur le volet, qu'ils soient commandos, pilotes d'hélicoptère ou d'avion. Ils appartiennent aux trois armées : terre, air, marine, et ils sont présents sur tous les théâtres où la France est engagée.

dans le cadre de l'opération *Chammal*[1] – formation, conseil, guidage laser – et, peut-être, en Syrie, c'est avant tout au Sahel qu'ils sont engagés – dans l'opération *Sabre* – pour éviter une nouvelle déstabilisation de ce front où al-Qaida au Maghreb islamique reste influent aux côtés de Touaregs radicalisés. Cet engagement opérationnel n'est pas prêt de cesser. Il est essentiel pour préserver un processus de paix au Mali et une stabilité régionale infiniment fragiles.

Cette expansion du domaine de la guerre spéciale demeure dans le secret le plus absolu pour ne donner aucun renseignement exploitable à l'ennemi. Le coin du voile n'est soulevé que très rarement. Faisons-le avec prudence !

« L'oiseau de proie parvient à briser les reins de sa victime quand il frappe en raison de sa prestesse. Le grand général allie une formidable puissance à une extrême prestesse. Il possède la puissance de l'arbalète bandée et la prestesse de la gâchette. » Écoutons encore une fois le général chinois Sun Tseu, source inépuisable d'enseignements. Il donne la définition de ce que sont aujourd'hui les forces spéciales. Son image est d'autant plus pertinente que le symbole du Commandement des opérations spéciales (COS) français est… l'arbalète. La « prestesse » est un savoir-être indispensable dans la lutte contre les groupes de combat terroristes. Les commandos sont fins et manœuvriers, pour reprendre une expression militaire, tout comme leurs ennemis.

1. Lancée le 19 septembre 2014, l'opération *Chammal* engage douze avions de combats (six Rafale et six Mirage) stationnés à Abou Dhabi et en Jordanie. Soutenus par un C135 ravitailleur, ils ont effectué 10 000 heures de vol, 1 150 missions aériennes et plus de 200 frappes sur des positions de l'État islamique (chiffres septembre 2015).

Leurs raids doivent être fulgurants car l'adversaire ne repasse pas deux fois le plat au même endroit. Cette fulgurance est précédée d'une phase de renseignement qui ressemble souvent à un travail de bénédictin. Il peut s'étaler sur plusieurs mois, voire sur plusieurs années pour la traque d'une HVT (cible à haute valeur ajoutée). Ce sont des mois de surveillance, d'écoute et d'exploitation patients avant de pouvoir frapper à bon escient dans le désert ou la rocaille. Prestesse et patience sont deux vertus cardinales car le combat contre AQMI ressemble souvent à l'épreuve du rocher de Sisyphe.

Après son blitzkrieg au Mali – opération *Serval* –, Paris a aidé à la constitution du G5-Sahel[1], avec lequel elle travaille étroitement – opération *Barkhane*. Cette entité regroupe les pays menacés par les djihadistes et conscients désormais de la nécessité de jouer groupés : Mauritanie, Mali, Niger, Tchad, Burkina Faso. Avec l'appui de trois mille cinq cents soldats français – et des forces de l'ONU –, ces pays musulmans entendent résister dans le temps au salafisme de guerre dont AQMI est la figure de proue dans la région. Dans ce cadre, les forces spéciales sont à la pointe du combat, ce qui ne minimise en rien la mission, plus visible, des

1. Outre les 3 500 hommes de l'opération *Barkhane*, la France est solidement implantée en Afrique. À Dakar (Sénégal), elle dispose de 350 soldats, à Abidjan (Côte-d'Ivoire) elle en a un millier, tandis que la marine patrouille dans le golfe de Guinée pour lutter contre les trafics qui alimentent le djihadisme (opération *Corymbe* avec 350 hommes). Moins de 1 000 hommes sont encore présents en Centrafrique (opération *Sangaris*) tandis que 350 sont à Libreville (Gabon). La base de Djibouti passera à 1 300 hommes en 2018. Au Proche-Orient, la France est présente en Irak (700 hommes) et au sud du Liban dans le cadre de la FINUL (opération *Daman*, 900 hommes). La France participe également à la mission maritime *Atalante* dans l'océan Indien (350 hommes).

forces conventionnelles. Les premières agissent par petits groupes, de dix à vingt opérateurs, souvent de nuit ; les autres, en plus grand nombre, structurent le terrain, le ratissent pour découvrir les stocks d'armes et de mines artisanales, détruisent également les cellules qui se reforment, notamment kamikazes, épaulent les forces locales, désorganisent les multiples trafics mafieux qui alimentent le terrorisme.

Les forces spéciales combattent dans le même cadre temporel que les groupes armés terroristes – « GAT » dans le jargon militaire. Leur plasticité et leur furtivité sont les meilleures réponses pour contrer les infiltrations de combattants d'une grande prudence pour leur communication et d'une détermination totale au combat. Les commandos français ont pu, notamment, mettre hors de combat plusieurs grands chefs d'AQMI, parfois responsables de la mort d'otages français[1]. Ces actions de combat, brèves et intenses, le plus souvent menées de nuit, sont la fine pointe d'un travail de renseignement qui joue sur les différents capteurs dont la France dispose : satellites, avions de reconnaissance et d'écoute, drones[2], hommes au sol. C'est ce renseignement sans cesse affiné, partagé avec les alliés, notamment les Américains, qui permet de monter une opération de libération d'otages[3], de capture d'un chef

1. Notamment « Abdelkrim le Touareg », tué au combat en mai 2015 avec un autre chef, Ibrahim Ag Inawalen, dit « Bana », et leurs deux gardes du corps.

2. Les Reapers américains achetés par la France peuvent voler 24 heures d'affilée.

3. En 2015, les commandos français libèrent un otage néerlandais captif depuis plus de 1 000 jours.

djihadiste ou de mise hors de combat d'une cellule terroriste dans le désert du Mali ou du Niger.

La France fait partie du top 5 des forces spéciales avec les Américains, les Russes, les Britanniques et les Israéliens. Un privilège, plus qu'un statut, que les généraux à la tête du COS construisent et préservent patiemment depuis sa création en 1992, à la suite de la guerre du Golfe. L'actuel patron de ces hommes et femmes sans visage s'inscrit dans cette veine tout en cherchant en permanence à adapter à l'évolution des menaces un outil très prisé par le politique pour sa souplesse d'emploi et son efficacité.

« L'ennemi tient sa puissance de sa furtivité et de sa capacité à travailler en réseaux, explique le général Grégoire de Saint-Quentin qui commande le COS. Leur *business model* consiste à frapper ici ou là, et à se retirer, souligne-t-il. Ces bandes armées font dans le sporadique. Elles sont suffisamment furtives et mobiles pour glisser entre les mains des organisations militaires classiques et elles cherchent à les user par une multiplication d'actions asymétriques – attentats, engins piégés, etc. Elles bloquent ainsi le processus de reconstruction d'un pays tout en tentant de bâtir leur propre légitimité face aux populations. Il se trouve que les forces spéciales, par leur mobilité, leur capacité d'ubiquité, leurs modes d'action de nuit et de jour, sont particulièrement adaptées à ce mode opératoire. Nous sommes fluides, furtifs, plastiques : c'est la meilleure façon de briser leurs actions et leurs réseaux. Même si leurs fenêtres temporelles de vulnérabilité sont étroites, nous savons nous y infiltrer et les détruire en agissant plus vite qu'eux.

« Il y a des invariants dans notre métier, souligne encore le général de Saint-Quentin, qui a également commandé l'opération *Serval* : parmi eux, le fait que quelques hommes triés sur le volet et décidés doivent être capables de créer la surprise et d'emporter la décision. Cette capacité de "foudroyance" est la marque d'une opération spéciale. Elle est aujourd'hui puissamment confortée par les progrès des moyens de recueil du renseignement, et par notre mobilité. Nous ne sommes plus à l'époque du commando avec un couteau entre les dents… même si cela peut encore servir. Nous avons conservé la même philosophie qu'hier mais elle est démultipliée par la révolution technologique. Nous la mettons à profit pour raccourcir la boucle qui sépare le recueil et l'exploitation du renseignement de l'action qui doit prendre l'adversaire à froid. Mon obsession, c'est le temps réel, c'est d'agir dans le même espace-temps que celui de nos ennemis. Et nous y parvenons assez bien… Mais il faut remettre chaque jour l'ouvrage sur le métier avec ténacité et humilité car nos adversaires savent s'adapter. La qualité de nos matériels est essentielle : nous devons progresser notamment sur le chemin de leur harmonisation entre les trois composantes. Mais l'homme reste la clé de tout. C'est pour cela que nous veillons tout particulièrement à la qualité du recrutement et de la formation[1]. »

Signe supplémentaire de la continuité entre les lignes de front intérieures et extérieures, le COS travaille depuis la prise d'otages du théâtre de Moscou (2002) sur ce qu'il nomme dans son jargon les « POM »

1. Entretiens avec l'auteur.

– prises d'otages massives. À l'époque, plus de huit cent cinquante spectateurs avaient été retenus par un commando tchétchène d'une cinquantaine d'hommes. Plus de cent trente otages et trente-neuf terroristes ne sont pas sortis vivants de l'assaut lancé par les forces spéciales russes. Signe de l'utilité de telles anticipations, des plans d'attaque de théâtres ou de salles de concert ont été trouvés dans les cartons d'un terroriste français arrêté en 2015 avant le massacre du Bataclan.

Le portrait type de ces hommes explique pourquoi les pays qui détiennent ces forces veillent sur eux et sur leurs secrets jalousement. Ces sportifs de très haut niveau ont le goût du dépassement, l'humilité des *grands*, la capacité à dompter le stress, une forte résistance et une solide résilience. Avec ce bagage physique et mental, le commando doit durer et endurer dans le froid, dans les températures les plus élevées, dans les airs, sur et sous mer, sur et sous terre. Mais ce *warrior* caparaçonné – il porte jusqu'à soixante kilogrammes en opération – joue toujours un « jeu » collectif. Il n'y a pas de « star » au COS, que l'on soit opérateur ou pilote, sur le terrain ou en état-major, d'active ou réserviste opérationnel. Le travail en équipe est le meilleur bouclier contre la mort qui rôde. Ce sont les entraînements mille fois répétés qui permettent à chacun de travailler à la performance du groupe pour la réussite d'une mission fixée par le chef d'état-major des armées, le général Pierre de Villiers, après aval du chef des armées, François Hollande. Le chef de l'État a décidé d'augmenter les effectifs du COS pour les années à venir. Ils passeront de trois mille à quatre mille hommes à l'horizon 2019. En 2015, la composante marine du

COS a vu l'arrivée d'un septième commando de cent cinquante hommes pour assurer l'appui des opérations spéciales. Il a pris le nom d'un compagnon de la Libération, l'amiral Pierre Ponchardier, créateur des commandos parachutistes en Indochine.

Cette évolution numérique s'accompagne d'un double mouvement : d'une part, le COS compte peser plus dans le processus de décision d'achat de matériels, d'autre part, les trois armées – terre, air, marine – ont décidé de leur apporter certaines compétences pointues avec lesquelles le COS travaillait déjà sur le terrain mais qui étaient hors de son périmètre organique : équipes cynophiles, spécialistes – dans le domaine nucléaire, radiologique, biologique et chimique. Sans oublier la cyberguerre…

Guerres invisibles

Dans son prurit expansionniste, la guerre ne pouvait laisser de côté un espace aussi séduisant que le cyber. Ouvert à tous, souvent peu coûteux, mutant, sans contrainte de temps ou d'espace, c'est un nouveau champ de bataille prometteur. Il est considéré comme le cinquième domaine militaire après la terre, l'air, la mer et l'espace. Dans cet univers numérique, le meilleur des guerriers peut être un hacker ventripotent aux cheveux gras qui n'a jamais vu une arme, nourri à l'adrénaline de l'interdit, aux dollars (ou aux roubles) et au Coca-Cola non light. Il vaut, à lui seul, plusieurs divisions, qu'il soit mercenaire ou fonctionnaire. Le général Sun Tseu aurait adoré le combat numérique :

détruire, espionner, infiltrer, infecter, déstabiliser, leurrer sans laisser la moindre signature… ou la plus minime possible. Les États-Unis ont décidé de modifier leur doctrine de guerre, considérant qu'un « Pearl Harbour » dans le domaine du cyber devra être considéré comme une attaque majeure susceptible de recevoir en retour une riposte militaire classique, et pas seulement cybernétique : en clair, Pékin pourrait être massivement bombardé un jour à la suite d'une cyberoffensive mettant à bas les systèmes de contrôle de plusieurs bases nucléaires et d'un sous-marin nucléaire lanceur d'engins.

La seule vraie difficulté de cette guerre invisible est l'identification certaine de l'agresseur. Le pister est d'autant plus difficile que certains États sous-traitent le travail à des hackers mafieux *off shore* ou à des trolls[1].

Il y a dix ans, la cyberguerre était encore une *terra incognita*. Depuis 2013, la France en a fait une priorité nationale. Un milliard d'euros a été injecté dans le cadre d'un « Pacte cyberdéfense ». Un officier général cyberdéfense, en l'occurrence le vice-amiral Coustillière, a été nommé à l'état-major des armées, en 2011, pour conduire l'acclimatation des armées à ce nouvel outil qui ne fait pas de morts sur la moquette mais qui peut aider à gagner des batailles. Il est directement rattaché au sous-chef « opérations » de l'état-major des armées, ce qui indique clairement le sens de sa mission. En

1. Nom donné aux hackers russes pro-Poutine qui sèment le désordre sur le Net en prenant de fausses identités. Le verbe « troller » est utilisé en Net-langue pour désigner une opération de déstabilisation sur la Toile par un « bandit masqué ».

2018, l'équivalent d'un régiment de huit cents personnes sera assigné à la cyberguerre.

La France a décidé de ne pas se cantonner à une approche défensive. Elle dispose désormais de moyens offensifs pour déstabiliser, leurrer, infecter ou neutraliser les réseaux informatiques d'un adversaire. Ce n'est plus un appendice extérieur mais bien une pièce maîtresse dans la manœuvre militaire globale. « Le combat numérique est désormais au cœur de tous les enjeux de défense et de sécurité. La cyberdéfense a revêtu une dimension stratégique. Sur les théâtres d'opérations et sur le territoire national, nos forces sont exposées à la menace cyber », a expliqué le ministre de la Défense, Jean-Yves Le Drian, lors du premier colloque international de la cyberdéfense qui s'est tenu à Paris en 2015[1]. Pour appuyer sa démonstration, le ministre a cité le jour où, en Afghanistan, une cyberattaque est parvenue à perturber les liaisons entre Paris et ses drones. En 2014, la défense a comptabilisé sept cent quatre-vingt-une anomalies informatiques venues de l'extérieur affectant ses systèmes d'armes. Le ministre a clairement annoncé que Daech était dans le viseur numérique français. Les services français ont identifié à Raqqa le cœur du djihado-Web de l'État islamique, « avec des relais qui se retrouvent dans nos différents pays et utilisent nos infrastructures et opérateurs Internet », a précisé le ministre. Des cyberexperts de la défense ont été implantés sur la base française d'Abou Dhabi – d'où partent des avions pour frapper Daech en

1. Le 24 septembre 2015, à l'École militaire en présence d'une trentaine de délégations étrangères.

Irak et en Syrie – pour une mission de veille, d'analyses et d'alerte. Si la France fait plus, et passe à l'offensive, elle ne donnera pas de détails… Mais les ordinateurs de l'État islamique pourraient bien connaître des périodes de surchauffe très dommageables, juste avant que les bâtiments où se trouvent les cyberdjihadistes ne soient bombardés…

Tout le monde se met à penser cyber. Cela veut dire que l'arme cybernétique sera de plus en plus engagée au même titre qu'un appui de feu. Comme l'aviation ou l'artillerie, elle est à même de frapper l'ennemi dans la profondeur de son dispositif de combat. Il s'agit de détruire ou de tromper ses moyens informatiques, que ce soit sur le sol français ou à l'extérieur, car il n'y a plus de distinguo entre les deux fronts. Le cyber n'est pas une baguette magique, mais il va devenir une composante essentielle des conflits modernes. C'est aussi important que l'émergence de l'arme aérienne au début du XXe siècle. Comme le dit le général Burkhard, qui suit ces questions à l'état-major des armées : « Le cyber n'apporte pas seul la victoire, mais la victoire ne sera pas obtenue sans lui[1]. » « Il n'y a plus d'opérations sans la prise en compte de cette dimension », ajoute l'amiral Coustillière. Ce dernier estime que les mafias russes et l'État islamique peuvent être ciblés de conserve avec les cyberéquipes de pays alliés du Maghreb et du Golfe.

Tous les États développés, donc fortement informatisés, ont créé depuis des années des outils défensifs ou offensifs. Dans le domaine militaire, les états-majors et

1. *Ibid.*

les systèmes d'armes, tous bourrés d'informatique, sont directement visés. Des cyberattaques majeures peuvent sérieusement endommager les systèmes les plus sophistiqués à bord d'un bâtiment de la marine, d'une base aérienne ou au sein d'un poste de commandement de campagne qui par l'ampleur de ses connexions informatiques ressemble de plus en plus à une salle de traders… Des attaques mineures peuvent chercher à miner la capacité de résistance d'un adversaire : ainsi les climatisations peuvent être mises hors d'état si elles sont gérées par informatique. C'est à première vue une attaque vénielle, sauf quand les températures montent jusqu'à quarante ou cinquante degrés – en Afghanistan, au Sahel. Dans des bâtiments en dur sécurisés, les systèmes de portillons électroniques sophistiqués peuvent être déréglés, bloquant entrées et sorties, etc.

Dans le domaine économique, les entreprises françaises sont fortement sensibilisées à ces intrusions qui mettent en œuvre des logiciels d'espionnage performants. Le Premier ministre Jean-Pierre Raffarin (de 2002 à 2005), venu du monde de l'entreprise, en avait fait l'une de ses priorités. Un ancien haut responsable de la DGSE, Alain Juillet, était devenu son *missi dominici* pour faire évoluer au sein des entreprises des comportements parfois négligents en matière d'intrusion informatique. Les sympathiques stagiaires chinoises, notamment, ne faisaient pas des heures supplémentaires, très tard le soir, uniquement pour remercier leurs hôtes de la qualité de leur accueil.

Signe des temps, des saint-cyriens passent désormais un diplôme de master en cyberdéfense. Des réservistes opérationnels[1] sont également très actifs dans ce domaine où ils apportent aux armées leur spécialité civile. La Direction du renseignement militaire, spécialisée dans le recueil et l'analyse d'images satellitaires, d'écoutes électromagnétiques et de renseignements humains au sol, s'est dotée d'une cellule de traque cybernétique – la DGSE en a également une. Elle surfe sur Internet et les réseaux sociaux pour draguer tout ce qui peut intéresser les armées. Elle pousse sa curiosité au cœur du *darknet*, cet espace *underground* de la Toile où naviguent terroristes, trafiquants et trolls. Les experts de la direction du renseignement militaire sont à même de faire parler les ordinateurs pris à l'ennemi, notamment au Sahel. C'est une dimension nouvelle du combat : ces as, civils ou militaires, doivent craquer très vite les *firewalls* de ces matériels informatiques récupérés de façon à pouvoir, éventuellement, monter une autre opération dans la foulée à partir du renseignement découvert et analysé à chaud.

La sensibilisation dans ce domaine est générale au sein de l'armée car le premier maillon faible, c'est l'homme quand il ne respecte pas les commandements de l'hygiène cybernétique établis par la défense : ils interdisent, notamment, de connecter des supports personnels sur une station professionnelle, de laisser s'empiler les données sensibles sur des clés USB quand on voyage, de ne pas protéger les fichiers sensibles

1. Ils souscrivent un engagement à servir la réserve valable cinq ans renouvelables. Ils peuvent servir les armées de 20 à 150 jours par an sur la base du volontariat. Ils sont alors soldés, notés, promus et décorés à l'instar de leurs camarades d'active. Ce sont des professionnels de la défense en uniforme à temps partiel.

avant envoi, etc. Au niveau gouvernemental, le Centre d'analyse et de lutte informatique défensive du ministère de la Défense (CALID) veille au grain pour parer les cyberattaques contre la défense – ce sont ses hommes qui sont à Abou Dhabi. Ses systèmes de veille permettent de détecter les tentatives d'intrusion et surtout d'identifier la « marque » laissée par l'attaquant. Ils sont à même de proposer des parades pour contrer les tentatives de pénétration. S'il faut du temps pour les parer, les combattants du CALID vont demander à l'organisme attaqué de désactiver la fonction ciblée pour éviter qu'elle ne soit pénétrée. D'autres personnels passent leur temps à traquer sur la Toile toutes les informations sur la meilleure façon de craquer les blindages informatiques. Une façon de chercher à les améliorer en permanence. Dans leurs couloirs, l'ambiance est un mélange de rigueur militaire et de décontraction geek. Un style hétérodoxe parfaitement adapté à la nature de la menace. La transversalité est systémiquement recherchée. Les équipes du CALID et du cybergénéral organisent régulièrement des exercices réalistes pour se préparer au combat numérique. Ils peuvent mobiliser une centaine de militaires et de civils spécialisés, quatre cents militaires et civils non spécialisés et également une centaine d'enseignants et d'étudiants venus des grandes écoles et des universités spécialisés dans ce domaine. Cette mixité est un gage de succès de ces séances qui collent au réel en recyclant notamment une matière inspirée de cas réels. Lors du colloque parisien sur le cyber, des équipes civiles et militaires, françaises et étrangères – États-Unis, Estonie –, se sont défiées dans des joutes cybernétiques.

Très agressifs dans cet espace de bataille, les Russes se sont spécialisés depuis longtemps dans les attaques cybernétiques avant une opération militaire au sol. Géorgiens, en 2008, et Ukrainiens, en 2014, en ont fait l'expérience. Leurs réseaux informatiques sensibles – défense, police, administration – ont été piratés et désorganisés avant l'engagement des forces russes ou de leurs affidés. Pour brouiller les pistes, ces attaques sont parfois lancées à partir de sites basés à Kaliningrad (ancienne Königsberg prussienne), enclave russe entourée par la Pologne et la Lituanie. Moscou brouille les pistes en s'appuyant sur ce que les spécialistes nomment des « francs-tireurs », ou des trolls qui avancent masqués. Ils appartiennent en fait à des groupes pro-Russes financés par le Kremlin. Ce paravent permet à la Russie de se récrier si on l'accuse d'être à la manœuvre cybernétique… Moscou mène notamment un cyber-combat extrêmement actif sur la Toile pour lutter contre ses contempteurs. Tout est bon pour cyberdynamiter les sites et blogs ennemis qui ne saisissent pas bien toute l'ampleur du génie messianique poutinien.

Dans les jeunes annales de cette guerre invisible, l'Iran figure au rang des victimes fameuses. En 2008, un grand nombre de centrifugeuses nucléaires iraniennes ont été mises hors d'état par l'introduction d'un puissant ver informatique surnommé Stuxnet. On prête aux Américains et aux Israéliens l'origine de cette manœuvre à deux bandes. Elle a consisté à infecter préalablement les outils informatiques des équipes russes de maintenance des systèmes iraniens. C'est donc un allié, la Russie, qui a introduit le venin sans le savoir dans les vaisseaux électroniques du programme iranien le plus protégé. Les services de renseignement estiment que certaines centrales électriques iraniennes ont été par ailleurs fortement endommagées, voire détruites, par des cyberopérations destinées à perturber les organes de contrôle et de maintenance à distance. Il a suffi d'inverser les unités de mesure de chaleur et de refroidissement pour y parvenir. Trompés par l'inversion des capteurs qui indiquaient « très chaud » alors qu'il faisait trop froid, les ordinateurs de régulation automatique, voire la main humaine, ont eux-mêmes procédé à des corrections de température aberrantes… conduisant inéluctablement à la destruction des cibles. L'Iran aurait cherché à se venger de l'affaire Stuxnet – une première à l'époque : des sites bancaires américains ainsi que des compagnies pétrolières saoudiennes ont été attaqués par des virus informatiques. Certains pensent que ce sont les Russes qui ont prêté main-forte à Téhéran pour cette mesure de rétorsion qui n'est pas parvenue à faire autant de dégâts que le désormais fameux Stuxnet.

La Chine est considérée comme une championne du cyberespionnage, avec des unités entières de hackers spécialisés dans le pillage d'informations. Pékin s'en est toujours défendu… Cela n'a pas empêché la justice américaine, en 2015, de lancer spectaculairement des avis de recherche contre cinq officiers de l'Armée populaire de libération (APL) accusés de cyberespionnage. Furieuse, la Chine a hurlé à « l'hypocrisie » et à une agression « fabriquée de toutes pièces » par un pays mal placé pour donner des leçons. Elle a renvoyé les

États-Unis à l'affaire Snowden[1] et à ses pratiques de mise sous surveillance du monde entier, y compris de ses alliés occidentaux. L'ambassadeur des États-Unis à Pékin a été convoqué d'urgence tandis que le porte-parole du ministère des Affaires étrangères, Hong Lei, estimait que le seul pays maître en matière d'espionnage informatique était de l'autre côté du Pacifique. La colère chinoise n'était pas feinte car pour la première fois les Américains n'avaient pas lésiné sur la mise en scène.

Le FBI avait lancé ses avis de recherche dans le style Far West avec un « *Wanted by the FBI* » imprimé en gros sur fond rouge, au-dessus des photographies des « criminels » en uniforme. Les Américains savaient parfaitement qu'il n'y avait aucun espoir de pouvoir les déférer un jour devant la justice. La Chine, pas plus qu'aucun autre État, ne lâchera ses cyberguerriers. En revanche, ces hommes ne pourront jamais visiter le Grand Canyon ou l'Empire State Building. Mais ce n'était pas le seul objectif visé. Pour les Américains, cette gesticulation spectaculaire consistait à dire publiquement aux Chinois : nous savons, nous savons qui, nous savons où, donc nous pouvons savoir comment ! Le mandat d'arrêt du FBI était, à lui seul, un Exocet dévastateur par le degré de connaissance des rouages du hacking chinois qu'il révélait : « Entre 2006 et 2014, les accusés Wang Dong, Suyn Kailliang, Wen Xinyu, Huang Zhenyu et Gu Ghunhui, officiers dans l'unité

1. Informaticien américain travaillant pour des services de renseignement, qui a révélé l'ampleur dans le monde de la surveillance et des écoutes de son État. Edward Snowden est aujourd'hui réfugié en Russie.

61 398 du troisième département de l'Armée populaire de libération, sont soupçonnés d'implication dans une conspiration de piratage informatique. » La suite du texte donnait le détail des six cibles visées aux États-Unis. Selon certaines informations[1], l'unité 61 398 se trouverait à Shanghai dans un quartier solidement protégé par l'armée et la police. Les Chinois savent désormais que les Américains ont pénétré quelques-uns des secrets qui entourent sa cyberarmée… forte de deux millions d'hommes et de femmes.

Les médias sont une cible de choix dans la guerre numérique. L'attaque informatique du 8 avril 2015 contre TV5 Monde n'a pas été encore complétement élucidée. Présentée comme une opération du « Cyber-Caliphate », organe de cyberguerre de l'État islamique, elle a interrompu les programmes des douze chaînes de TV5 Monde. C'est le rayonnement international de la France en direction du monde francophone qui a été visé : deux cent soixante millions de foyers dans plus de deux cents pays se sont retrouvés devant un écran noir. L'opération a été doublée d'une prise de contrôle des organes de parole du groupe : comptes Facebook et Twitter ont été piratés. « Au nom d'Allah le Tout Clément, le Très Miséricordieux, le CyberCaliphate continue de mener son cyberjihad contre les ennemis de l'État islamique. » Au-delà du coup psychologique et politique, le coût financier pour TV5 Monde s'est élevé à cinq millions d'euros – 5 % du budget annuel[2]. Un

1. *Le Figaro*, 21 mai 2015.
2. *L'Express*, 10 juin 2015.

certain nombre d'équipements de la marque Cisco – entreprise américaine – ont été détruits dans l'attaque. Hasard ?

Quelques jours plus tard, une quarantaine de médias français ont reçu du Secrétariat général de la défense et de la sécurité nationale (SGDSN) des consignes orales et des documents techniques pour bloquer à l'avenir ce type d'offensive. C'est l'Agence nationale de la sécurité des systèmes d'informations (ANSSI) – sous la tutelle de Matignon – qui, après avoir enquêté, a pu établir la liste des contre-feux utiles. Elle est notamment parvenue à la conclusion que les pirates s'étaient introduits dans le système informatique dès le début d'année, sans être détectés. Ce n'est qu'après avoir pris tranquillement connaissance de l'ensemble des spécificités du réseau et de ses codes d'accès que l'attaque a été lancée. Le plus curieux est que l'on ne sait toujours pas qui en est le véritable auteur… Il n'est pas certain que ce soit l'État islamique. Les experts gouvernementaux interrogés par l'auteur n'excluent pas une opération d'autopromotion d'un groupe de hackers vénaux cherchant à se vendre ensuite au plus offrant en faisant valoir, avec le cas TV5 Monde, sa parfaite maîtrise de la cyberguerre. D'autres n'excluent pas une opération de rétorsion… russe, à un moment où Paris retenait la livraison à Moscou des deux bâtiments de projection et de commandement de type Mistral[1]. On ne prête qu'aux riches.

1. Paris a finalement annulé cette vente avant de revendre les deux bâtiments à l'Égypte.

3

Le bel avenir de la guerre des valeurs

Extension du domaine de la bigoterie

C'est l'une des dimensions les plus saugrenues des nouvelles guerres : elles se jouent aussi bien dans l'espace virtuel, immatériel et sophistiqué du cyber que dans celui du religieux dans sa version la plus archaïque. Le salafisme radical a le vent en poupe. Le phénomène ne va pas se tarir immédiatement : les racines du mal sont profondes et anciennes. L'éradication de Daech ne les fera pas disparaître du jour au lendemain. Dans un monde arabo-musulman friable, comme au sein d'un Occident en proie au doute existentiel, cette poussée semble moins un problème strictement religieux qu'identitaire et ontologique. La confusion des deux brouille néanmoins les cartes. Pour autant, la réflexion sur la nature de l'islam ne peut être totalement évacuée, car les terroristes disent enraciner leur hégémonie meurtrière dans les préceptes mêmes du Coran.

Mais d'emblée, écartons un poncif : il n'y a pas *un* islam. Il y a *des* islams au sein des deux grandes familles sunnite – hyper-majoritaire – et chiite – ultra-minoritaire, sauf en Irak et en Iran. Cela complique singulièrement les lectures. Les exégèses peuvent piocher dans les textes saints de l'islam pour en sortir des versets guerriers ou des sourates pacifiques[1].

Devant ce paysage fragmenté, il faut avancer d'un pas prudent. Être salafiste n'ouvre pas un passage inéluctable vers le terrorisme. Toutes les religions, juive, chrétienne, ont leurs intégristes. Ils n'en sont pas pour autant des apprentis tueurs, à quelques exceptions près[2]. Mais le salafisme radical, qui refuse le distinguo entre le politique et la religion, qui exige l'application de la charia et place la femme dans une position mineure, est une piste d'atterrissage que les djihadistes adorent emprunter. Cette pratique religieuse, arcboutée sur le refus de l'altérité, estime se fonder sur les préceptes du Prophète qui font de l'islam la dernière des religions, celle qui accomplie, dépasse et donc efface les autres. Dans nombre de pays musulmans, les autres religions sont tout juste tolérées dans une position d'infériorité, comme une survivance absurde du passé. La conversion y est rigoureusement interdite. Le salafisme

1. À l'inverse de la sourate IX (verset 29), déjà citée, on trouve la sourate II, verset 256, qui dit : « Il n'y a point de contrainte en religion » (*Le Coran*, Fayard, 2009.)

2. Un groupe radical de colons juifs a marqué l'actualité à l'été 2015 en mettant le feu à une maison palestinienne provoquant la mort d'un nourrisson et de son père et des brûlures à 90 % d'autres membres de la famille. La police israélienne a arrêté plusieurs activistes d'extrême droite. La presse israélienne a dénoncé la progression du « cancer » de l'extrémisme religieux. Un ultra-orthodoxe juif avait également poignardé à mort une adolescente juive lors de la Gay Pride 2015. Aux États-Unis, il y a quelques cas de catholiques radicaux qui ont tué des membres du personnel médical de cliniques où se pratiquait l'avortement.

politico-religieux entend imposer progressivement cette philosophie au cœur des sociétés occidentales. Il y travaille depuis des années avec un certain succès. Sa démarche peut virer à l'action terroriste par mutation du virus salafiste. Il faut donc s'y opposer avec fermeté et subtilité.

Cette poussée salafiste est alimentée depuis longtemps par le wahhabisme des Saoudiens. Il n'est pas inutile de s'arrêter quelques instants sur cette version de l'islam qui le pollue depuis les années soixante. Cette approche puritaine et intégriste du Coran a été créée au XVIIIe siècle par Mohammed Ben Abdelwahhab. Wahhabisme et salafisme[1] prétendent tous deux être fidèles à la foi islamique originelle. Ils estiment que les autres courants sont dans l'erreur en se fondant sur une approche non littérale des textes originels. Ce qui est intéressant, c'est de comprendre dans quel contexte la famille royale saoudienne a exporté cette vision réactionnaire, étriquée et rigoriste de l'islam. Dans les années 1950-1960, le monde arabe est secoué par les révolutions nationalistes dont Gamal Abdel Nasser est le phare, en Égypte. Des partis laïcs – Baas – prennent le pouvoir dans les années 1960-1970 en Irak et en Syrie. Ce mouvement de fond soulève espoir et fierté dans la rue arabe – il prendra fin avec la guerre des Six Jours contre Israël, en 1967. Il est perçu par l'Arabie saoudite comme une menace sérieuse pour son leadership politique et spirituel sur le monde sunnite. Son statut lucratif de gardien des lieux saints doit être préservé.

1. De *salaf* : « prédécesseur » ou « ancêtre » en arabe.

C'est à cette époque que les Saoud décident de doubler le mouvement nationaliste par le « haut », en se faisant le propagateur mondial du wahhabisme qui a cours dans leur pays, une vision mécanique de cet islam pratiqué sur cette terre qui a vu naître Mahomet. L'Arabie saoudite a inondé le monde musulman de sa littérature salafiste. À coups de millions de dollars, elle a lancé ses imams à la conquête des mosquées tout en formant sur ses terres des croyants formatés par les préceptes fondamentalistes du wahhabisme. C'est donc une démarche clairement politique qui a instrumentalisé le Coran, bannissant des siècles d'exégèse subtile, notamment en Espagne, à l'époque des Abbasides (VIIIe-XIIIe siècle).

Un exemple, parmi d'autres, illustre la stratégie d'influence déployée par Riyad depuis des décennies[1]. En Bosnie-Herzégovine, dans les années 1990, l'islam pratiqué sur cette terre des Balkans était plutôt ouvert et tolérant. Les mariages mixtes n'étaient pas rares et chacune des communautés était invitée aux fêtes religieuses des autres. Certains historiens estiment que cette pratique non sectaire avait quelque chose à voir avec le fait que nombre de musulmans d'aujourd'hui étaient… des Serbes orthodoxes d'hier, du moins dans les grandes villes. Ils avaient dû jadis se convertir à l'islam pour pouvoir servir dans l'administration ottomane. La guerre en ex-Yougoslavie a perverti cette tradition et imposé aux communautés, serbe (orthodoxe), croate (catholique) et bosniaque (musulman), de

1. Officier en Bosnie-Herzégovine, l'auteur en a été directement le témoin.

choisir leur camp. L'ambassade d'Arabie saoudite en Bosnie-Herzégovine y a vu une occasion de semer le wahhabisme sur les décombres de l'entente cordiale des religions symbolisée par Sarajevo. Les jeunes filles musulmanes, d'ordinaire décontractées et tête nue dans la rue, savaient qu'en passant par la représentation diplomatique saoudienne, elles en ressortiraient avec un foulard islamique et cinquante Deutsche Marks (alors la monnaie de référence) pour le mettre sur la tête. Honnêtes, elles respectaient le deal. Mais les Saoudiens n'avaient pas tout prévu. Habituées à porter en été jupes courtes et shorts sexy, les jeunes Bosniaques offraient désormais une combinaison vestimentaire étrange – mini-jupe et voile –, dont l'effet érotique certain avait pour effet de stimuler l'ardeur de nombre de soldats de l'OTAN présents pour stabiliser le pays.

Ce prosélytisme obscurantiste n'a pourtant aucunement empêché les Saoudiens de nouer les meilleures relations du monde avec l'Occident mécréant. Cette alliance des contraires a été facilitée par la logique des blocs antagonistes Est-Ouest. Les Saoud n'ont jamais lorgné vers l'URSS, contrairement à certains pays de la région, comme la Syrie. Les Américains ont donc troqué leur aide militaire et la sécurisation des voies d'exportation du pétrole dans le golfe Persique contre l'or noir de l'Arabie saoudite. « Nous ne les avons jamais sommés d'arrêter [de répandre le virus salafiste], parce que nous sommes drogués à leur pétrole, et les drogués ne disent jamais la vérité à leurs fournisseurs », souligne l'éditorialiste du *New York Times*, Thomas Friedman.

Le wahhabisme a asséché la créativité et le renouveau intellectuel de l'islam. Le résultat est consternant.

L'époque est lointaine où le monde islamique était le point de jonction des avancées philosophiques et scientifiques grecques, indiennes et persanes. Les spécialistes de l'islam cherchent en vain les nouveaux penseurs du Coran. Ils ne trouvent le plus souvent que des imprécateurs. L'islamologue Bernard Lewis constate que les sciences font désormais l'objet d'un rejet maladif dans le monde musulman, que c'est aujourd'hui « l'un des traits les plus frappants qui distinguent le Moyen-Orient des autres régions du monde ayant subi, sous une forme ou une autre, le choc de la civilisation occidentale. À l'heure actuelle, de nombreux pays asiatiques participent activement au développement scientifique, lequel n'est plus occidental mais mondial. Hormis quelques enclaves occidentalisées et une poignée de chercheurs du Moyen-Orient travaillant en Occident, la contribution de la région – telle qu'on peut la mesurer, par exemple, au nombre de publications dans des revues internationalement reconnues – fait pâle figure comparée à celle d'autres parties du monde non occidental ou, pis, comparée à son propre passé[1] ». Quant à la production éditoriale globale du monde arabo-musulman, en y ajoutant les traductions de livres étrangers, toutes matières confondues, elle atteignait en 2014… celle de l'Espagne. La ville d'Alger – plus de quatre millions d'habitants – ne compte que dix librairies.

Le wahhabisme et ses succédanés ont conduit à une paupérisation intellectuelle qui a favorisé l'émergence d'al-Qaida puis de l'État islamique. Les élèves ont

1. *Que s'est-il passé ? L'Islam, l'Occident et la modernité*, Gallimard, 2002.

voulu dépasser le maître en matière d'abêtissement. La démarche de l'État islamique est tout aussi politique et peu spirituelle que le wahhabisme. Le « calife » de Raqqa instrumentalise la religion à des fins de pure conquête, avec un effet final recherché : la prise des lieux saints et le renversement de la dynastie des Saoud. Wahhabisme et salafisme radical ne sont que les faces d'une même pièce de monnaie, mais elles se disputent désormais le leadership sur la communauté des croyants tout en jetant un regard de détestation vers les chiites. Les prochaines décennies continueront d'être marquées par ces combats qui débordent chez nous. C'est ce qui fait dire au philosophe Pascal Bruckner : « L'islam de nos jours et une maison divisée, “malade”, disait le poète et écrivain tunisien Abdelwahab Meddeb : le chaos sanglant qui prévaut au Maghreb, au Machrek, en Asie centrale en est la preuve. C'est une maison blessée que le souvenir de sa grandeur perdue et de sa confrontation avec l'Occident emplissent de tristesse, mais aussi de haine et de ressentiment. Cette blessure, les intégristes voudraient la cicatriser au plus vite, l'imputer aux mécréants, aux croisés, aux sionistes et revenir au premier temps du Prophète, alors que les réformateurs voudraient l'ouvrir plus encore, la reconnaître afin de provoquer une secousse vitale[1]. » Pour, l'heure la confrontation n'est pas en faveur des seconds…

La guerre est un accélérateur de particules virales. Ainsi les Tchétchènes sont passés d'un islam plutôt ouvert à un islam de guerre anti-orthodoxe au fil des

1. *Le Point*, 24 septembre 2015.

combats contre les forces soviétiques. Durant la première guerre de Tchétchénie (1994-1996), les prisonniers russes étaient traités comme des « enfants de la maison », et les journalistes non musulmans accueillis comme des amis. Les choses ont radicalement changé ensuite compte tenu, notamment, de l'extrême brutalité des forces russes. Lors de la seconde guerre (1999-2000), les jeunes prisonniers russes étaient désormais torturés atrocement et décapités devant la caméra. C'est cette « marque tchétchène » qu'al-Qaida, puis Daech, a adoptée. Nombre de combattants venus du Caucase servent d'ailleurs dans les rangs de l'EI. Quant aux journalistes « amis », seuls les musulmans étaient acceptés dans certains groupes de combat radicalisés. Les autres étaient fermement invités à se convertir s'ils ne voulaient pas subir le sort des Russes impies. La guerre est devenue une guerre de religion impitoyable. Une des poses préférées des combattants tchétchènes était alors de se faire prendre en photographie près du cadavre d'un soldat russe fraîchement tué en exhibant comme trophée sa croix orthodoxe de baptême encore accrochée à son cou par sa chaîne.

Partout dans l'univers sunnite le salafisme radical a progressé depuis plusieurs décennies. Un officier français arabisant témoigne : « J'ai appris l'arabe au Caire dans les années soixante-dix. Dans les rues, il n'y avait pratiquement pas de femmes voilées. Seules les femmes âgées et celles venues de la campagne l'étaient. Sociétalement, c'était plutôt perçu comme une incongruité et la marque d'un esprit arriéré. Je suis retourné régulièrement en Égypte pour parfaire la connaissance de la langue. En quelques années, la rue égyptienne s'est transformée. Les voiles se sont multipliés. Au final, ce sont les non-voilées qui étaient regardées de travers[1]. » Les Turcs libéraux et occidentalisés constatent ce même mouvement chez eux. Dans de nombreux pays où l'islam ne posait aucun problème de ce type, cette poussée radicale identitaire met les autorités sous pression. Lors d'un passage au Sénégal, pays francophone, ouvert et accueillant, un bon observateur local européen confie : « Le gouvernement est sous la pression d'une rue de plus en plus islamisée par le travail d'organisations salafistes influentes. Elles sont souvent très investies dans le caritatif : cela leur donne du poids auprès de la population. Pour elles, tout ce qui est français ou occidental est *péché*. Aussi, les autorités font-elles très attention à ne pas rendre trop publique l'aide de la France. Lors des incendies qui ont touché le port autonome d'Abidjan, ce sont des pompiers français qui sont parvenus à l'éteindre. Ils avaient été appelés au secours après l'échec des unités d'intervention sénégalaises. Tout a été fait ensuite du côté des autorités pour que la presse n'en dise surtout pas un mot pour ne pas réveiller les salafistes sur le thème de l'"ingérence coloniale des infidèles". Ils ont un poids électoral non négligeable. Le pouvoir sénégalais y fait donc très attention. Cela n'existait pas il y a quelques années[2]. » En Syrie, un des chefs de katibas de l'État islamique est sénégalais.

Un tour du monde musulman ne ferait que confirmer cette propagation qui est plus le fruit d'une revendication

1. Entretien avec l'auteur.
2. Témoignage recueilli sur place par l'auteur.

identitaire de combat que l'expression soudaine d'une envie de plus de Dieu dans sa vie. Toutes les classes sociales sont touchées. Cette radicalité n'est plus seulement l'apanage de milieux peu éduqués. Les classes moyennes et supérieures s'y rallient. Le terme de *kafir* (« infidèle ») se répand, y compris là où on ne l'attend pas. La « bigoterie » islamique, pour reprendre l'expression du journaliste Mohamed Sifaoui, se manifeste partout… même en Thaïlande.

On le sait peu, mais une guerre larvée mine ce pays depuis des années. Dans le sud du royaume, à six cents kilomètres des plages touristiques, des séparatistes musulmans mènent le combat contre les unités dépêchées par Bangkok[1]. L'État islamique cherche d'ailleurs à prendre langue avec ces combattants. Leur radicalisation semble pour lui un bon indicateur de maturité salafo-djihadiste. *L'Express*, qui a consacré un dossier spécial à cette « guerre oubliée[2] », apporte des pièces au dossier de la mondialisation de la *salafisation* des esprits. Virginie André, une spécialiste de l'islam[3], a passé un an dans l'extrême sud du pays où sévissent les séparatistes musulmans. La chercheuse a noté un inquiétant glissement sémantique : « Ils ne traitent plus leurs ennemis de "fascistes" ou de "colonialistes", mais de *kafir*, d'infidèles. Et ils ne cherchent plus à libérer la "République de Pattani", mais l'"État islamique de Pattani". Pour recruter des jeunes, dit-elle, les séparatistes

1. L'armée est au pouvoir depuis un coup d'État (mai 2014).
2. 29 juillet 2015.
3. Institut australien Alfred-Deakin et Institut de recherche sur l'Asie du Sud-Est.

mêlent des arguments nationalistes, comme l'oppression historique de l'État thaïlandais, et religieux, en empruntant certains concepts du djihadisme. C'est efficace et cela rend cette radicalisation difficile à contrôler. » Elle relève que les réseaux sociaux, notamment Facebook, relaient de plus en plus ces messages radicaux.

Invasion virale

La France a été touchée depuis longtemps par le virus salafiste. Elle l'a laissé prospérer benoîtement, la main sur le cœur, avant de se réveiller brutalement le 13 novembre 2015. Après les attentats américains du 11-Septembre, nombre de livres, d'articles et d'émissions se sont penchés tout à coup sur cette maladie de l'islam. En France, il y a donc plus de dix ans, était déjà recensée la longue liste des renoncements républicains face aux exigences communautaristes. « Nous avons désappris de nous battre contre les prétentions des religions à déborder leur cadre spirituel », notaient à propos de l'islam Michèle Tribalat et Jeanne-Hélène Kaltenbach[1], citées dans un dossier de 2002 de *L'Express* intitulé : « Islam. Ce que l'on n'ose pas dire[2] ». Après un gros travail d'enquête, les deux auteures estiment alors que « le désir d'appliquer la charia en France ressort aussi bien des propos de certains leaders d'opinion musulmans dits modérés que de

1. *La République et l'islam. Entre crainte et aveuglement*, Gallimard, 2002.
2. *L'Express*, du 12 au 18 septembre 2002.

ceux qui seraient de tendance islamiste, la différence résidant essentiellement dans le ton ». Ce sont les mêmes musulmans qui depuis longtemps affirment que l'assimilation est une « oppression », non sans trouver dans les médias de nombreux relais. Aussi les vieux musulmans parfaitement intégrés ont-ils été sommés par les jeunes radicalisés de se convertir aux valeurs identitaires dures de l'islam. Le fil conducteur de ce dossier de *L'Express* était résumé en tête du dossier spécial consacré à ce sujet qualifié d'« explosif » : « Non, le monde musulman n'est pas victime de l'Occident, mais de son propre archaïsme et de l'incurie de ses dirigeants. Non, les musulmans de France ne doivent pas “adapter” la laïcité mais s'y plier. »

Reprenant la matière de plusieurs ouvrages, l'hebdomadaire relevait la multiplication des offensives salafistes pour faire plier le principe de laïcité : refus des cours d'éducation physique et de la piscine, contestation de certains programmes (notamment quand ils concernaient les Juifs et la Shoah), exigence en matière de nourriture communautaire (halal), pressions multiples des « bons » musulmans sur les autres (notamment les jeunes filles invitées à avoir une tenue « digne »), etc. Le journaliste de *L'Express* Éric Conan évoquait alors, en majeur, l'évolution fâcheuse du Conseil d'État inventant un concept de laïcité revu et corrigé pour intégrer le « respect de la différence » faisant le lit du communautarisme et, en mineur, la position de l'association des étudiants musulmans Unir, élue au conseil de l'université Paris-XIII. Cette dernière avait mis en cause la légitimité d'« un professeur de culture occidentale » à juger le travail d'un étudiant musulman…

Parmi les innombrables renoncements républicains étaient mentionnés celui du ministère de l'Intérieur de l'époque acceptant sur pression d'associations musulmanes de retirer du texte d'une consultation la mention du « droit à la conversion »... C'était trop insultant pour une religion qui réfute ce droit : « on naît et on meurt musulman », avaient répété ces associations.

Le livre *Les Territoires perdus de la République*[1], fondé sur des témoignages d'enseignants, révélait déjà dans toute sa nudité l'expansion de l'antisémitisme, de la francophobie et du sexisme dans les banlieues. Un florilège terrible de l'état mental d'une partie de la jeunesse française issue de l'immigration, cible privilégiée des salafistes. La gauche bobo-bien-pensante avait à l'époque tout fait pour marginaliser l'impact de ce livre. Pour elle, les comportements rebelles d'anciennes « victimes du colonialisme » ne pouvaient être qu'aveuglément soutenus. Obsédée par la repentance mise à toutes les sauces, cette mouvance a développé un discours puissant dans les médias, incitant les Français de fraîche souche, venus du Maghreb ou d'Afrique, à conserver leurs traditions et leur culture d'origine au nom du respect de la « différence » et par refus de l'« islamophobie ».

La gauche politique n'est pas indemne non plus de tout reproche. Dans les années 1980, les députés-maires socialistes de banlieues constataient déjà dans leur commune la progression préoccupante de l'incivilité et des revendications communautaires au sein des populations

1. Fayard, « Mille et Une Nuits », sous la direction d'Emmanuel Brenner, 2002.

issues de l'immigration. Mais ils faisaient aussi le constat devant les journalistes de l'impossibilité dans laquelle ils étaient d'en discuter ouvertement en réunions de groupe parlementaire. « Si on le faisait, on nous reprocherait en interne de faire le jeu de Le Pen », se plaignaient-ils alors en cédant à l'omerta de la bien-pensance[1].

C'est dans cette France-là, culpabilisée et repentante, cédant pas à pas devant des exigences communautaristes sans fin, que les frères Kouachi et Amedy Coulibaly – une vingtaine d'années à l'époque – ont grandi.

Ayant cédé beaucoup de terrain, la France, qui compte de trois à cinq millions de musulmans[2], a dû finalement légiférer pour bloquer l'expansion du voile islamique intégral dans les lieux publics. Mais ce bout de tissu n'était que la face visible d'un travail souterrain conduit notamment par des imams étrangers. Le virus a été inoculé. Il fermente, alimenté désormais par des sources extérieures guerrières. Certes, il faut le répéter, il ne touche encore qu'une petite partie des Français de religion musulmane, mais il est extrêmement virulent. Après les attentats de 2015, on a vu réapparaître en force ces problématiques dans les médias. Mais un peu tard, sur fond de drame. Quant aux Français, ils ont tout à coup redécouvert des valeurs patriotiques jugées ringardes peu avant[3]. Ils ont réalisé que policiers et

1. *La Trahison des médias*, Pierre Servent, Bourin éditeur, 2007.

2. En l'absence de statistiques officielles, car interdites par la loi dans ce domaine, il est difficile d'avoir des repères précis.

3. C'est cette valeur que Ségolène Royal a tenté de remettre à l'honneur lors de la campagne présidentielle de 2007, sous les ricanements de ses camarades de parti. Le Premier ministre Manuel Vals a repris le flambeau en adoptant un discours patriotique assez carré.

militaires pouvaient risquer leur vie pour eux, que nombre de pays aimaient la France quand elle était meurtrière. Chroniquement dépressifs et en perpétuel doute identitaire, les Français se sont retrouvés, enfin, faisant peuple sous la bannière tricolore et chantant à tue-tête *La Marseillaise*. Plus d'un jeune le faisait pour la première fois de sa vie avec une sorte de vertige tant l'exercice était nouveau et pouvait paraître encore contre-nature... Il faut maintenant poursuivre le mouvement et remettre la République au centre du « village France » tout en poursuivant la construction européenne. Une tâche titanesque tant les abandons se sont multipliés ces dernières années.

Pour certaines jeunes femmes musulmanes en terre occidentale, le port du voile dans la rue est devenu une forme de résistance identitaire à une société qui les rebute. Les rebelles des banlieues mettaient hier des blousons noirs. Ces jeunes femmes revêtent aujourd'hui des voiles de la même couleur. Elles sont de plus en plus visibles. Mais la grande différence avec les rebelles d'hier, c'est qu'elles le font au nom de Dieu dans le cadre d'une société laïque qui incite chacun à faire disparaître les signes ostentatoires de foi pour préserver la paix commune. Cette affirmation d'un primat religieux n'a rien de banal même s'il faut faire la part entre ce qui relève d'une « rébellion adolescente » transitoire et d'un engagement salafiste militant, voire radical. Plus inquiétant est l'écho indirect que cette attitude donne à des événements tragiques qui se déroulent ailleurs dans le monde où tant de femmes sont contraintes de porter le voile en subissant le diktat d'hommes en turban. Le premier geste de jeunes filles parvenues à échapper à la dictature obscurantisme de l'État islamique est de jeter aux orties leur voile maudit devant les caméras. C'est le même soulagement qui l'a emporté auprès des populations musulmanes quand les soldats français ont libéré le nord du Mali des fondamentalistes qui avaient détruit leurs lieux saints. Les personnes qui, en France, revêtent la tunique du salafisme d'une façon ostentatoire se font, *nolens volens*, les soutiers d'une cause mortifère.

On ne peut méconnaître la part que ghettoïsation[1] et racisme ont pris dans le formatage de ces dérives. Ils accentuent ces mécanismes de repli identitaire. Néanmoins, en aucune façon ces facteurs sociaux ne peuvent être présentés comme une excuse aux meurtres au nom d'Allah. Les Italiens et les Polonais, dans les années trente, ont connu des conditions de vie extrêmement rudes après leur émigration en France. Ils n'ont pas été accueillis à bras ouverts. Le fait qu'ils soient catholiques n'a rien facilité, contrairement à une idée reçue. Les Polonais, par exemple, étaient accusés de pratiquer une « drôle de religion ». Elle n'était pas « très catholique » pour les paroissiens du Nord de la France parce que leurs messes étaient célébrées en polonais par des prêtres polonais souvent inconnus du diocèse. La grande différence est que leur soif d'intégration était si puissante et leur admiration de la France si forte qu'ils sont tous devenus très vite d'« excellents Français », comme disait Maurice Chevalier.

Victimiser ces populations, comme le font certains depuis des décennies, ne permet pas de dépasser les

1. Le Premier ministre, Manuel Vals, est allé jusqu'à parler d'« *apartheid* ».

handicaps d'une nationalité fraîchement acquise. Celle-ci n'offre pas instantanément les codes, les réseaux, le niveau d'études pour s'insérer dans un vieux pays profondément façonné par sa culture judéo-chrétienne. Mais faire de ces nouveaux Français des « victimes » a été la meilleure façon de les dissuader de faire des efforts pour s'intégrer. Même si cela peut sembler injuste, le phénomène d'intégration est toujours asymétrique… Ce n'est jamais le groupe qui s'intègre au nouveau venu. C'est toujours l'inverse. Tous ceux qui ont rejoint une classe en cours d'année en ont fait l'expérience. La classe ne s'est pas intégrée au nouveau venu. Le rôle de la maîtresse ou du maître demeure important pour faciliter cette insertion. La France n'a pas toujours été des plus adroites dans ce registre. Mais lui faire porter tout le poids de la non-insertion de population issue de l'immigration est un peu facile. Car dans cette affaire, familles et jeunes citoyens ou citoyennes ont une part de responsabilité. Victime est devenu un statut…

Lors d'un débat animé par Fabrice Lundy (BFM-radio), il y a quelques années, un des intervenants était le patron d'une start-up informatique. Il expliquait que, voulant lutter contre les discriminions à l'embauche, à compétences égales, il embauchait plus volontiers de jeunes diplômés issus de l'immigration (discrimination positive à l'américaine). En l'occurrence, il s'agissait le plus souvent de jeunes diplômées maghrébines. Elles n'étaient pas structurellement plus douées que leurs frères. Mais elles étaient favorisées *de facto* par le mode de fonctionnement familial dans les cités. En l'absence de père – réelle ou à cause du travail –, les frères aînés régentaient avec autoritarisme la vie de la famille, surtout celle de leurs sœurs contraintes de rester à la maison pour « ne pas faire la pute à l'extérieur » (d'où le mouvement « Ni pute, ni soumise »). Restant de force à la maison, elles avaient du temps pour travailler, et d'autant plus d'énergie à le faire qu'elles voulaient échapper par le diplôme à cette subordination, y ajoutant parfois un mariage avec un « Français de souche ». Finalement, nombre d'entre elles ont échappé au carcan « *grandfrériste* ». Cela démontrait, au passage, que les « victimes » n'étaient pas condamnées à l'apartheid et qu'elles pouvaient s'en sortir malgré des difficultés bien réelles, et cela grâce à la République, à ses éducateurs, à ses enseignants, à ses soutiens paramédicaux – orthophonistes, psychologues, etc. – et à des patrons citoyens.

La Samaritaine et le Coran

Plus que jamais le dialogue avec les musulmans est essentiel en ces temps de peur et de haine. Mais dialoguer n'est pas toujours chose aisée quand on ne sait pas de quoi l'on parle précisément. Or, comme jadis dans le grand magasin La Samaritaine, on trouve de tout dans le Coran et dans la vie du Prophète, chef de guerre pour les uns, messager de paix pour les autres. Après quinze siècles de pratique, les traditions les plus pacifiques et les plus mystiques – le soufisme, par exemple[1] –

1. Le soufisme est : « [...] Une mystique, une morale spirituelle, un code pour régir sa vie et régler le rapport à autrui, une initiation « ésotérique » enfin dans une confrérie soufie ». *Soufisme et Christianisme*, Alberto Fabio Ambrosio, Cerf, 2013.

côtoient les approches les plus conquérantes et les plus violentes (le salafisme radical et le djihadisme). Les premières invitent le croyant à un cheminement personnel d'« anéantissement » pour se fondre en Dieu, avec l'aide de l'étude, de la prière et de l'action ; les secondes s'érigent en modèle politico-religieux absolu autour de quelques principes sommairement avalés et recrachés pour en faire des oriflammes guerrières. Le terme *djihad*, lui-même, a deux sens : le « grand » djihad est une lutte spirituelle intérieure ; le « petit » est un combat offensif ou défensif qui passe par l'action militaire et la soumission des infidèles. D'où d'interminables querelles oratoires sur les plateaux de télévision entre contempteurs et défenseurs de l'islam qui s'envoient le mot *djihad* à la figure.

Dans le débat sur l'islam, on peut avancer prudemment trois choses qui ne sont pas sécables dans notre esprit : la valeur spirituelle de l'islam ne peut être niée ; dans le combat contre le fondamentalisme, il faut serrer les coudes avec les Français de confession musulmane ; et, enfin, il faut inciter les musulmans à un aggiornamento de leur religion. Trop de fondamentalistes y puisent leur inspiration pour que les modérés puissent simplement dire, la main sur le cœur : « Cela n'a rien à voir avec nous, ni avec le Coran ! » Le drame du 13 novembre a accéléré cette prise de conscience.

L'islam dégage une spiritualité indiscutable. Elle est attestée par des personnes aussi peu suspectes de complaisance que les papes Jean-Paul II et François, ou par les moines cisterciens de Tibhirine (Algérie). On se souvient des rencontres d'Assise, en 1986, voulues par Jean-Paul II pour rassembler les grandes figures de toutes les religions, y compris l'islam. Coïncidence, le jour de la tuerie de *Charlie Hebdo*, le 7 janvier 2015, le pape François recevait au Vatican quatre imams français accompagnés par Mgr Michel Dubost, président du conseil des relations interreligieuses à la Conférence des évêques de France et par le père Christophe Roucou, responsable des relations avec l'islam. Comme il le fait souvent, en les raccompagnant, le pape François a glissé à l'oreille de ses hôtes : « Priez pour moi[1] ! » Les moines de Tibhirine avaient, quant à eux, choisi de vivre en terre d'islam comme jadis Charles de Foucauld, qui y était également décédé de mort brutale. Bien que la guerre civile faisait rage, ils avaient décidé de partager jusqu'au bout le sort de la population algérienne avec qui ils vivaient en harmonie au quotidien. Le père abbé de cette petite communauté, Christian de Chergé, pressentant sa mort violente, avait rédigé son testament spirituel. Il y exprimait son affection profonde pour l'Algérie et l'islam.

En second lieu, il est important de manifester avec les Français de religion musulmane une solidarité à toute épreuve. Le terme de *fraternité* doit être mis en avant puisqu'il est au fronton de nos maisons communes. Ces compatriotes sont en première ligne dans le combat contre l'islamisme terroriste. Leur position est extrêmement inconfortable car ils sont souvent les victimes collatérales de l'ombre portée du djihado-terrorisme. « Mon enfant de sept ans et demi a découvert l'islam à travers les attaques contre *Charlie Hebdo*. Je

1. Voir le dossier du *Point* du 5 mars 2015 : « Les chrétiens face à l'islam ».

lui ai dit que c'étaient des terroristes. Mais il est revenu de l'école en me disant : "Maman, ces gens-là ce sont des musulmans. Est-ce qu'on est des terroristes ?" C'est blessant. Je voulais d'abord préparer mon fils à faire le bien, à être un homme avant de le préparer à être un musulman. » C'est une femme en pleurs qui a partagé ce témoignage avec le ministre de l'Intérieur, Bernard Cazeneuve, lors d'une rencontre organisée au ministère avec des lecteurs et auditeurs de médias confessionnels[1]. Une autre femme, voilée, se dit ostracisée lors des sorties d'école mais très sollicitée quand il s'agissait de faire des gâteaux… Cette rencontre avec un ministre de la République précédait l'inauguration de l'instance de dialogue État-religion musulmane qui est censée régler un certain nombre de points chauds avec ce courant confessionnel : abattage rituel, financement des lieux de culte, formation et recrutement des imams, écoles confessionnelles, etc.

Avec les événements de *Charlie Hebdo*, les violences contre les lieux de culte musulmans ou les boucheries halals avaient fortement crû. Incendies, tirs de fusil, jets de grenade à plâtre, graffitis haineux s'étaient multipliés. De janvier à septembre 2015, le ministère de l'Intérieur avait dénombré cinquante actes antimusulmans, contre vingt-sept pour les douze mois de 2014[2]. La bêtise se loge partout : un célèbre site de recettes culinaires a été critiqué pour avoir mis en ligne des recettes adaptées au Ramadan… Les Français qui s'en prennent aux lieux de culte ou aux musulmans

1. *Le Monde*, 9 juin 2015.
2. *Le Monde*, 22 septembre 2015.

eux-mêmes commettent une double erreur tragique : non seulement ils bafouent les règles de la République, mais ils se font les alliés objectifs des djihadistes. En effet, ces derniers sont en permanence à la recherche de nouvelles recrues. Pour trouver leur chair à canon, ils ne cessent de développer un discours de victimisation du musulman en Occident. C'est apporter de l'eau à leur moulin que de traduire une peur incontrôlée en actions criminelles contre les symboles de l'islam en France. « Une escalade de violence raciste fragiliserait nos institutions républicaines et saperait la coexistence sur le continent européen dans un climat dont on n'a plus besoin de souligner le caractère dégradé », prévient très justement Jean-Pierre Filiu, professeur à Sciences Po Paris, spécialiste du monde arabe et de l'islam[1].

De la même façon, ceux qui rejettent l'idée d'un accueil des réfugiés au motif que cela renforcerait le « clan musulman » font fausse route. S'il faut accueillir au compte-gouttes les migrants économiques, il faut, en revanche, recevoir les réfugiés syriens et irakiens après avoir très sérieusement contrôlé leur profil dès leur point de départ quand cela est possible (Turquie, Liban, etc.) ou dans les hotspots – points de regroupement – européens. Il faut le faire au nom des valeurs humanistes européennes – qui font la différence avec celles des islamo-terroristes –, mais également par souci de cohérence. On ne peut pas combattre l'État islamique et dire à ses victimes : débrouillez-vous mais ne venez pas chez nous ! Enfin, il faut aller dans ce sens pour des raisons stratégiques. Ces ressortissants, qui ont souffert

1. *Le Monde*, 11 septembre 2015.

du salafisme radical, s'y opposeront de toutes leurs forces chez nous. Certains d'entre eux peuvent être, en outre, des auxiliaires précieux des services de renseignement et de futurs interprètes de nos forces armées. La paix revenue en Mésopotamie, qu'ils restent ou qu'ils repartent, ces hommes seront des ponts naturels avec une région du monde avec laquelle nous aurons à travailler dans la durée. Ce mouvement d'accueil doit être solidement encadré et surveillé. Il faut veiller à les soustraire à l'influence des salafistes dans nos propres pays. La question se pose en effet. En septembre 2015, *Le Figaro*[1] titrait : « Des salafistes allemands recrutent parmi les réfugiés ». Citant un porte-parole des services secrets bavarois, le quotidien révélait que des salafistes allemands tentaient de cibler pour les endoctriner des jeunes Syriens arrivant sans famille et donc plus vulnérables. Les services allemands estiment à sept mille le nombre d'activistes musulmans dans leur pays.

Il faut aborder, enfin, la délicate question du Coran lui-même, et dire d'emblée que ce n'est pas « insulter le Prophète », comme disait Coluche, que de poser des questions sur le lien entre Coran et djihad. Ne pas accepter ce débat, c'est se mettre en marge de la société française. Il n'y a pas de sujets tabous en démocratie. Ces visions obscurantistes qui ravagent la Mésopotamie et frappent un peu partout dans le monde puisent leur source dans le Coran et les hadiths du Prophète. Ces textes ne sont pas réductibles à cette approche mortifère mais ils y prêtent le flanc. L'islam a prétendu, dès

1. *Le Figaro*, 12-13 septembre 2015.

l'origine, instaurer un primat sur toutes les autres religions, reléguant les « infidèles » au rang subalterne de *dhimmi*[1]. Ces derniers sont tolérés par un islam dominateur en échange d'un impôt grâce auquel ils obtiennent la protection des vainqueurs. Cette pratique fondamentalement inégalitaire a été instituée par Mahomet au moment où il s'apprêtait à faire massacrer les mâles d'une tribu juive qui lui avait résisté. Il a accédé à la demande du chef juif de ne pas mettre en esclavage les femmes et les enfants et de laisser la vie aux hommes, libres de ne pas se convertir à l'islam en échange d'un impôt. Le Prophète a été indéniablement un chef de guerre qui ne s'est pas démarqué des pratiques violentes de son époque (début du VIIe siècle) ; sauf peut-être avec le statut de *dhimmi* qui, alors, pouvait être considéré comme plus enviable que celui… de mort[2]. L'autre interrogation réside dans la non-séparation du spirituel et du temporel. La loi publique doit découler de la religion. La charia est là pour régir la vie des hommes jusqu'au moindre détail. Il y a des exceptions avec la Turquie, laïque aux termes de sa

1. Un certain nombre de fonctions leur étaient interdites, comme le fait de porter les armes. Néanmoins dans l'histoire de la domination musulmane sur le bassin méditerranéen, les califes et les émirs se sont souvent arrangés avec ces règles. C'est ainsi que des infidèles, chrétiens ou juifs, ont accédé à des fonctions importantes politiques (vizir) ou militaires (commandant en chef).

2. On ne saurait trop recommander de voir et revoir le remarquable documentaire « Juifs et musulmans : si loin, si proches » de Karim Miské qui retrace quatorze siècles de relations entre les deux religions (ARTE). Les quatre heures de cette série documentaire d'une grande pédagogie ne sont pas de trop pour plonger dans ce sujet qui évoque également la relation à trois avec les chrétiens. Lire la critique du *Monde* du 28 juillet 2015.

Constitution. Mais jusqu'à quand ? Même en Tunisie, le code de la famille est régi par la charia. C'est ainsi que le neveu d'une riche femme d'origine tunisienne décédée a lancé une procédure dans son pays pour annuler post-mortem le mariage de sa tante avec son mari français, au motif que celui-ci n'est pas musulman. Le neveu espère ainsi pouvoir récupérer l'héritage en s'appuyant sur la loi islamique[1].

Le fait de croire que le « Coran est la parole incréée de Dieu », c'est-à-dire né en Dieu et donné par lui – Mahomet (570-632) n'aurait été que le *sténographe* de Dieu – entrave la possibilité d'interpréter des textes datant du VIIe siècle (pour les plus anciens). Sa littéralité s'imposerait donc à tous, sans marge de manœuvre intellectuelle. Qu'importe que la réalité soit très différente et que les textes fondamentaux de l'islam aient été écrits sur deux siècles par plusieurs rédacteurs... Ce « Coran incréé » est une pierre de blocage pour une parole musulmane vivante. Elle favorise les lectures fondamentalistes en bridant les croyants dans leur capacité à s'approprier par eux-mêmes la substance de la foi, au-delà de sa temporalité historique. Les chiites ne partagent pas cette vision d'un texte dicté et donc non « négociable ». Leur clergé n'est pas seulement là pour encadrer la prière, comme chez les sunnites, mais également pour interpréter la parole sacrée. C'est une des fissures entre ces deux lignées de l'islam.

Comment, dès lors, mener le combat dans le champ des idées et des croyances pour affaiblir le terreau dans lequel les djihadistes plongent leur matrice ? Les

1. *Le Point*, 24 septembre 2015.

intellectuels, même de culture musulmane, mais non croyants, ne sont pas considérés par nombre de musulmans comme habilités à disputer des fondements d'une foi qu'ils n'ont pas. Quant aux infidèles, ils sont totalement hors jeu… La marge de manœuvre intellectuelle pour un questionnement bienveillant de l'islam n'est donc pas très large, faute de participants agréés par les intéressés.

Le pape François a fait du dialogue avec l'islam l'une de ses priorités. Il dispose d'une réelle liberté de manœuvre, à la fois à cause de son style qui ne s'embarrasse pas de tournures orales vaticano-chantournées et du fait de son origine latino-américaine, donc non alignés sur le modèle occidental. Pour Jean-Louis de La Vaissière, cité par *Le Point* : « Grâce à lui, la voix du Vatican est devenue plus audible dans le monde et, en l'occurrence, auprès des musulmans. » Peut-il être entendu ? Mgr Philippe Barbarin, cardinal-archevêque de Lyon, très impliqué dans le soutien aux chrétiens d'Orient[1], constate avec regret que « si les rencontres sont nombreuses et les amitiés réelles et riches, le dialogue avec l'islam aujourd'hui est le point faible. On voudrait trouver le chemin pour supprimer la violence, mais on ne voit pas très bien comment. Malgré de véritables efforts en ce sens, nous souffrons encore d'un

1. Six communautés principales sont regroupées sous ce vocable de « chrétiens d'Orient » : les coptes orthodoxes (8 à 10 millions) ; les Arméniens orthodoxes (7 millions) ; les maronites catholiques (1,5 million au Liban, plus de 3 millions dans la diaspora) ; les melkites en majorité catholiques (1,3 million), les syriaques orthodoxes (400 000) ; les assyro-chaldéens catholiques (200 000).

manque de vraies discussions théologiques [...]. Nous sentons bien qu'il faudrait passer à la vitesse supérieure avec l'islam. Cependant, je ne suis pas certain que le problème soit religieux. Ce qui se passe est plutôt de l'ordre du hooliganisme, de l'anarchie qui se sert de la religion », ajoute-t-il.

Sursaut

En visite au Maroc, à l'automne 2015, le président François Hollande a signé avec le roi Mohammed VI une série d'accords de coopération en matière de formation d'imams français. Paris poursuit sa politique pour couper l'islam de France des influences salafistes et des financements venus du Golfe et de l'Algérie – par ailleurs nos meilleurs alliés. Paris et Rabat se sont engagés sur un programme de formation en deux temps : formation coranique au Maroc de deux ans promouvant un « islam du juste milieu » conforme aux « valeurs d'ouverture et de tolérance » et une formation universitaire civique et républicaine en France (délivrée notamment à l'Institut catholique de Paris). Ces imams recevront également une formation aux réseaux sociaux, puisqu'il s'agit de l'un des principaux vecteurs de la propagande djihado-salafiste. L'Union des mosquées de France (UMF), une fédération musulmane proche du Maroc, sera chargée de procéder à la présélection des candidats. Cette solution ne sera que transitoire, le temps que la France soit à même de délivrer sur son sol les deux volets de ce programme. Il faudra attendre la sortie de plusieurs de ces promotions pour que d'anciens élèves deviennent formateurs à leur tour sur le sol français. L'UMF s'est engagée également à promouvoir plus activement le dialogue interreligieux. Ces exemples montrent que les choses avancent dans le bon sens et, en même temps, révèlent l'énorme retard pris dans un domaine ô combien sensible.

L'État doit également veiller à ne pas froisser en interne des religions qui se retrouvent en première ligne face aux exactions djihado-salafismes. Certaines maladresses sont vivement ressenties par les chrétiens en cette période de chasse à leurs coreligionnaires en plusieurs points du globe. Après la décapitation filmée par Daech de vingt et un Égyptiens de religion chrétienne (2015), l'Élysée a publié un étrange et plat communiqué parlant de « ressortissants égyptiens » exécutés, comme si le principe de laïcité… imposait de ne pas donner leur religion. Or, ils ont été exterminés parce qu'ils étaient chrétiens et non parce qu'ils étaient égyptiens. Les chrétiens vivent mal le sentiment d'un « deux poids deux mesures » quand il s'agit de l'islam : taper sur les catholiques est un sport habituel et rituel en France, par exemple chez les humoristes, en revanche pas question… de questionner les musulmans sur leur religion, encore moins de les brocarder au risque d'être taxé d'islamophobie. Or, les chiffres montrent que la religion la plus discriminée dans le monde est bien la religion catholique. En 2014, sur vingt pays où la situation s'était dégradée pour les chrétiens sur le plan de la liberté spirituelle, quatorze étaient des pays musulmans[1].

1. Sources : Aide à l'Église en détresse, fondation pontificale (voir *Le Point*, 5 mars 2015, et l'« Index mondial de persécution » publié par

Depuis les attentats de 2015, des intellectuels musulmans ou de culture musulmane sont enfin invités sur les plateaux de télévision pour débattre de l'islam. Leurs tribunes sont largement accueillies dans la presse écrite. Les échanges sont souvent d'un grand intérêt et d'une réelle ouverture d'esprit. Mais on voit toujours les mêmes intervenants, comme si les intellectuels musulmans ou de culture musulmane étaient rares. Le philosophe Abdennour Bidar est sans doute l'un des rares qui, depuis des années, tente d'alerter ses contemporains sur le mal salafiste, tout en incitant ses amis musulmans à un aggiornamento vital. En 2014, donc bien avant les attentats de *Charlie Hebdo*, il a publié sur son blog une « lettre ouverte au monde musulman » d'une grande lucidité. Elle tranche complètement avec le prêchi-prêcha compassionnel contemporain qui infantilise les musulmans en prétendant lutter contre l'islamophobie.

C'est un petit conformisme de salon que Bidar fait voler en éclats avec sa lettre, dont on ne saurait trop recommander la lecture[1]. Dès le début, le philosophe pose les termes du débat sans tourner autour du pot en s'adressant à ses frères : « Le pire est que je te vois te perdre – perdre ton temps et ton honneur – dans le refus de reconnaître que ce monstre [Daech] est né de toi, de tes errances, de tes contradictions, de ton écartèlement

l'ONG Portes ouvertes. Les douze pays musulmans les plus oppressifs pour les chrétiens étaient en 2015 : la Somalie, l'Irak, la Syrie, l'Afghanistan, le Soudan, l'Iran, le Pakistan, l'Érythrée, le Nigéria, l'Arabie saoudite, la Libye et le Yémen. Tous ces pays sont en guerre chez eux ou font la guerre.

1. blog.oratoiredulouvre.fr/2014/10.

interminable entre passé et présent, de ton incapacité trop durable à trouver ta place dans la civilisation humaine. » Il poursuit : le « problème est celui des racines du mal. D'où viennent les crimes de ce soi-disant État islamique ? Je vais te le dire, mon ami. Et cela ne va pas te faire plaisir, mais c'est mon devoir de philosophe. Les racines de ce mal qui te vole aujourd'hui ton visage sont en *toi-même*, le monstre est sorti de ton propre ventre, le cancer est dans ton propre corps. Et de ton ventre malade, il sortira dans le futur autant de nouveaux monstres – pires encore que celui-ci – aussi longtemps que tu refuseras de regarder cette vérité en face, aussi longtemps que tu tarderas à l'admettre et à attaquer enfin cette racine du mal ».

Abdennour Bidar a brisé un tabou longtemps dominant : celui de la victimisation absolue des Français de religion musulmane issus de l'immigration. Avec affection, tendresse et fermeté, il renvoie les musulmans à leur responsabilité pour les inviter à croître, bien loin du leitmotiv : « Ce n'est pas toi qui est responsable, ce sont le autres... la France, l'État, la pauvreté, etc. » Le philosophe met en cause une certaine intelligentsia française qui, au nom d'une laïcité devenue religion d'État, a relégué aux oubliettes de l'histoire religion, foi et transcendance. Ces « intellectuels occidentaux », souligne le philosophe-prophète, « vivent dans des sociétés sécularisées qui ne se souviennent plus du tout que la religion peut être le cœur du réacteur d'une civilisation humaine ! Et que l'avenir de l'humanité passera demain non pas seulement par la résolution de la crise financière et économique, mais de façon bien plus essentielle par la résolution de la crise spirituelle sans précédent que traverse notre humanité tout entière. Saurons-nous tous nous rassembler, à l'échelle de la planète, pour affronter ce défi fondamental ? La nature spirituelle de l'homme a horreur du vide, et si elle ne trouve rien de nouveau pour le remplir elle le fera demain avec des religions toujours plus inadaptées au présent – et qui comme l'islam actuellement se mettront à produire des monstres ».

Le défi dont parle Abdennour Bidar est immense, car il faut travailler sur plusieurs registres en même temps : celui de la guerre contre le fondamentalisme ici et là-bas, celui de la respiritualisation et de la réhumanisation de la société, celui de la réforme intellectuelle et spirituelle de l'islam qui doit instituer une véritable liberté spirituelle, celui d'une redéfinition de notre modèle occidental de croissance qui placerait enfin l'homme et l'écologie en son centre. Vaste programme qui est bien celui de la lutte de l'altérité dans toutes ses dimensions contre l'extension du domaine des fondamentalismes. Devant ce combat multifacette, le doute vient de ce que la pensée courageuse de ce philosophe a peu de chances d'éclairer le monde musulman. Ce sont le plus souvent des non-musulmans qui relaient sa pensée. On tourne donc en rond.

Dans le contexte actuel, l'approche par la raison n'est pas aisée tant la déraison gagne du terrain. C'est elle qui fait dire dans le monde arabo-musulman ou en Perse que Daech a été inventé par les services secrets américains pour plonger la Mésopotamie dans le chaos. En France, l'idée selon laquelle les attentats de janvier étaient une manipulation de services secrets a fait florès sur la Toile. Il y a même été dit que les corps des frères Kouachi avaient été congelés par les services français qui les avaient ensuite déposés devant l'imprimerie où ils ont été faussement tués… C'est cette même pensée magique qui permet de nier, contre les faits, que Merah ait tué des enfants. À l'école, les enseignants butent contre cette pensée magique qui fait fi de la réalité et de la rationalité, comme si le salafisme avait ouvert une énorme brèche fantasmatique dans les cerveaux.

Le journaliste Mohamed Sifaoui, témoigne de sa prégnance dans le monde arabo-musulman[1]. Il explique comment, dans les années 1980, d'anciens moudjahidines algériens, rentrés d'Afghanistan, racontaient dans la rue leurs exploits contre les Soviétiques devant des publics fascinés. Les récits avaient tous la même matrice : face à des blindés ou des hélicoptères de l'Armée rouge, le récitant expliquait devant les yeux médusés d'une petite foule regroupée autour de lui comment, grâce à Allah – et seulement muni d'une pierre sur laquelle il avait fait des invocations coraniques –, il avait pu mettre en déroute tous ces infidèles en jetant son projectile divin alors que tout semblait perdu. Rares étaient ceux qui osaient mettre en cause ces récits fantastiques qui se propageaient : « Le Coran est plus fort que les chars T-72 de l'infidèle russe », répétait la rue arabe. Mohamed Sifaoui s'est rendu compte plus tard que ce type de récit était largement

1. Entretien avec l'auteur. Il a été mis sur la liste noire des djihadistes et bénéficie d'une protection policière.

véhiculé à travers le pays par des personnes qui n'avaient peut-être jamais mis les pieds en Asie centrale...

La raison semble perdre du terrain. Il faut pourtant lutter pied à pied pour lui en redonner... même si c'est un combat que certains considèrent comme extrêmement difficile à conduire. Le Franco-américain Scott Atran, spécialiste de la radicalisation, met en garde les États-Unis contre l'illusion de l'efficacité du discours « raisonnable » face à la radicalité : « On continue à nous dire que l'antidote est de prêcher un islam modéré. Je dis aux membres du Conseil national de sécurité [américain] : "Vous n'avez pas de gamins ? Est-ce qu'ils écoutent les propos modérés qu'on leur tient[1] ?" » Toute la difficulté est là, notamment parce que le vecteur qui propage le mal djihadiste, Internet, est par définition un vecteur libertaire, voire subversif. On ne peut pas dire que la raison et la mesure y soient particulièrement bien servies. Néanmoins il faut combattre en acceptant de tâtonner.

C'est ce que tentent de faire des sites de déconstruction du discours djihadiste et de déradicalisation lancés par l'État ou par des intellectuels. Au printemps 2014, un numéro vert anti-radicalisation a été mis en place par les autorités. Cette plate-forme téléphonique a permis le signalement de plus de deux mille cinq cents personnes dont la dérive mentale inquiétait les familles. Près de quatre mille autres profils ont été signalés par les cellules de veille des préfectures. Sur ce volume total de signalements, 36 % concerne des convertis,

1. *Au cœur de l'armée de la terreur, op. cit.*

31 % des femmes et 21 % des mineurs[1]. Quant au ministère de l'Intérieur, il a lancé un site Internet Stop-djihadisme qui n'a pas connu un grand succès. Comme le disait justement Scott Atran, la parole officielle est indigeste par définition pour nombre de jeunes, encore plus s'ils sont déjà sur la voie de la radicalisation. Le gouvernement n'a pas voulu rester sur ce demi-échec. « Nous allons mettre en place un bataillon de *community managers* de l'État pour opposer une parole officielle à la parole des djihadistes et ne pas leur laisser l'espace numérique », a annoncé le Premier ministre, Manuel Vals, au printemps 2015, lors d'une master class organisée par le Huffington Post et Paris-Dauphine. Les deux cellules sont désormais *armées*, l'une par des fonctionnaires – espérons qu'ils sont jeunes et geeks –, l'autre par des militants associatifs – même remarque. Pour reprendre l'expression de Manuel Vals, « elles croisent le fer » sur la Toile avec les recruteurs djihadistes. Le journaliste Mohamed Sifaoui travaille également à un site qui mènera le combat intellectuel et idéologique contre le salafisme et le djihadisme, notamment en déconstruisant leur discours. Ce travail de contre-propagande est infini quand on sait que 3 270 sites Internet pro-Daech en langue française drainent pas moins de trois millions de *followers*…

Les grands manitous du Web n'ont pas manqué de réagir. Il en va de leur réputation. Facebook, Twitter et

1. Chiffres 2015 fournis par le dispositif national de lutte contre la radicalisation, qui sont confortés par ceux de l'Unité de coordination de la lutte antiterroriste. 210 personnes de retour de Syrie ont été mises en examen. 125 d'entre elles sont en prison (chiffres 2015).

Google ont pris la mesure du soutien qu'ils apportaient, sans le vouloir, aux thèses extrémistes. Au-delà de la suppression de contenus radicaux, ils se sont engagés à mettre en ligne des contre-messages. YouTube lutte contre les vidéos trash de Daech en les écartant dès qu'elles sont repérées. Mais l'État islamique cherche à le saturer pour faire passer ses missiles psychologiques. Les web-djihadistes ont également mis au point des applications protégées pour diffuser leurs films d'horreur sans être repérés.

D'autres actions décentralisées, associatives ou individuelles tentent ici, de renforcer le lien entre les communautés, là, de proposer des chemins de resocialisation républicaine par le développement des connaissances et des talents. Les autorités cherchent également à utiliser les repentis qui rentrent brisés ou écœurés du djihad mésopotamien. Leur parole peut ouvrir les yeux de ceux qui sont fascinés par le chant des sirènes de Raqqa. Les parents de ceux qui sont partis pour la Syrie – certains sont allés sur place pour les récupérer en prenant de gros risques –, se mobilisent également pour aider les familles frappées par le harponnage d'Internet. De son côté, l'État a instauré en 2015 des cours d'éducation civique et de morale.

La France n'est pas la seule à faire front. En Mauritanie, par exemple, les jeunes ressortissants qui ont été séduits par al-Qaida, et qui ont été récupérés vivants au combat, font l'objet d'un travail de rééducation religieuse mené par des imams. C'est un long et patient travail sans certitude, même quand le jeune radicalisé donne de signes de retour à l'humanité. Certains simulent pour repartir aussi vite au combat… S'ils sont repris, ils n'auront pas de seconde chance. L'Arabie saoudite, de son côté, tente de s'attaquer à la source en menaçant de prison les familles qui n'auraient pas dénoncé leur enfant en partance pour le djihad. Celles qui l'ont fait reçoivent de l'argent en récompense et le jeune radicalisé est pris en main pour suivre un cursus de déprogrammation radicale.

Pour les aider à remettre leurs neurones en place, peut-être leur raconte-t-on cette légende musulmane que Mgr Robert Sarah, cardinal guinéen, aime à citer : « C'est un monsieur qui s'appelle Abdelamid Ibn Zeid et qui voulait savoir qui serait son voisin au ciel. Il prie, et Allah lui répond : “Ce sera Maïmouna.” Après enquête, l'homme découvre qu'il s'agit d'une femme folle, qui garde des moutons près du cimetière dans un village perdu. Il trouve celle-ci en train de prier et remarque que, dans son troupeau, moutons et loups sont mélangés et ne s'entredévorent pas. Maïmouna explique à son visiteur : “En priant, j'ai amélioré mes rapports avec Dieu qui les a transmis au troupeau[1].” »

Aux armes, citoyens !

Le général de Gaulle rappelait qu'en l'espace de deux longues vies d'homme, la France avait été envahie sept fois et qu'elle avait connu treize régimes différents... À l'abri du mur de Berlin, l'Europe a vécu heureuse, prospère et sans guerre pendant plus d'une soixantaine d'années. Un bonheur qu'elle n'avait pas connu depuis

1. *Le Point*, 5 mars 2015.

très longtemps. Elle s'est donc habituée à ce gentil rythme de croisière. Il l'a convaincue de la supériorité d'un modèle politique, économique et social très sophistiqué qui a repoussé très loin des centres-villes la mort et les cimetières. L'histoire contemporaine récente ayant été assez dramatique avec deux guerres mondiales, les Français l'ont bien vite mise de côté en pensant que les lendemains ne pourraient que chanter glorieusement. Sans y prendre garde, étape après étape, ce pays a construit une société engoncée dans le principe de précaution, hyper-nombriliste et psychologiquement très adolescente.

Hier omniprésent dans la société française du XIXe et de la première moitié du XXe siècle, le monde militaire a payé le prix fort de cette évolution. Il a été la victime collatérale d'un glissement de plus en plus vertigineux vers le grand trou noir de l'hédonisme. La figure du soldat s'est estompée. Il a été prié de se faire petit et discret. Il était tout juste toléré quand il pouvait se transformer en « mère Teresa en treillis » – comme le général Morillon à Srebrenica en 1994 – pour sauver la veuve et l'orphelin dans quelque contrée lointaine. Cet homme en armes était alors raccord avec une société compassionnelle et lacrymale. Pour le reste, plus l'armée était adulée dans les sondages, plus elle était inconnue des Français. La suspension du service national a parachevé le mouvement de séparation des corps. Sauf du côté du Balardgone parisien (Pentagone français) ou de l'École militaire, il y a très peu de Français capables de donner ne serait-ce que le nom du chef d'état-major des armées ou même d'un seul officier général de l'armée française. Napoléon et de

Gaulle s'en retournent dans leur tombe… Et tout le monde ne sait pas que le chef des armées est… le président de la République.

Le monde civil moderne s'est démarqué des fondamentaux du soldat : sens du collectif, abnégation jusqu'au sang versé, réflexion sur la mort reçue et donnée, culte des anciens, mémoire historique, univers sans stock-options, etc. Bien évidemment, il ne s'agit pas de faire du militaire un surhomme et de l'armée une « arche sainte », seule institution de la République portant haut certaines valeurs. L'armée n'en a pas le monopole. Elle compte également son lot d'abrutis, de fonctionnaires étriqués et de pervers, certaines histoires de mœurs en opérations extérieures ont pu le montrer, comme ces plaintes en Afrique, en 2015, contre des soldats français pour actes pédophiles. Mais elle reste néanmoins une réserve assez étonnante de vitalité et de sens de l'engagement. Une rareté qu'il va falloir faire grandir dans les années qui viennent.

La façon dont les élections présidentielles depuis quarante ans font l'impasse sur les questions de défense ou européennes sont un des symptômes d'une insoutenable légèreté française. Par temps calme, cette propension peut avoir un certain charme, par gros temps c'est une tare lourde de mauvaises surprises. Cette relégation à la périphérie des préoccupations majeures explique pourquoi les Français ont accepté avec une totale passivité que leurs gouvernements successifs, de gauche comme de droite, taillent à coups de serpe dans le budget de la Défense depuis des décennies. Il était plus simple d'écorcher la Grande Muette qui, par définition, ne peut proférer de plainte, que de le faire dans d'autres secteurs de la fonction publique fortement syndiquées et munis de puissants mégaphones. Depuis des années, la Défense subit des coupes claires sans commune mesure avec son poids relatif dans le budget général de la nation.

Les Français sont les premiers à s'étonner aujourd'hui que l'armée ne puisse plus à la fois intervenir au loin contre la menace terroriste, s'engager au plus près pour sauver leur vie, tout en ayant des cohortes de soldats pour protéger les usines de types Seveso et tous les points sensibles de France – barrages, centrales nucléaires, prises d'eau, dépôts d'armes et de munitions, etc. On ne peut que se féliciter que le chef des armées, François Hollande, après les attentats de 2015, ait décidé de bloquer la diminution drastique des effectifs : 28 000 emplois ont été sauvés. Pour la première fois depuis 2002 (présidence Chirac), la loi de programmation militaire 2014-2019 a été heureusement abondée[1]. Mais tout cela s'est fait sous contrainte et demeure insuffisant par rapport aux menaces qui pèsent sur l'Europe et, tout particulièrement, sur la France. Elle va devoir faire face dans les années qui viennent à un terrorisme croissant, surtout si l'Algérie implose. Membre permanent du Conseil de sécurité, la France devra continuer à peser militairement en opérations intérieures comme en opérations extérieures. Il serait temps également de faire monter en puissance la réserve opérationnelle pour qu'elle soit vraiment projetable sur le territoire national.

1. Elle prévoit une augmentation de 3,8 milliards d'euros (pour un total de 162,4 milliards sur la période couverte). Les forces opérationnelles terrestres seront portées à 77 000 (au lieu des 60 000 prévues initialement).

Il faut se mettre en ordre de bataille. C'est ce que le gouvernement a fait notamment avec l'adoption en 2014 d'une loi antiterroriste et en 2015 d'une loi relative au renseignement salutaire. Outre le renforcement des moyens techniques (notamment pour les écoutes), cette loi a rendu légaux des dispositifs de lutte antiterroriste qui contraignaient ceux qui se battaient en première ligne pour protéger les Français… à agir dans l'illégalité ou à intervenir trop tard quand ils avaient enfin obtenu le feu vert pour poser une balise sous une voiture ou écouter une équipe de salafistes radicalisés. La loi relative au renseignement a passé le cap du Conseil constitutionnel sans dommage malgré de nombreux cris d'orfraie. Patricia Adam (PS), présidente de la commission de la défense de l'Assemblée nationale, n'en finit pas de s'étonner du niveau de « fantasme » qui a entouré la discussion de ce texte alors que l'ennemi n'est plus aux portes de la maison mais à l'intérieur. Ces débats en disaient long sur l'angélisme qui régnait en France et sur le décalage de certaines « élites » avec les réalités sécuritaires avant le 13 novembre. Parmi les fantasmes révélateurs entendus sur les ondes, citons ceux de ce journaliste d'une grande station de radio, recevant le rapporteur de la loi Jean-Jacques Urvoas (PS-Finistère), et s'inquiétant auprès de lui d'une incrimination découlant de la loi permettant de poursuivre des personnes s'attaquant à la forme républicaine des institutions. On voit bien ce qui est visé par-là, en l'occurrence les activités salafistes qui veulent placer le religieux au-dessus du politique. Et le journaliste de s'indigner car cela pourrait menacer… un monarchiste, qui par définition souhaite un autre régime que celui de la République. Le député socialiste a dû expliquer que tout l'arsenal de droit, et même la Constitution, défend le droit de penser et d'exprimer librement ses idées ; et donc que sa question était totalement hors sujet. Comment imaginer un juge français poursuivant l'acteur Lorànt Deutsch, monarchiste affiché, pour délit d'opinion ?

Ces lois seront-elles suffisantes pour mettre fin aux actions de terroristes repérés par des fiches S – sureté de l'État – mais qui n'ont pas été empêchés d'agir ? On peut en douter. Il faut environ une vingtaine de fonctionnaires pour pouvoir suivre dans la durée un individu signalé « S ». Si on estime que le nombre des cas suivis pour radicalisation pouvant conduire au terrorisme est de l'ordre de quatre mille, il faudrait quatre-vingt mille fonctionnaires à la Direction générale de la sécurité intérieure, qui en compte… quatre mille.

C'est toute une culture du renseignement qu'il faut stimuler pour être pleinement efficace, même si la France passe pour être plutôt bien dotée dans ce domaine. Certains exemples montrent que le diable se niche dans les détails et qu'il va falloir accompagner la loi relative au renseignement d'un formidable volet de formation des personnels engagés dans la lutte antiterroriste. Or, quand on met un policier antiterroriste sur un banc… il n'est plus en mission. La quadrature du cercle. Deux procès-verbaux des services de lutte antiterroriste, consultés par *Le Monde*[1], sont assez révélateurs de certaines limites. Un gardien de la paix de la sous-direction antiterroriste interroge un suspect en lien avec Ghlamn,

1. *Le Monde*, 4 août 2015.

l'homme qui voulait attaquer une église. Le message reçu par Ghlam se termine par « rabbi yahfadek ». Le gardien de la paix interroge à plusieurs reprises le suspect sur ses liens avec ce « rabbi yahfadek ». Lors d'un second interrogatoire, la même question est posée avec insistance, le gardien de la paix pensant que cet homme est peut-être le commanditaire.

« Ce courriel est signé Rabbi Yahfadek, connaissez-vous cet individu ?

— Pas du tout !

— Le prénom Rabbi vous évoque-t-il quelque chose ?

— Pas du tout ! »

Une simple recherche informatique aurait permis de découvrir qu'il s'agissait d'une simple formule de politesse : « *Rabbi yahfadek* » signifiant « Dieu te garde »…

Les Français doivent réinvestir le champ militaire si longtemps occulté au point d'en faire une bizarrerie de l'histoire définitivement dépassée. C'est l'apanage de la citoyenneté que de s'impliquer dans les questions de défense de son pays. Ce n'est en rien le fruit d'une vieille frustration qui ferait de l'encasernement des esprits une volonté de les dompter. De ce point de vue, les jeunes générations n'ont ni totem, ni tabou. Le président Chirac a commis une faute en supprimant complètement toute forme de service national sur les conseils de son communiquant-gourou Jacques Pilhan. Paradoxe, l'ancien officier du contingent, « fana mili », Jacques Chirac n'était pas sur la même longueur d'ondes que son ministre de la Défense, Charles Millon. Ce dernier n'avait pas fait de service militaire mais il était favorable au maintien de « quelque chose ». Ce « quelque chose » – un service civique court – fait grandement défaut car les jeunes Français et Françaises n'ont aucun sas républicain de passage citoyen.

Il faut d'urgence relancer ce projet pour en faire un des sujets de débat de la prochaine élection présidentielle. Malgré les : « Mais ce n'est plus possible[1] ! C'est trop tard ! Il n'y a plus d'argent », qui jalonnent les échanges sur ce thème, il faut instaurer un service civique obligatoire de six mois pour les jeunes citoyens et citoyennes. Cela concerne une classe d'âge d'environ sept cent mille jeunes. Il faudrait donc en incorporer trois cent cinquante mille tous les six mois. La nouvelle génération n'a plus les préjugés de ses anciens. Ils sont même plutôt demandeurs s'il a du sens et du contenu. Par ailleurs, ils sont habitués dans leur parcours universitaire aux années ou demi-années de césure. Six mois ne devraient pas poser de problème majeur. L'idée serait d'avoir pour tous une initiation militaire d'un mois – les anciennes « classes » –, doublée de cours pédagogiques sur les questions géostratégiques – avec témoignages de soldats de retour d'opération et de diplomates. Ensuite, les jeunes seraient répartis dans des services de l'État ou vers des associations privées, sur le modèle de ce qui existe déjà avec le service civique. L'ancien ministre Luc Ferry estime que les associations n'auront pas assez de postes à offrir à ces jeunes et que le service ne pourrait être que 100 % militaire. Nous ne partageons pas cette approche, du moins pas complètement. Il

1. Luc Ferry, « Un service civil obligatoire ? Impossible ! », *Le Figaro*, 5 février 2015.

serait surprenant que dans le public et le privé, on ne puisse absorber trois cent cinquante mille jeunes tous les six mois, alors que tous les secteurs de la société se plaignent d'un manque d'effectifs. Selon ses contempteurs, le caractère obligatoire de ce service nuirait également à l'enthousiasme des recrues et serait contraire à l'esprit de nombre d'associations. C'est possible, mais notre société a justement à renouer avec les devoirs, plus qu'avec les droits qui ne manquent pas. À l'issue d'un mois de formation militaire – encadrée, notamment, par des réservistes opérationnels et citoyens triés sur le volet –, le choix du lieu de service civil se ferait après la période militaire, lors d'un amphi-garnison, en fonction du classement acquis après les premières semaines. Les premiers choisissent leur point de chute, quant aux derniers, c'est leur point de chute qui les choisit…

Les jeunes qui le souhaitent, garçons ou filles, pourraient se porter volontaires, après des tests physiques et psychologiques, pour opter d'emblée pour un service militaire complet de six mois[1]. L'objectif est que cette fraction de jeunes citoyens formés aux armes sur la base du volontariat aille ensuite alimenter une garde nationale – ou la réserve opérationnelle qui existe déjà. Cette garde nationale territorialisée serait formée en continu – au moins un week-end par mois – et pour un emploi militaire ne pouvant être inférieur à quarante jours par an, avec un système de réactivité calqué sur le modèle des pompiers civils. Le vrai test pour notre

1. Éventuellement prolongeable de six mois mais sous forme contractuelle.

société est celui de la capacité de l'État à demander à ses jeunes citoyens un engagement obligatoire de six mois dans leur vie. Est-ce vraiment inatteignable ?

Bien évidemment, tout un système d'incitations et de valorisation devra être mis en place. Le président de la République recevrait chaque année, avec leur employeur civil, des membres de la garde nationale et de la réserve qui se seraient illustrés. Les employeurs de ces serviteurs de l'État à temps partiel pourraient faire valoir cet engagement au profit de la nation pour les mérites pris en compte pour l'obtention des ordres nationaux – Légion d'honneur et ordre national du Mérite. Cette garde nationale, relevant du ministère de la Défense, pourrait notamment soulager les effectifs de l'armée engagés dans des missions du type *Sentinelle*.

Il serait catastrophique de ne pas capitaliser sur l'énorme envie de se mobiliser de nombre de Français depuis les attentats de 2015. Après ceux de janvier, la réserve opérationnelle, composée de civils qui servent sous l'uniforme en moyenne vingt-deux jours par an, n'avait pas fait l'objet d'une révolution copernicienne. Il faudrait désormais l'engager pour en faire un outil opérationnel de défense du territoire. C'est l'idée contenue dans le projet de Garde nationale lancé par le chef de l'État après les massacres du « vendredi noir ». Quant à celle lancée par les autorités d'une « réserve citoyenne de l'Éducation nationale » pour seconder les enseignants, elle semble marquer le pas. Enfin, il faudra attendre pour voir si l'actuel « service civique », qui s'adresse à de jeunes décrocheurs de seize à vingt-cinq ans, atteint vraiment la cible de cent cinquante mille volontaires « dès que possible » fixée par le chef de l'État. Il a touché en cinq ans environ quatre-vingt-dix mille jeunes engagés pendant une période de six à douze mois dans neuf grands domaines reconnus d'utilité publique pour la nation : culture et loisirs, développement international et action humanitaire, éducation pour tous, environnement, intervention d'urgence, mémoire et citoyenneté, santé, solidarité, sport. Ces domaines pourraient être conservés pour le service civique obligatoire qui serait financé par chaque budget ministériel au prorata de son poids dans le budget général de l'État. L'Éducation nationale, les associations privées sont déjà mobilisées pour gagner la bataille de la citoyenneté. Elle va être longue car c'est toute une génération perdue qu'il va falloir réintégrer dans le giron national tout en évitant que les plus jeunes ne suivent ce mouvement de décrochage républicain dans les banlieues. Or, les éducateurs et les policiers témoignent depuis plusieurs années d'un durcissement plus précoce de certains jeunes avec une montée forte d'un antisémitisme compulsif.

L'État islamique nous tend un « miroir inversé », pour reprendre l'expression du général Pierre de Villiers, lors de l'un de nos entretiens. Les sicaires d'al-Baghdadi meurent allégrement alors que nous ne savons plus si nous serions capables de le faire pour défendre nos propres valeurs ; les djihadistes sont jeunes et enthousiastes, nous sommes gris et vieux ; ils ont de l'argent, nous nous appauvrissons ; ils suscitent de l'espoir chez les jeunes, nos sociétés battent les records de consommation d'anxiolytiques et de suicide dans cette classe d'âge ; ils proposent la transcendance et la mort, nous offrons l'hyperconsommation et l'éternelle jeunesse des liftings ; la pornographie envahit de plus en plus l'espace public, ils proposent aux jeunes filles pudeur et bienséance… Il est grand temps de se réveiller et de briser le miroir tendu par Daech dans lequel il a gravé son propre visage, celui de la mythique Gorgone qui pétrifie ceux qui la regardent. Des politiques, des intellectuels, des journalistes et des chercheurs ont parfaitement perçu l'ampleur du défi civilisationnel qui nous est collectivement présenté. Malek Boutih, dans son rapport « Génération radicale[1] », met en avant deux mots clés : frustration et rejet. « La société est vécue [par cette génération] comme totalement verrouillée, ce qui génère une grande frustration. Le corpus de valeur et l'ordre social très peu contraignant de nos sociétés démocratiques occidentales ne fournissent pas un cadre suffisamment englobant et sécurisant pour s'y ancrer et s'y attacher […]. La notion de République est inintelligible, comme diluée dans le libéralisme et la modernité, et le sentiment d'appartenance à une communauté nationale est très affaibli. Or une partie de la jeunesse refuse ces valeurs trop “molles” et cherche à se distinguer. » Faute de défis positifs lancés par la société et de rites initiatiques de passage, une partie de la jeunesse, aujourd'hui encore réduite, opte pour la radicalité absolue : donner et recevoir la mort. Elle veut non pas un rite de passage pour grandir mais un rite sacrificiel sans retour pour dormir définitivement.

1. *www.boutih.fr/wp-content/uploads/2015/7/Génération-radicale.pdf.*

Pour le chercheur Farhad Khosrokhavar, qui livre des pages lumineuses sur cette question sociétale[1], la tentation Daech est en quelque sorte celle de l'anti-Mai 68 : « On ne cherche pas à casser l'autorité, mais à s'en procurer une sous une forme nouvelle, un peu pour créer comme une transcendance là où tout semble nivelé. Dans le mouvement de Mai 68, l'antiautoritarisme était la tendance dominante : aujourd'hui nombre de jeunes cherchent une autorité "crédible" à laquelle s'accrocher, les groupes djihadistes la pourvoyant en se réclamant de Dieu et en se faisant passer pour ses porte-parole ; Mai 68 était pour la libération sexuelle, à présent on demande un encadrement de la sexualité, sa moralisation, voire sa restriction, et l'un des attraits du djihadisme réside dans sa capacité à créer une sexualité normée selon les règles inflexibles d'un islamisme rigidifié. Mais 68 demandait à ce qu'on fasse l'amour, pas la guerre. Le djihadisme promeut non pas l'amour, mais la violence absolue, et cela fascine d'autant plus que la non-violence a été synonyme d'absence d'idéal et de manque d'autorité. Si Mai 68 était le théâtre de l'iconoclasme sur le plan symbolique, le djihadisme vise à créer des "icones", à imposer un conformisme au nom de la transcendance divine. L'attrait du djihadisme chez une partie de la jeunesse des classes moyennes se fonde précisément sur son aptitude à promouvoir des valeurs opposées à celles de sociétés européennes désenchantées. »

Comment allons-nous les réenchanter pour qu'un nouveau Daech ne vienne les séduire demain quand nous aurons détruit le premier ?

---

1. *Le Jihadisme*, *op. cit.*, p. 289-291.

Conclusion

Le massacre des innocents du « vendredi noir » a meurtri la France et touché par ricochet le monde entier. L'onde de choc a été si puissante que de nombreuses manifestations de solidarité ont eu lieu sur toute la planète. Le monde civilisé s'est mis au bleu-blanc-rouge. Cet assaut kamikaze de djihadistes dépêchés par Daech a sonné le glas d'une certaine dose d'indolence et d'insouciance face à la menace terroriste. Du moins faut-il le souhaiter alors que le coup de semonce de janvier 2015 n'avait pas vraiment servi de leçon et que dès après ce vendredi 13 novembre, certains ont très vite commencé à dénoncer un risque d'atteinte aux droits de l'homme, parce que la France se dotait de moyens exceptionnels dans une situation exceptionnelle. Ils devraient méditer l'idée selon laquelle le premier des droits de la personne est celui de vivre, tout simplement, et non de se faire hacher par une rafale de kalachnikov à la terrasse d'un café ou dans une salle de concert, de surcroît au nom d'Allah. Il ne s'agit pas de verser dans le tout-sécuritaire, comme l'Amérique l'a fait après le 11-Septembre, mais de faire face à une guerre qui nous a été déclarée depuis longtemps par un salafo-fascisme qui ne tolère sur la planète que le reflet de son macabre visage. Cent trente morts, quelque trois cents cinquante blessés : les Français ont découvert, stupéfaits, comme leurs ancêtres de 1870, de 1914 et de 1940[1], que le pays n'était pas prêt. Pas assez d'anticipation, pas assez de moyens, pas assez d'hommes, pas assez d'intelligence de la situation.

Le bon sens n'était même pas au rendez-vous : ainsi, le juge Marc Trévidic qui, pendant dix ans, a mené la lutte contre le djihado-terrorisme avec énergie et pertinence n'était plus au « front »[2]. Pour une simple question de gestion administrative de carrière, il a été contraint de « déserter » pour s'occuper… d'affaires familiales. Les autres signes de cet aveuglement de temps de paix dans un contexte de guerre asymétrique sont légion… Les soldats de Sentinelle ont attendu presque un an, après les attentats de *Charlie Hebdo*, pour que leurs règles d'engagement du feu soient adaptées à la nature de la menace en milieu urbain. Comme souvent dans notre beau pays, c'est dans la douleur de l'échec ou de la défaite que des mesures simples et évidentes ont enfin été prises : arrêt des suppressions de postes dans l'armée, augmentation des effectifs de la police, de la justice et de la douane, création d'une Garde nationale, mesures concrètes pour lutter contre le discours salafiste de combat, encadrement de la formation des imams, lutte renforcée

1. Voir mon livre *Le Complexe de l'autruche*, Perrin, 2011.
2. Il a expliqué sur les plateaux de télévision qu'en dix ans, le nombre de suspects de radicalisation islamo-terroriste était passé de 200 à 4 000…

contre la blogosphère djihadiste, etc. Que de temps perdu face à la chronique d'un drame annoncé par quelques-uns depuis des années : entre autres, le professeur de Sciences Po et spécialiste de l'islam Jean-Pierre Filiu, le général du cadre de réserve Vincent Desportes et même l'auteur de ces lignes.

Le signal fort des attentats de *Charlie Hebdo* aurait dû nous réveiller collectivement. Certes, il y a eu un beau sursaut républicain, de nouvelles lois ont été édictées, mais globalement, le pays a rapidement replongé dans une certaine forme de légèreté qui est la marque de notre peuple. C'était une façon d'écarter le tragique et de croire que nos ennemis allaient nous oublier. Quelle erreur d'interprétation ! La période janvier-novembre 2015 fait furieusement penser à celle de « la drôle de guerre ».

De septembre 1939 à mai 1940, la France était pourtant juridiquement et matériellement en guerre. Il n'y avait pas de débat sémantique possible. Mais la rue française restait insouciante devant les dangers, insensible au dépeçage de la Pologne par les deux grands prédateurs nazi et communiste. Les cinémas, les théâtres, les cabarets et les cafés étaient pleins à craquer. Encore une minute monsieur le bourreau…

Mais il y a un autre enseignement de l'histoire : si les Français ont mis du temps à ôter leurs œillères – sans doute parce qu'il fait trop bon vivre dans la douce France –, ils ont une capacité de rebond, de mobilisation et d'insurrection qui en fait un peuple redoutable dans l'adversité. Nous y sommes… L'armée est débordée de demandes d'engagement, la réserve opérationnelle également, la Croix-Rouge ne sait comment répondre à toutes les sollicitations de formation aux premiers secours, etc. La génération des 20-30 ans, directement frappée par le carnage de la fin 2015, s'est mise en branle. Leurs camarades européens vont-ils faire de même ou attendre d'être directement touchés à leur tour ?

*

Tout n'est pas perdu. Partout en France, il y a des initiatives remarquables : que ce soit du côté de cet ancien sous-officier parachutiste ou de cet ancien policier du Raid qui s'investissent avec d'autres bénévoles dans le sud de la France pour aider des jeunes à réinvestir leur vie, à quitter les rives du décrochage, cette voie vers la radicalisation ; ou du côté de ces écoles privées qui, à partir du CP, aident des jeunes Français issus de l'émigration ou les enfants de réfugiés à se construire en citoyens debout. Ailleurs, ce sont des associations – comme Coexister ou Enquête – qui interviennent en milieu scolaire pour combattre les peurs, les préjugés, dispenser de l'intelligence sur le fait religieux ou engager des actions de solidarité. Les exemples abondent de cette mobilisation venue du terrain. Dans le nord de la France, à Lille, depuis des années, des patrons ont créé des structures de rattrapage et d'aide à la recherche d'emploi pour des jeunes issus de l'immigration qui manquent de relais, de conseils et d'encadrement. Les grande écoles françaises ont mis en place, souvent avec le soutien de grands groupes économiques, des formules diverses pour aider des jeunes de banlieue à oser imaginer faire des études supérieures. Les exemples foisonnent de ces initiatives presque toujours invisibles médiatiquement parlant.

Des intellectuels ne sont pas en reste pour demander aux Français de cesser de s'immoler dans la culpabilité permanente. Des politiques tentent de convaincre leurs compatriotes de l'impérieuse nécessité de quitter les rives de l'autodépréciation et d'une forme de tristesse généralisée – Hervé Gaymard[1] et Manuel Valls pour ne citer qu'eux. Tous disent la même chose : la France a d'innombrables atouts et les Français devraient arrêter de se tirer tous seuls des balles dans le pied. Même si le risque d'expansion du djihado-terrorisme est bien réel en France, on l'a vu au fil de ces pages, il faut constater avec satisfaction que le pays est plus solide et résilient qu'il ne le pense. Dans leur très grande majorité, les Français de religion et de culture musulmane résistent à la poussée salafiste et font corps avec la nation. Même fragilisée par des décennies d'abandon, la République est un peu moins vermoulue qu'on ne le croit… Il n'y a pas de suicide français ! C'est une bonne nouvelle. Ne la gâchons pas en regardant de travers ceux de nos compatriotes qui ont foi en un Allah pacifique et miséricordieux. Ce serait une erreur stratégique dans le combat engagé contre le fondamentalisme.

Si l'on veut être juste – et c'est important en cette époque d'hystérisation du débat –, il faut dire que l'État – les préfets, par exemple, investis dans le délicat dossier des réfugiés –, les collectivités locales, l'Éducation nationale ne sont pas en reste dans cette mobilisation. Nombreux sont ceux, de la base au sommet, qui se battent pied à pied pour faire vivre la République.

1. *Bonheurs et Grandeur. Ces moments où les Français ont été heureux*, Perrin, 2015.

Mais il manque encore l'élan collectif, l'incarnation de toutes ces réalités, les réformes courageuses qui replaceront la citoyenneté active au cœur de la cité. Sans oublier le volet défense et sécurité. Ralentir seulement les diminutions d'effectifs de l'armée n'est pas à la mesure des périls qui s'avancent. Il faudrait que, pour la première fois depuis quarante ans, ces questions, et celles portant sur l'Europe, soient au cœur du débat de la prochaine élection présidentielle.

*

Si nous voulons gagner cette guerre étrange qui nous a été déclarée, il ne faut pas se tromper de combat. Celui qui est engagé n'est pas celui de la civilisation occidentale contre l'islam. Il est celui de l'altérité contre l'obscurantisme. Face aux sectaires et aux imprécateurs qui ont le vent mauvais en poupe, il faut que des hommes, des États et des institutions se fassent *passerelles* pour lutter contre la fragmentation en cours. Des États jouent ce rôle vital : par exemple, le Vatican sur le dossier cubain ; le sultanat d'Oman (sunnite) sur le dossier du nucléaire iranien qui a facilité les discussions secrètes entre États-Unis et Iran. L'ONU et l'Union européenne restent des institutions passerelles qu'il faut étayer au lieu de les saper, même s'il est plus compliqué d'agir à cent quatre-vingt-treize ou à vingt-huit que seul quand on est un chef d'État populiste et démagogue. Chaque citoyen peut être un homme-pont ou une femme-passerelle là où il vit. Cela participe à l'effort de guerre dans le champ des idées, des comportements et des valeurs. La mobilisation doit être générale.

Dans cet affrontement « altérité contre fondamentalisme » – qui rappelle celui des années trente entre démocraties déclinantes et totalitarismes montants –, l'Europe est en première ligne. Elle ne l'est pas seulement parce qu'elle est perçue comme un havre de développement et de paix pour plus d'un million de personnes qui de l'autre côté de la Méditerranée regardent vers elle, mais parce que, malgré ses ratés et ses atermoiements, elle est le lieu privilégié de l'altérité, que l'on soit un « grand » ou un « petit » pays. Les Grecs peuvent bien hurler au diktat, sans la solidarité de leurs vingt-sept partenaires – qu'Athènes a roulés dans la farine plus d'une fois –, le chaos grec serait bien plus profond. L'Union européenne est aussi le symbole de la paix. Le dire faisait sourire il y a encore quelques années. Une banalité sans beaucoup de sens… Les choses ont bien changé. L'Union européenne, c'est la paix ! Ce n'est pas une incantation. C'est une réalité qu'il faut consolider d'urgence en créant un pack de tête, aussi bien dans le domaine économique et financier que dans celui des affaires de sécurité et de défense. Jamais autant qu'aujourd'hui on n'a eu besoin de l'Europe pour faire rempart à la montée des messianismes et des intolérances. Certes, le spectacle bruxellois n'est pas systématiquement lisible ou brillant. La crise est toujours un accélérateur de repli tribal. L'Europe n'y échappe pas. Un peu partout se lèvent les imprécateurs qui font de la détestation de l'Europe un fonds de commerce facile. Cette union est pourtant un héritage et un avenir infiniment précieux qui doivent représenter pour les jeunes générations un idéal à défendre et à porter avec enthousiasme et vigueur.

*

« Quand je me regarde, je me désole ; quand je me compare, je me console. » Vieux dicton qui demeure pertinent. En comparaison de ses camarades européens, la France n'a pas à rougir, ni de sa diplomatie, ni de son armée, ni de ses engagements courageux – Sahel, Centrafrique, Mésopotamie, Liban, etc. L'urgence à faire bouger les lignes s'impose à nos amis européens. Le président de la Commission européenne, Jean-Claude Juncker, a nommé à ses côtés un conseiller spécial pour la politique de défense et de sécurité européenne, Michel Barnier. Le poste n'existait pas. C'est donc un bon signe. Mais, malgré les convictions de l'ancien ministre français, ce ne sera pas suffisant pour faire bouger les égoïsmes nationaux. L'intéressé en convient lui-même, soulignant que les vingt-huit doivent dégager une volonté politique commune qui n'est pas encore patente[1]. L'Union européenne doit réduire sur sa route quelques incohérences majeures. Quelle est l'institution qui, depuis des années, baisse ses budgets de défense alors que le monde devient de plus en plus menaçant ? C'est l'Europe[2] ! Une douzaine de pays semblent vouloir désormais sortir la tête du sable et augmenter leurs moyens militaires. Mais, *in fine*, passeront-ils de l'effort financier à l'essor guerrier ? L'Union européenne est engagée dans de nombreuses missions de stabilisation, de formation ou de prévention inconnues du grand public : Mali, Centrafrique, Niger,

1. Entretien avec l'auteur.
2. Les budgets défense des pays de l'UE sont passés de 218 milliards d'euros en 2006 à 186 milliards d'euros en 2013, en euro constant.

République démocratique du Congo, corne de l'Afrique, Somalie, Afghanistan, Territoires palestiniens, Géorgie, Ukraine, Kosovo, Bosnie-Herzégovine, océan Indien et Méditerranée. Mais ces missions sont très rarement des opérations de combat comme en Mésopotamie ou au Sahel.

Entre échéance électorale, crise économique et sociale, doute identitaire et pression d'opinions publiques qui ne veulent pas entendre parler d'engagements militaires, la volonté politique européenne suivra-t-elle cette esquisse de soubresaut financier ? La question vaut au premier chef pour la puissante Allemagne. Son armée est forte et bien équipée mais elle reste l'arme au pied le plus clair du temps. Il faut que les Allemands répondent d'urgence à la question suivante : parce que vous avez donné naissance au XXe siècle au totalitarisme le plus monstrueux de l'histoire de l'humanité, est-il bien pertinent de ne pas s'opposer par les armes à l'émergence au XXIe siècle d'un nouveau totalitarisme ? Il est grand temps que l'Allemagne cesse d'être un géant économique et un nain militaire. Sans un axe Paris-Berlin-Londres, il n'y aura pas d'Europe opérationnelle de la défense permettant d'agréger d'autres pays qui, par ailleurs, sont ponctuellement assez actifs aux côtés de la France et de la Grande-Bretagne, notamment la Belgique, la Suède et le Danemark.

En France, comme en Europe, tout ce qui n'aura pas été réformé dans ce domaine par anticipation, et avec courage, devra se faire à chaud, sous pression, dans la douleur, le sang et les larmes… avec le risque que les nouveaux imprécateurs d'extrême droite et d'extrême gauche en profitent pour arrondir leurs fins de mois électoraux, accentuant ainsi encore un peu plus le glissement vers le chaos et le manichéisme.

*

La période actuelle demande des dirigeants occidentaux « retaillés », pour prendre une expression militaire, et des citoyens « réveillés » qui ont compris que l'histoire est de retour par son versant guerrier. Or, la guerre est une confrontation des volontés. En sommes-nous collectivement encore dotés ? Sommes-nous disposés à quitter la rive de la culpabilité et de l'adolescence éternelles pour celle de l'action ? Comme le dit Jean-Pierre Le Goff, « les images, l'émotion et la morale réduite à l'indignation et aux bons sentiments sont devenus les modes d'expression d'une société qui a perdu le sens du tragique et de l'histoire, en croyant vivre à l'abri des désordres du monde. Une partie de la société et de la classe politique n'entend pas vraiment remettre en cause cette illusion. Qui aura le courage de trancher et de faire des choix clairs et cohérents[1] ? » Avons-nous encore la volonté de défendre, y compris les armes à la main, les valeurs de l'humanisme universel face à la barbarie petite, grande ou moyenne qui empoisse nos sociétés et une partie du monde ? Pour répondre oui, il va falloir se muscler psychologiquement et de la sorte se montrer en mesure de faire face aux défis majeurs de ce siècle.

1. *Le Figaro* des 5 et 6 septembre 2015.

TABLE

Imprimé en France par CPI
en décembre 2015

*Cet ouvrage a été composé et mis en pages
par Étianne Composition
à Montrouge.*

Dépôt légal : janvier 2016
N° d'édition : 55058/01 – N° d'impression : 130890